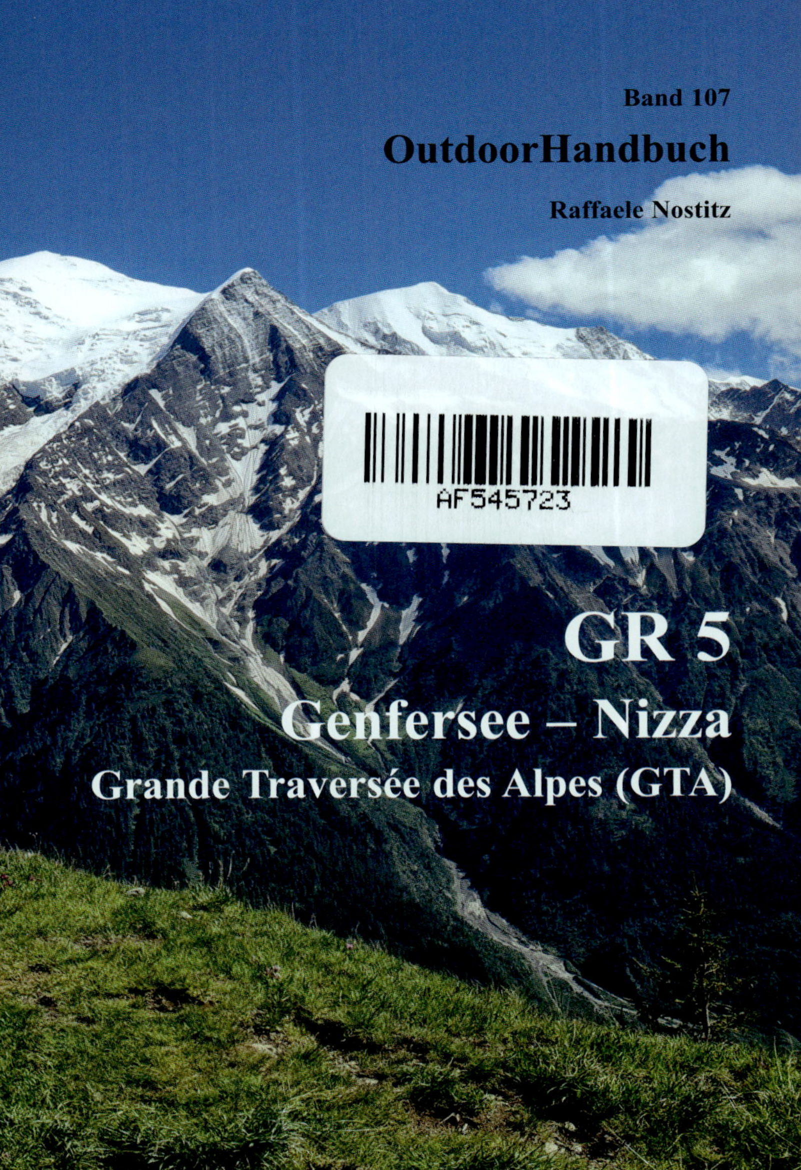

Band 107
OutdoorHandbuch
Raffaele Nostitz
GR 5
Genfersee – Nizza
Grande Traversée des Alpes (GTA)

GR 5 Genfersee – Nizza

Alle Informationen, schriftlich und zeichnerisch, wurden nach bestem Wissen zusammengestellt und überprüft. Sie waren korrekt zum Zeitpunkt der Recherche. Eine Garantie für den Inhalt, z. B. die immerwährende Richtigkeit von Preisen, Adressen, Telefon- und Faxnummern sowie Internetadressen, Zeit- und sonstigen Angaben, kann naturgemäß von Verlag und Autor – auch im Sinne der Produkthaftung – nicht übernommen werden.

Der Autor und der Verlag sind für Lesertipps und Verbesserungen (besonders per E-Mail) unter Angabe der Auflagen- und Seitennummer dankbar.

Dieses OutdoorHandbuch hat 224 Seiten mit 59 farbigen Abbildungen sowie 36 farbigen Kartenskizzen im Maßstab 1:100.000, 36 farbigen Höhenprofilen und einer farbigen, ausklappbaren Übersichtskarte. Es wurde auf chlorfrei gebleichtem Papier gedruckt, in Deutschland klimaneutral hergestellt und transportiert und wegen der größeren Strapazierfähigkeit mit PUR-Kleber gebunden.

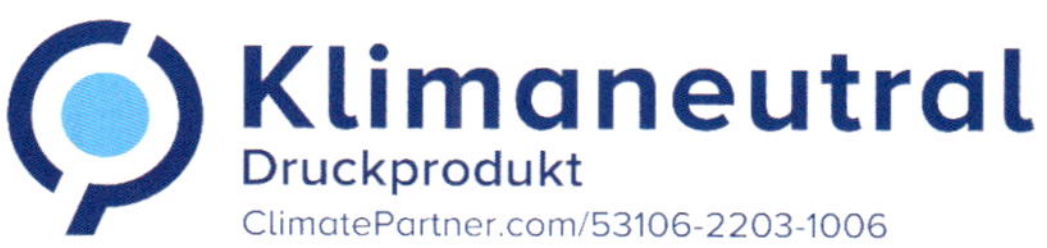

Dieses Buch ist im Buchhandel und in Outdoor-Läden erhältlich und kann im Internet oder direkt beim Verlag bestellt werden.

Aufstieg durchs Skigebiet zum Col de'l Iseran, 12. Etappe

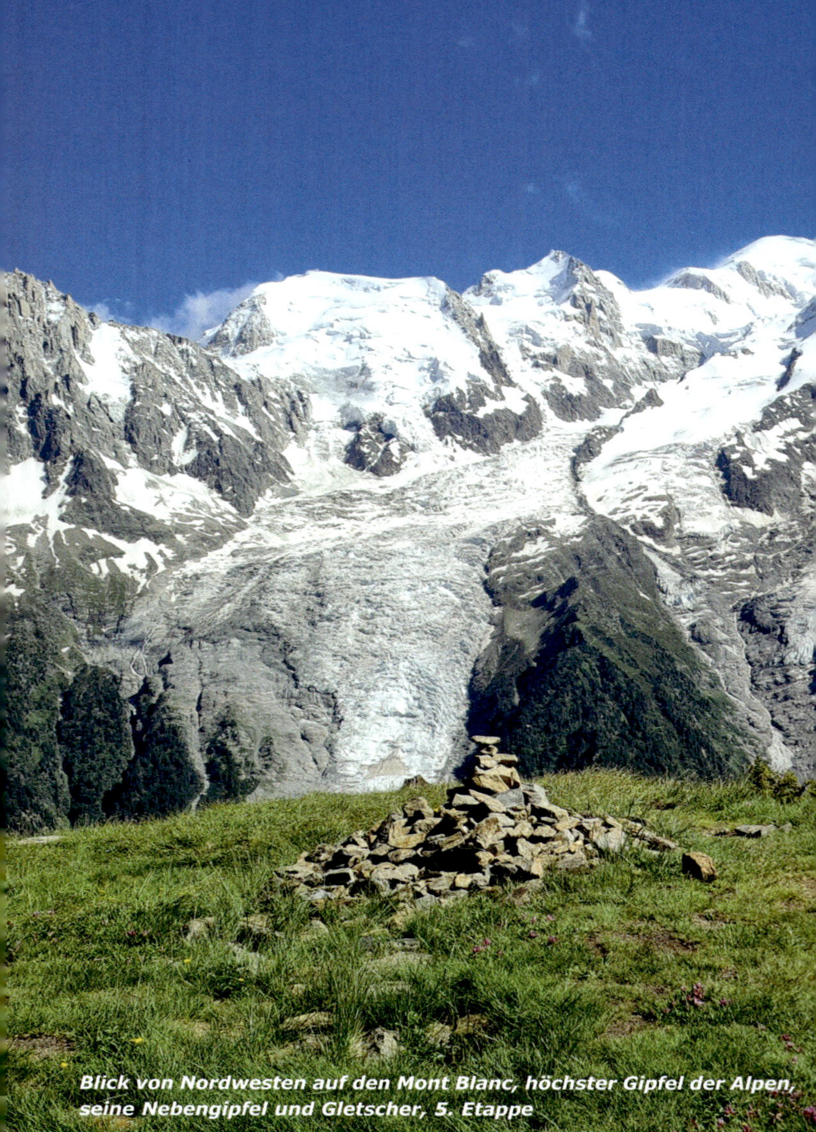

Blick von Nordwesten auf den Mont Blanc, höchster Gipfel der Alpen, seine Nebengipfel und Gletscher, 5. Etappe

OutdoorHandbuch, Band 107

ISBN 978-3-86686-107-7 1. Auflage 2022

Text und Fotos: Raffaele Nostitz
Karten: Heide Schwinn
Lektorat: Ricarda Kuschma
Layout: Alexandra Sauerland

Gesamtherstellung: AZ Druck und Datentechnik GmbH, Kempten

Dieses OutdoorHandbuch wurde konzipiert und redaktionell erstellt vom:

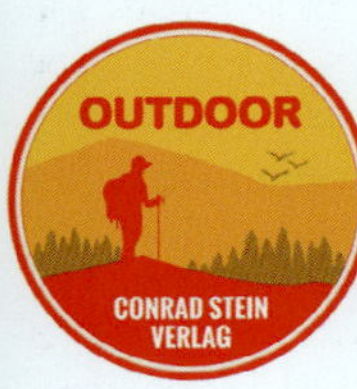

Conrad Stein Verlag GmbH, Kiefernstr. 6, 59514 Welver,
☏ 023 84/96 39 12,
info@conrad-stein-verlag.de,
www.conrad-stein-verlag.de

Besuchen Sie uns bei Facebook & Instagram:

www.facebook.com/outdoorverlag

www.instagram.com/outdoorverlag

Titelfoto: GR 5-Markierung beim wolkenverhangenen Mont-Blanc-Massiv, 5. Etappe

Inhalt

☺ Eine **Übersichtskarte** des Weges, **Autorenprofil** sowie eine Liste aller verwendeten **Symbole** in diesem Buch finden Sie auf den vorderen und hinteren Umschlagseiten bzw. -klappen.

Vorwort

Die Steigerung der Alpenüberquerung ist die Alpendurchquerung. Während sich eine Überquerung des Hauptkamms der Alpen in wenigen Tagen realisieren lässt, erfordert die Durchquerung einer vollständigen Flanke der Alpen, etwa von Nord nach Süd oder von Ost nach West, mehrere Wochen Zeit. Entsprechend intensiv ist das Erleben der Bergwelt und des Wandels im Landschaftsbild und der Flora und Fauna, da sich im Verlauf einer Alpendurchquerung das Klima stetig verändert.

Ich hatte schon mehrere Alpenüberquerungen absolviert, als ich vom Conrad Stein Verlag die fantastische Möglichkeit erhalten habe, einen Wanderführer für eine Alpendurchquerung herauszubringen. Dann auch noch in den Westalpen, die ich schon bei zahlreichen Touren besucht habe und sehr schätze. Aufgrund der Extreme zwischen der höchsten Region der Alpen im Bereich des Mont-Blanc-Massivs auf der einen Seite und ihrer Ausläufer in den Seealpen mit entsprechend mediterranem Klima auf der anderen Seite, haben mich die Westalpen immer schon besonders fasziniert.

Der hier beschriebene Abschnitt des Fernwanderwegs GR 5, die Grande Traversée des Alpes (GTA), mit der Wegführung parallel zur französisch-italienischen Grenzlinie und dem Ziel an der traumhaft schönen Côte d'Azur lässt einen diese Extreme besonders intensiv erspüren. Für diesen Wanderführer habe ich die GTA im Juni/Juli 2021 absolviert.

Bergwanderinnen und Bergwanderer wissen, dass sich im Hochgebirge vieles schnell und unvorhergesehen ändern kann. Wenn Sie vor Ort Neuerungen oder auch Ungenauigkeiten oder gar Fehler feststellen, teilen Sie diese gern dem Verlag mit, damit dies bei einer zweiten Auflage berücksichtigt werden kann. (☞ Updates S. 51)

Und nun möchte ich Sie einladen, das Abenteuer GTA zu entdecken und sich ganz oder vielleicht auch abschnittsweise auf diese herrliche Fernwanderung durch die schönsten Regionen der französischen Alpen einzulassen.

Berlin, September 2021

Einleitung

Wandern hat in Frankreich eine lange Tradition. Bereits 1947 wurde das Comité National des Sentiers des Grande Randonnée gegründet. Diese Vereinigung hat sich zur Aufgabe gemacht, ein Netz aus Wanderwegen (Sentiers) unterschiedlichster Schwierigkeitsgrade aufzubauen, zu markieren und zu unterhalten. 30 Jahre nach der Gründung, also 1977, wurde diese Vereinigung in „Fédération Française de la Randonnée Pédestre" (FFRP) umbenannt und neu organisiert.

www.ffrandonnee.fr

Heutzutage kümmern sich einige Tausend Ehrenamtliche in aktuell 115 regionalen Kommitees und 3.500 lokalen Klubs um die Pflege der Wanderwege und Erhaltung der Natur, aber auch um die Erweiterung des bereits bestehenden Angebots an Wanderwegen. Im Laufe der Zeit wurde so in Frankreich ein dichtes Netz an Wanderwegen mit einer Gesamtlänge von 180.000 Kilometern angelegt, angefangen von kleinsten Fußpfaden über alte, historische Straßen und Pilgerpfade bis hin zu Fernwanderwegen. Neben den Wander- und Ausflugswegen (PR) und den Landschaftswanderrouten (GR de Pays) sind die Fernwanderrouten, die Sentiers de Grande Randonnée (GR), die Königsklasse der Wanderwege in Frankreich. Insgesamt gibt es in Frankreich GR-Fernwanderwege mit einer Gesamtstreckenlänge von 60.000 km. Die Fernwanderungen sind zwischen einer und mehreren Wochen lang. Sie werden mit rot-weißen Zeichen markiert.

Die FFRP ist neben der Pflege der Wanderwege auch an der Erstellung der offiziellen französischen Wanderführer, der Topoguides, und der amtlichen topografischen Wanderkarten des Institut Géographique National (IGN) beteiligt und vertreibt diese.

Die Grande Traversée des Alpes (GTA)

Die Grande Traversée des Alpes (GTA), die Große Alpendurchquerung, ist der bekannteste Abschnitt des transnationalen Fernwanderwegs Sentier de Grande Randonée (GR) 5. Dementsprechend ist die gesamte Strecke mit GR 5 ausgeschildert. Die GTA verläuft vom Genfersee aus durch die französischen Westalpen, vorbei am grandiosen Massiv des Mont Blanc, dem höchsten Gipfel der Alpen. Weiter geht es durch mehrere Nationalparks bis ins mondäne Nizza und endet direkt an der traumhaften Côte d'Azur. Am Stadtstrand von Nizza kann die GTA mit einem Bad im azurblauen Mittelmeer gebührend abgeschlossen werden.

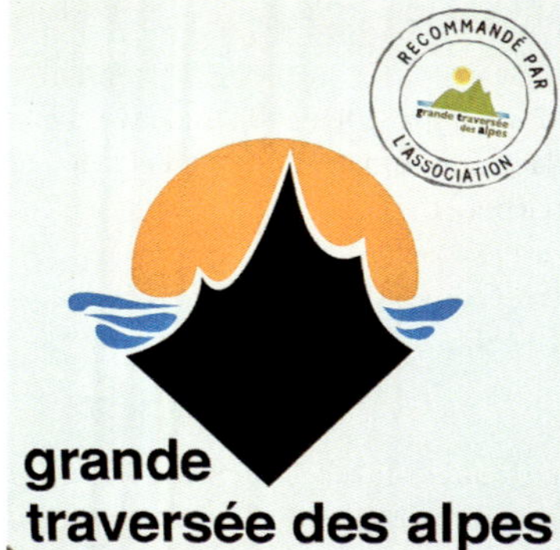

Offizielles Logo der Grande Traversée des Alpes

Die Alpen werden bei der aktuellen Wegführung der GTA auf etwa 590 km entlang ihres Westbogens durchquert. Ebenso werden die Alpen auf dieser Route überschritten, da die GTA an der Alpennordseite am Genfersee beginnt und an der Alpensüdseite am Mittelmeer endet.

Die gesamte Tour lässt sich in vier bis fünf Wochen meistern, es ist mit etwa 210 Gehstunden zu rechnen. Die GTA kann dank der guten Infrastruktur und mehrerer auf der Strecke gelegener Bahnhöfe und Buslinien aber auch bestens in Teilabschnitten über mehrere Urlaube verteilt absolviert werden (☞ Anreise).

Für diesen Wanderführer ist im Sinne des Genusswanderns eine Etappenaufteilung gewählt worden, die gut vier Wochen beansprucht. Extrem lange Etappen wurden vermieden und die Planung ist bestmöglich auf lohnende Etappenziele ausgelegt, wo der Aufenthalt nach der Tagesetappe erholsam ausfallen kann.

Gemäß dem Charakter einer Alpenquerung werden auf der GTA zwar keine Gipfel, aber unzählige Pässe bewältigt. Die Wegführung der GTA ist aber so gewählt, dass nicht zu hohe Pässe überschritten werden müssen. Der höchste Punkt liegt auf 2.764 m Höhe (Col de l'Iseran im Nationalpark Vanoise). Die zu bewältigenden Höhenunterschiede sind dennoch eine entsprechende körperliche Herausforderung und summieren sich auf fast 66.000 Hm im Auf- und Abstieg.

Unbedingt sollten Sie sich daher zwischendurch ein paar Pausentage gönnen. Ihnen gefällt eine Hütte sehr gut? Machen Sie einen Hüttentag. Oder wo immer Sie ein besonders schönes Plätzchen entdecken, verweilen Sie mal zwei Nächte, um sich etwas zu regenerieren und auch einfach die Bergwelt zu genießen. Es wird Ihr GTA-Erlebnis wesentlich schöner und erquicklicher machen.

Nicht auszuschließen ist zudem, dass Sie wegen starken Regens mal einen Pausentag einlegen müssen. Das sollte also bei der Zeitplanung ebenfalls berücksichtigt werden.

Die GTA wird von der Association Grande Traversée des Alpes instand gehalten, die auch das zentrale Webportal für den Weg betreibt.

💻 www.grande-traversee-alpes.com

Der gesamte GR 5 verläuft übrigens von der niederländischen Nordseeküste über die belgischen Ardennen und durch den Jura, bis die GTA beginnt. Der GR 5 ist wiederum der kontinentale Teil des Europäischen Fernwanderwegs E2, der von Irland über Schottland durch England zum Ärmelkanal nach Belgien und dann weiter einmal komplett durch Frankreich führt.

In Frankreich hat die GTA als Teilstück des GR 5 einen legendären Ruf und entlang des Weges wird allerorten um die GR-5-Wanderinnen und -Wanderer geworben. In Deutschland hingegen ist sie immer noch kaum bekannt.

Nordteil

Die GTA beginnt im französisch-schweizerischen Grenzort Saint-Gingolph am Genfersee (Lac Léman) und führt dann durch die Chablais-Alpen zum Col d'Anterne, dem ersten höheren Pass. Beim Abstieg in das Chamonix-Tal bieten sich traumhafte Bergpanoramen über die Mont-Blanc-Gruppe.

Weiter geht es in die Mont-Blanc-Gruppe hinein und zum Mont Blanc, dem höchsten Gipfel der Alpen. Nach dem westlichen Umgehen der vergletscherten 4.000er Gipfel des Mont-Blanc-Massivs von Samoëns kommend hoch über Chamonix, wird Landry erreicht.

Südlich davon führt die GTA einmal komplett durch den Nationalpark Vanoise. Als krönender Abschluss schlängelt sie sich am Gletscherdach des Vanoise-Massivs und unzähligen Bergseen vorbei bis nach Modane.

Südteil

Hinter Modane, südlich des Nationalparks Vanoise, führt die GTA in das Étroite-Tal, das die Klimagrenze zwischen den französischen Nord- und Südalpen bildet. Nun flankiert sie die Thabor-Gruppe. Ab dem Col de la Vallée Étroite sind die Berge nicht mehr so schroff und hoch wie in den französischen Nordalpen.

In Montgenèvre werden die Cottischen Alpen erreicht. Nach Briançon, der einzigen richtigen Stadt auf der GTA abgesehen von Nizza, geht es südlich in den Naturpark Queyras, der auch zu den Cottischen Alpen gehört.

Die GTA verläuft durch das Ubaye-Tal und erreicht in Larche als letzte Gebirgsgruppe die Seealpen. In der Haute-Provence führt sie dann in den Nationalpark Mercantour.

Südlich des Nationalparks liegt Saint-Sauveur-sur-Tinée auf der GTA. Von dort werden die Seealpen noch bis zum Ende durchschritten und so bei Nizza das Mittelmeer an der Côte d'Azur erreicht.

Land und Leute

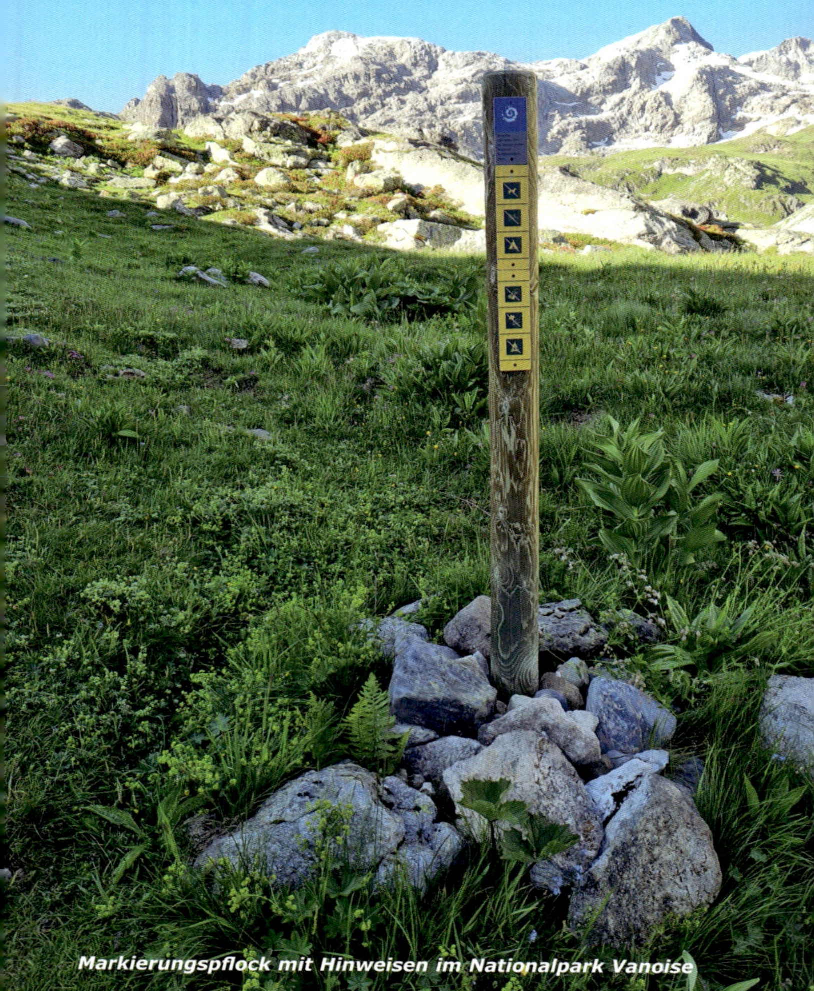

Markierungspflock mit Hinweisen im Nationalpark Vanoise

Bevölkerung und Kultur

Bienvenue en France! Eine Fernwanderung ist nicht nur ein Naturerlebnis, sondern auch die Reise durch ein Land. Im Schritttempo – und entsprechend intensiv – werden Sie den gesamten französischen Alpenraum mit seinen Bewohnerinnen und Bewohnern erleben.

Auf dem Weg zum Mittelmeer durchwandern Sie in der **Region Auvergne-Rhône-Alpes** die Départements Haute-Savoie (Hochsavoyen) und Savoie (Savoyen) und danach in der **Region Provence-Alpes-Côte d'Azur** die Départements Alpes-de-Haute-Provence und Alpes-Maritimes. Dabei wechseln Sie vom eher rauen Klima in die flirrende Hitze und sicher lässt sich sagen, dass die Mentalität der Einheimischen auch ein wenig vom Klima geprägt ist. Mit zunehmenden Durchschnittstemperaturen können Sie einer zunehmenden Gelassenheit begegnen.

Die meiste Zeit bewegen Sie sich in dünn besiedelten Regionen und treffen auf kleine und kleinste Ortschaften. Sie sind geprägt von Landwirtschaft und Tourismus und die Mühlen mahlen langsam. Mit Sonderwünschen werden Sie schnell an Grenzen stoßen und oft sehr direkte Reaktionen ernten, doch machen Sie sich die landestypische Lässigkeit zu eigen und sehen Sie darüber hinweg. Ohnehin fällt es meist leicht, das Angebot der Gastgeberinnen und Gastgeber zu schätzen. Hervorragende Lebensmittel und Speisen auch in entlegensten Winkeln (ein Mindestengagement der Betreiberinnen und Betreiber im kulinarischen Feld vorausgesetzt) tun ihr Übriges für die Erholung nach einer langen Wanderung.

In großem Kontrast zum pastoralen Leben und der einsamen Natur stehen die Punkte auf der Fernwanderung, die von starkem, meist internationalem Tourismus bis hin zum Jet Set geprägt sind. Der Zielort Nizza, die Mont-Blanc-Region oder das mondäne Skigebiet Espace Killy, wo es im Sommer genauso trubelig wie im Winter zugeht, sind einige Beispiele dafür. Mit Nizza und Briançon durchwandern Sie zwei Städte und können neben der großartigen Architektur auch noch etwas von deren betriebsamem Alltag erleben. Aufgrund der Länge der Gesamtstrecke wird es Ihnen sicher so gehen, dass diese Kontraste willkommene Abwechslungen bieten.

Die französischen Westalpen

Die Alpen wurden mit anderen großen Gebirgen wie Himalaya, Kaukasus, Karpaten, Anden und Rocky Mountains, Apennin und Pyrenäen vor etwa 50 Millionen Jahren im Tertiär-Zeitalter geformt, in dem sich auch die gesamte heutige Tier- und Pflanzenwelt herausgebildet hat.

Sie verlaufen über eine Strecke von rund 1.200 km in einem großen Bogen von Nizza am Mittelmeer bis nach Wien und lassen sich in Westalpen und Ostalpen unterteilen. Die Grenze liegt ungefähr auf einer Linie zwischen dem Bodensee und Mailand. Während in den Ostalpen einzelne Gebirgsketten deutlicher ausgebildet sind, bilden die Westalpen ein eher kompaktes Gebirgsmassiv.

Die französischen Alpen umfassen den größten Teil der Westalpen und liegen in den Regionen **Auvergne-Rhône-Alpes** und **Provence-Alpes-Côte d'Azur** (PACA). Sie erstrecken sich über rund 370 km vom Genfersee zum Mittelmeer auf einer Fläche von etwa 40.802 km². An der breitesten Stelle, die von der Rhône-Ebene bis in das Piemont reicht, sind sie ungefähr 200 km breit. Der Kulminationspunkt der französischen Alpen ist gleichzeitig der höchste Gipfel der gesamten Alpen, der 4.807 m hohe Mont Blanc.

Somit dürfen die französischen Alpen sicherlich als der spektakulärste Teil der gesamten Alpenkette gelten. Die Täler sind besonders tief und breit und eröffnen unglaubliche Panoramen. Darüber hinaus haben sie eine geologische Vielfalt auf relativ engem Raum hervorgebracht. Von den vergleichsweise sanften Hügeln am Genfersee bis zu der vielleicht atemberaubendsten Region der gesamten Alpen um Chamonix sind es nur wenige Kilometer. Schon befindet man sich im **Mont-Blanc-Massiv** mit seinen zahlreichen Gletschern. Die benachbarten scharfen, schroffen Aiguilles ziehen Kletterbegeisterte aus aller Welt an.

Flora

Neben den primären Faktoren Klima und Bodenbeschaffenheit führen in den Bergen die Hangausrichtung und besonders die Höhe sowie nicht zuletzt auch Eingriffe durch Bebauung, Land- und Forstwirtschaft zu Veränderungen der Pflanzenwelt. In den zwei klimatischen Zonen der französischen Nord- und Südalpen haben sich entsprechend etwas unterschiedliche Pflanzenwelten entwickelt.

Unterhalb der Baumgrenze finden Sie in den französischen Nordalpen eine subalpine Vegetation vor. Bis auf ungefähr 1.500 m Höhe haben Land- und Forstwirtschaft die natürlichen Pflanzengemeinschaften zusätzlich beeinflusst. Bis zu einer Höhe von 2.200 m sind ausgedehnte Nadelwälder aus Tannen (*sapin*), Fichten (*épicéa*) oder Lärchen (*mélèze*) anzutreffen. Die einzige Ausnahme bilden Buchenwälder, die in den Préalpes noch bis auf eine Höhe von ungefähr 800 m vorkommen.

In den Südalpen hat das mediterrane Klima bis zu einer Höhe von 1.000 m sehr starken Einfluss auf die Vegetation. Oberhalb hat wiederum die Höhe stärkeren Einfluss auf die Ausbildung der Pflanzengemeinschaften.

Durch das mediterrane Klima, das sich durch relativ hohe Temperaturen ganzjährig über 4 °C und Trockenperioden auszeichnet, haben sich in den tiefer gelegenen Regionen bis in Höhen von 800 m sogenannte xerophile Pflanzengemeinschaften gebildet, bestehend aus Eiche, Ölbaum, Zypresse, Mandelbaum und Pinie. Richtung Norden, hin zur klimatischen Grenze zwischen Süd- und Nordalpen und oberhalb von 800 m, werden sie durch Waldkiefer und Buche, die bis in Höhen von 1.500 m vorkommen können, ersetzt. Ab 1.200 m Höhe werden die Wälder lichter und es kommen Ginster und Buchsbaum hinzu.

Der Übergang von subalpiner zu alpiner Vegetation verläuft fließend. Ab ungefähr 2.000 m Höhe werden die Wälder immer lichter und die Anzahl an Büschen nimmt zu. Von 2.200 m bis ungefähr 2.600 m sind zahlreiche Buschgewächse anzutreffen, die dann allerdings auch spärlicher werden, um schließlich ab 2.800 m Gräsern und Blumen den Platz zu überlassen. Ab der Baumgrenze bis auf ungefähr 3.000 m gibt es Almwiesen mit den typischen alpinen Blumen. Oberhalb der 3.000-Meter-Grenze sind fast nur noch Flechten und Moose anzutreffen.

Alpenpflanzen zeichnen sich durch ihr geringes Höhenwachstum und kurze Wachstumsperioden (oft nur von Juni bis August) aus. Ihre Blüten sind oftmals sehr groß und sie sind sehr intensiv gefärbt. Dies wird verstärkt durch den hohen Anteil an UV-Strahlung in großer Höhe. Da der steinige Boden in größeren Höhen kaum Wasserbindekapazität besitzt, haben viele alpine Pflanzen spezielle Methoden entwickelt, um Feuchtigkeit zu speichern.

Die folgenden Pflanzen können Sie auf der GTA entdecken:

- Alpenrose (*rhododendron des Alpes*), ein Zwergstrauch aus den Zeiten der Ur-Alpen. Kommt bis maximal 2.500 m vor und ist durch die im Juli und August auffällig rot gefärbten Blüten nicht zu übersehen.
- Windröschen (*anémone*), ist auf silikathaltigen Böden zwischen 1.000 und 2.500 m häufig anzutreffen. Die Blüte ist intensiv gelb gefärbt, Blütezeit zwischen Mai und Juli. Die grünen Grundblätter sind fingerförmig gefächert.
- Edelweiß (*edelweiss*), kommt wie in den Ostalpen nur in großen Höhenlagen vor. Die Blütezeit ist zwischen Juli und September.
- Alpendistel (*panicaut des Alpes* oder *chardon bleu*), eine kalkliebende Pflanze mit kugeligen und stacheligen Blütenköpfen. Die darunterliegenden Blütenblätter sind meist purpur bis hellviolett. Alpendisteln sind bis auf ungefähr 2.400 m Höhe anzutreffen.

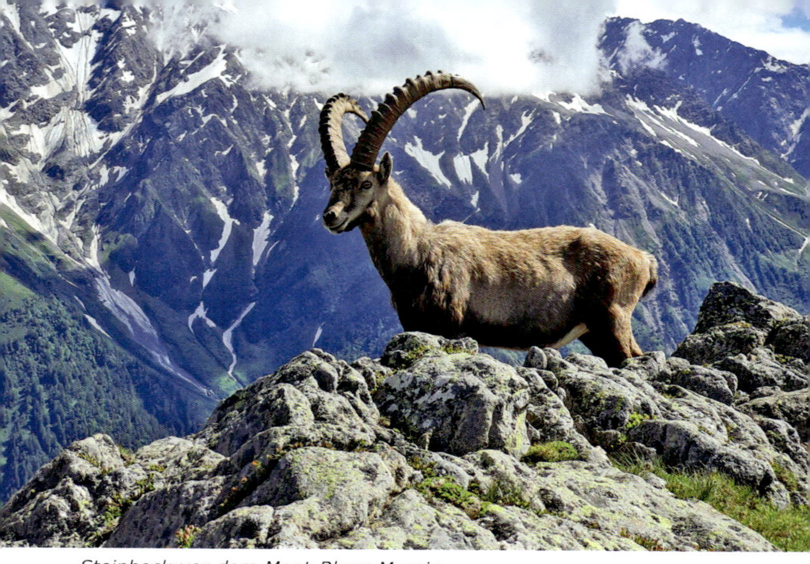

Steinbock vor dem Mont-Blanc-Massiv

- ▷ Blauer Enzian (*gentiane acaule*), ein Kräuter- oder Staudengewächs, fällt von Mai bis August durch die intensiv blau gefärbten Blüten auf.
- ▷ Türkenbundlilie (*lis martagon*), eine auf feuchtem Grund wachsende, schattenliebende Lilienart mit hellbraunrot gefärbten, gepunkteten und zurückgerollten Blütenblättern. Sie blüht von Juni bis August und wächst auf kalkhaltigen Böden bis ungefähr 2.300 m Höhe.
- ▷ Orange Lilie (*lis orangé*), wächst im Gegensatz zur Türkenbund-Lilie auch auf sonnigen Hängen und auf felsigem Untergrund bis zu 2.500 m Höhe. Die dunkelorangen, gepunkteten Blütenblätter sind glockig-trichterförmig und in der Blütezeit Juli und August schon von Weitem zu sehen.

Fauna

In den alpinen Regionen oberhalb der Baumgrenze leben Tierarten, die sich gut an die dort herrschenden rauen Bedingungen angepasst haben: niedrige Temperaturen, teilweise große Schneemassen und die damit deutlich erschwerte Nahrungssuche. All diesen Tieren ist gemein, dass sie sehr scheu sind und bei kleinsten Geräuschen flüchten. Sie sind daher nur für diejenigen zu beobachten, die sich möglichst unauffällig in den Bergregionen bewegen.

- ▷ Steinbock (*bouquetin*): Diese majestätischen Tiere mit intensiv dunkelbraun gefärbtem Fell und bis zu 1 m langen Hörnern streifen im Sommer in kleineren Gruppen durch die Berge und sind besonders im Parc National de la Vanoise und in der Mont-Blanc-Gruppe anzutreffen. Im Winter sammeln sie sich zu größeren Gruppen und steigen in die Täler ab.
- ▷ Gämse (*chamois*): Die grazilen, grau-braun gefärbten Gämsen springen und klettern mit traumwandlerischer Sicherheit und Geschwindigkeit über Felsen. Ihr Fell ist im Bereich des Gesichts zumeist weiß und ihr leicht geschwungenes Geweih ist deutlich graziler als das der Steinböcke.
- ▷ Mufflon (*mouflon*): Wildschafe mit braunem Fell, bei denen die Männchen an ihren stark einwärts gedrehten massiven Hörnern gut zu erkennen sind, leben in Herden. Sie sind an mediterrane Klimabedingungen angepasst und nur in den Alpes du Sud anzutreffen. Ihre nördlichste Ausbreitungsgrenze ist der Parc National du Mercantour bzw. der Parc Naturel Régional du Queyras.
- ▷ Murmeltiere (*marmottes*): Diese in den offenen, sonnigen Hochlagen der Alpen lebenden, bis zu 60 cm großen Hörnchen mit braunem Fell werden Sie meist erst hören, bevor Sie die Tiere zu sehen bekommen. Denn sie sind sehr scheu und warnen ihre Artgenossen durch einen schrillen Pfiff frühzeitig, wenn sich Menschen nähern.
- ▷ Alpenschneehase (*lièvre variable* oder *lièvre changeant*): Diese Hasenart kommt bis in die höchsten Regionen vor. Sie wechseln jahreszeitlich bedingt ihre Fellfarbe: weiß im Winter und braun-grau in den Sommermonaten.
- ▷ Hermelin (*hermine*): In der Nähe von Chalets in den Almregionen, aber auch noch in größeren Höhen zwischen Steinen können Hermeline beobachtet werden. Diese kleinen, extrem flinken Raubkatzen haben im Sommer am Rücken ein braunes Fell, einen weißen Bauch und eine schwarze Schwanzspitze. Im Winter wird das Rückenfell ebenfalls weiß.
- ▷ Eurasischer Luchs (*lynx boréal*): Diese unglaublich geschickten, als Einzelgänger auf Jagd gehenden Raubkatzen, die sich von Gämsen, Ziegen, Murmeltieren und Vögeln ernähren, werden kaum zu sehen sein, da sie erst in der Dämmerung jagen.
- ▷ Steinadler (*aigle royal*): Die majestätischen Raubvögel mit dunkelbraunem, fast schwarzem Gefieder können, meist paarweise, hoch oben am Himmel beobachtet werden.

- ▷ Bartgeier (*gypaète barbu*): In den Südalpen können diese Raubvögel beobachtet werden. Ihr Gefieder ist hellbraun-weiß gesprenkelt und ihre Schwingen grau. Auffällig ist ihr großer Keilschwanz. Namensgebend ist ein schwarzer Kinnbart.
- ▷ Birkhuhn (*tétras lyre*): Das Gefieder dieser 50 cm großen und bis zu 1,5 kg schweren Hühner ist glänzend blauschwarz. Gut zu erkennen sind die Birkhühner durch ihre großen, roten Fleischwülste über den Augen.

Neben diesen Bewohnern der alpinen Regionen soll die Schmetterlingsvielfalt in der Haute-Provence noch besonders erwähnt werden. Im Département Alpes-de-Haute-Provence gibt es mehr als 1.300 Schmetterlingsarten. Das entspricht drei Viertel aller in Frankreich vorkommenden Arten.

Vor allem unter den 180 Tagfaltern gibt es einige vom Aussterben bedrohte Arten. Durch die Vernichtung von Lebensräumen sterben leider jährlich mehrere seltene Arten aus.

National- und Regionalparks

In alpinen Regionen wie den Westalpen sind seltene Pflanzen und Tiere anzutreffen. Da humane Einflüsse vor den Hochlagen nicht Halt machen, ist es erforderlich, in diesen Hochlagen Schutzzonen auszuweisen. 1960 beschloss die französische Regierung, entsprechende National- und Regionalparks einzurichten, um diese Regionen mit besonderer ☞ Fauna und ☞ Flora zu schützen. Gleichzeitig sollen aber auch die Belange des Tourismus mitberücksichtigt werden, ohne jedoch die Natur zu stark zu beeinträchtigen. Somit wandern Sie auf der GTA durch zwei Nationalparks und einen Regionalpark.

In den Nationalparks (*parc national*) sind die Regeln am strengsten. Sie bestehen in Frankreich aus zwei Zonen:

- ▷ In der *zone centrale* gilt absolutes Siedlungsverbot und maximaler Naturschutz mit Fischerei- und Jagdverbot
- ▷ In der *zone peripherique* oder dem *pré-parc* (dem Vorpark) liegen die Informationszentren des Nationalparks und unter Berücksichtigung der Regeln des Ökotourismus ist es zugelassen, Hotels und Restaurants zu betreiben.

In den Nationalparks gelten, neben den allgemeinen ☞ Verhaltensregeln, einige gesetzliche Auflagen zum Schutz der Natur:

- ▷ Hunde sind nur auf ausgewiesenen Wegen erlaubt und nur außerhalb der Kernzone.
- ▷ Hinterlassen Sie keinen Müll.
- ▷ Machen Sie kein offenes Feuer. Gerade im Süden besteht im Sommer extreme Brandgefahr. Campingkocher mit Brennstoff sind aber erlaubt.
- ▷ Verlassen Sie nicht die vorgegebenen markierten Wege.
- ▷ Nehmen Sie nichts mit. Es dürfen keine Blumen oder Pflanzen gepflückt, Insekten oder Mineralien mitgenommen werden.
- ▷ Lärm ist zum Schutz der Tierwelt verboten.
- ▷ Mountainbikes und motorisierte Fahrzeuge sind verboten.
- ▷ Camping ist verboten. Oft ist aber das Wildcamping für eine Nacht mit kleinen Zelten und/oder das Biwakieren ohne Zelt zwischen 19:00 und 9:00 erlaubt.
- ▷ Bei Luftsportarten sind zum Schutz der Wildtiere mindestens 1.000 m Distanz zum Boden einzuhalten.

In den Regionalparks (*parc naturel régional*) gelten etwas weniger strenge Regeln. Dort sollen die wirtschaftlichen und ökonomischen Interessen der Bewohner des entsprechenden Gebietes mit den Interessen des Naturschutzes im Einklang stehen. Sie werden von lokalen Beauftragten, von Mitgliedern der Politik und zahlreicher Vereine sowie von Landeigentümerinnen und -eigentümern gemeinsam geführt. Diese Mitglieder verabschieden gemeinsam eine Charta zum Schutz der Natur.

Sowohl innerhalb als auch außerhalb von National- und Regionalparks werden vielerorts kleinere Schutzzonen ausgewiesen, die Naturreservate (*réserve naturelle*). Einige zeichnen sich durch seltene Tiere oder Pflanzen aus, andere haben geologische Besonderheiten. In diesen Zonen gelten gesonderte Regeln, die auch noch strenger als die Nationalparkregeln sein können – zum Beispiel ist dort das Wildcamping in der Regel untersagt.

💻 www.reserves-naturelles.org

Parc National de la Vanoise

Der Parc National de la Vanoise wurde 1963 gegründet und war damit der erste Nationalpark Frankreichs. Er dominiert die erste Hälfte der GTA. Die Kernzone erstreckt sich über das gesamte Gebiet des Massif de la Vanoise, einer Region von rund 53.000 ha, zwischen den Hochtälern von Isère und Arc.

Die *zone périphérique*, die Urlaubsregionen wie beispielsweise die Tarentaise und Maurienne beinhaltet, umfasst ein Gebiet von insgesamt 145.000 ha. Insgesamt erstreckt sich der Nationalpark über fast das gesamte Gebiet von Savoien. Im Osten geht der Parc National de la Vanoise nahtlos in den italienischen Nationalpark Gran Paradiso über. Im Höhenprofil erstreckt sich der Parc National de la Vanoise von 1.200 m bis auf 3.855 m (Grande Casse). Insgesamt 108 Gipfel sind höher als 3.000 m.

Die geologische Vielfalt ist hier sehr groß. Die Gebirgsformationen bestehen aus Kalk, Schiefer, Gips, Gneis und weiteren Gesteinsarten. Doch besonders die Vielfalt seiner Flora und Fauna macht ihn besonders. Hier leben die Steinböcke, das Wahrzeichen des Nationalparks, die nach Errichtung der Schutzzone vom italienischen Nationalpark Gran Paradiso nach Frankreich zurückgekehrt sind. Außerdem sind hier mehr als 1.000 Pflanzenarten zu finden.

Um die Schönheit der Natur vermitteln zu können, wurde im Nationalpark ein 500 km langes Netz aus Wanderwegen angelegt. Der GR 5 und damit die GTA schlängelt sich einmal durch den gesamten Nationalpark. Zwei weitere Fernwanderwege, der GR 55 und die Via Alpina, führen ebenfalls hindurch. Ein breites Netz an Berghütten dient Wanderinnen und Wanderern als Stützpunkte.

Wildcamping ist hier verboten, aber die Übernachtung im Zelt in Nähe der Berghütten wird in der Regel nach Absprache mit den Hüttenwartinnen und -warten und gegen geringes Entgelt gestattet. Es befinden sich außerdem viele Campingplätze außerhalb der Kernzone im Nationalpark.

💻 www.vanoise-parcnational.fr

Parc National du Mercantour

Der Parc National du Mercantour ist der jüngste der sieben französischen Nationalparks und wurde erst 1979 gegründet. Der Südteil der GTA führt hier hindurch, wenn nach Verlassen des ☞ Parc Naturel Régional du Qeyras die Seealpen erreicht werden.

Der Nationalpark umfasst ein Gebiet von 68.500 ha und zieht sich rund 120 km an der französisch-italienischen Grenze in den Alpes-Maritimes und den Alpes-de-Haute-Provence entlang. Er liegt auf einer Höhe von 500 m bis 3.143 m (Cime du Gelas) und ist geprägt durch schöne Täler und spektakuläre Schluchten.

Einen gewissen Schutz erlangte diese Region bereits im Jahr 1859, als der italienische König Vittorio-Emmanuel II große Gebiete im heutigen Italien und unter anderem das Gebiet des heutigen Parc National du Mercantour zu seinem persönlichen Jagdgebiet erklärte.

Das einstige riesige Jagdgebiet ist seit 1987 wieder vereint, als der Parc National du Mercantour und der italienische Parco Naturale delle Alpe Marittimi (ehemals Argentera) grenzüberschreitend zusammengeführt wurden.

An erwähnenswerter Fauna finden sich Gämsen, Steinböcke und Mufflons. Die vorhandene Vogelwelt umfasst Birk- und Schneehühner sowie zahlreiche seltene Raubvogelarten wie Weihen und Steinadler.

Eine noch größere Besonderheit ist die Fauna: Insgesamt sind von rund 4.000 in Frankreich vorkommenden Pflanzenarten allein 2.000 im Parc National du Mercantour vertreten. Das Wahrzeichen des Parks, der blaue Mercantour-Steinbrech, kommt in ganz Europa nur noch hier vor. Da sich der Nationalpark über mehr als 2.600 Hm erstreckt, ist jegliche Vegetationszone vertreten.

Ein gutes Netz an Berghütten bietet Übernachtungsmöglichkeiten für Wanderinnen und Wanderer. Wildcamping mit kleinem Zelt ist erlaubt zwischen 19:00 und 9:00, wenn der Schlafplatz mindestens eine Stunde Fußweg von der Parkgrenze entfernt liegt und sofern keine gesonderten Schutzzonen ausgewiesen sind. Nach Absprache gestatten einige Hüttenwartinnen und -warte den Aufbau des Zeltes in Nähe der Hütte. Außerhalb der Kernzone gibt es auch zahlreiche Campingplätze im Nationalpark.

💻 www.mercantour-parcnational.fr

Parc Naturel Régional du Queyras

Der Parc Naturel Régional du Queyras liegt südwestlich von Briançon. Sie durchwandern ihn auf der GTA auf dem Abschnitt zu Beginn des Südteils, der zwischen dem ältesten französischen Nationalpark ☞ Vanoise und dem jüngsten französischen Nationalpark ☞ Mercantour liegt. Der Naturpark Queyras wurde 1977 gegründet und besteht aus einer 65.000 ha großen Hochgebirgslandschaft um den Mont Viso (3.841 m). Im Schnitt liegt der Naturpark auf mehr als 2.100 m Meereshöhe.

Eine Besonderheit der Fauna im Naturpark Queyras ist das 1973 aus Korsika eingeführte Korsika-Mufflon (*mouflon de Corse*).

Zwei weitere Tierarten sind hervorzuheben: der schwarze Alpensalamander und eine Schmetterlingsart namens Isabelle, die in ganz Europa nur hier vorkommt.

Der häufige Regen bei gleichzeitig hohen mediterranen Temperaturen sorgt dafür, dass sich trotz der Höhenlage eine enorme Vielfalt an Pflanzen – von Pinien bis zu arktischen Gräsern – entwickeln konnte.

Ein weiterer Aspekt, warum das Gebiet als Parc Naturel Régional deklariert wurde, ist der große Anteil an original erhaltener provenzalischer, ländlicher Architektur.

Generell sind die Regeln in Naturparks nicht so streng wie in den Nationalparks, sodass es hier beispielsweise keine Kernzone mit maximalem Naturschutz gibt, und es findet sich durchgehend Besiedlung.

Wildcamping ist von 19:00 bis 9:00 und mindestens eine Stunde von der Parkgrenze entfernt überall gestattet, wo keine gesonderten Schutzzonen ausgewiesen sind.

www.pnr-queyras.fr

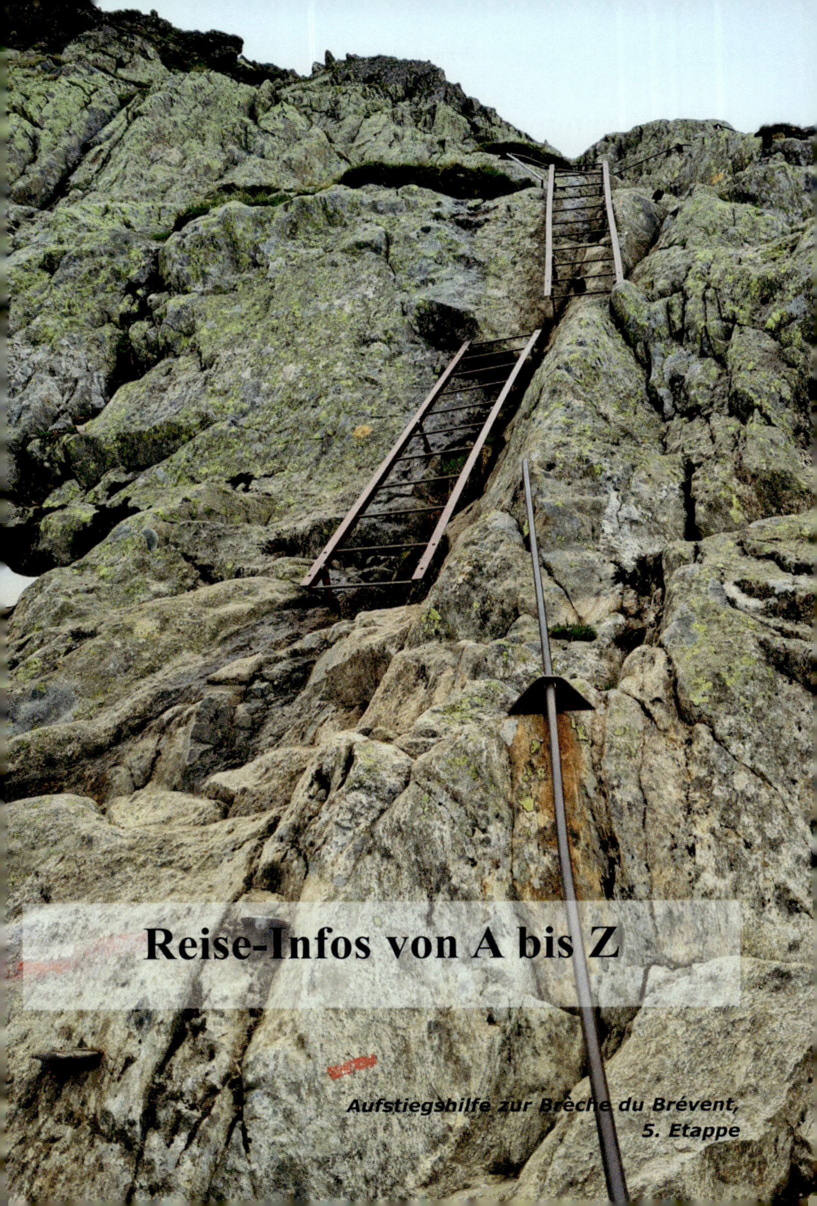

Reise-Infos von A bis Z

Aufstiegshilfe zur Brèche du Brévent, 5. Etappe

Anforderungen

Für diese etwa 590 km lange Alpendurchquerung, auf der fast 66.000 Hm bewältigt werden, ist körperliche Vorbereitung in Form eines regelmäßigen Ausdauertrainings unbedingt erforderlich.

Darüber hinaus benötigen Sie auch ein Mindestmaß an mentaler Stärke. Nur wer auf der einen Seite Wärme und Hitze bei gleichzeitig großer körperlicher Belastung gewachsen ist, auf der anderen Seite mit nächtlichen Temperaturen im Minusbereich umgehen kann und sich von schnellen, heftigen Wetterumschwüngen mit Sturm und Gewitter nicht aus der Ruhe bringen lässt, wird Spaß an diesem Abenteuer haben.

Erfahrung im Queren von Schneefeldern wie hier kurz hinter dem Brévent-Pass ist erforderlich

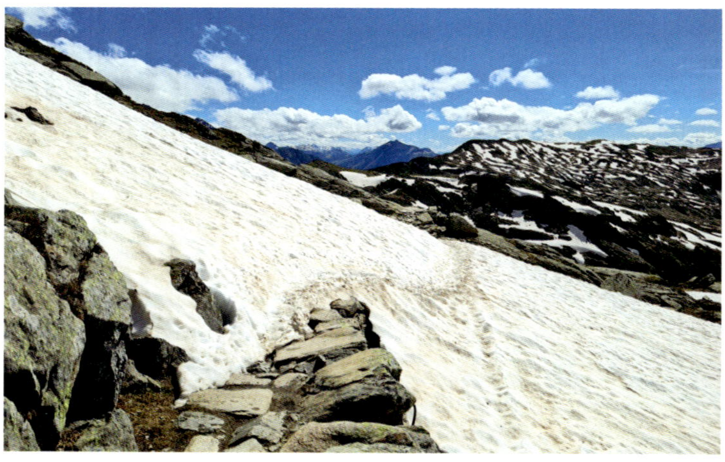

Die GTA stellt unter guten Witterungsbedingungen keine allzu hohen Anforderungen an die Erfahrung und das technische Können der Wanderinnen und Wanderer. Doch auch einfachste Pässe und Hänge können bei hohem Schnee oder Restschneefeldern, die ganzjährig anzutreffen sind, problematisch werden. Feuchte Almwiesen sowie nasser Fels durch Morgentau oder Regenwetter bergen zudem eine große Rutschgefahr.

Die GTA ist als GR 5 größtenteils hervorragend markiert. Unter widrigen Witterungsbedingungen wie Nebel oder Schneeverwehungen ist jedoch der Umgang mit Karte und Kompass bzw. die GPS-Navigation erforderlich. Es kann auch vorkommen, dass Teilabschnitte witterungsbedingt nicht begehbar sind und somit umgangen werden müssen. Entsprechende Kenntnisse der Wegfindung und Orientierung sollten daher vorhanden sein.

An- und Abreise

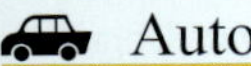 Auto

Mit dem eigenen Pkw anzufahren, ist die ungünstigste Lösung. Es können zwar auch die entlegensten Talorte relativ einfach mit dem Pkw erreicht werden und an Parkmöglichkeiten besteht kein Mangel, doch dann muss dort das Fahrzeug zurückgelassen werden.

Am Ende der Wanderung – egal, ob Sie die gesamte GTA oder Teiletappen gewandert sind – müssen Sie wieder zum Ausgangspunkt der Tour gelangen. Wer dies dennoch vorhat, kann sich sehr einfach z. B. mit Google Maps zum gewünschten Startort lotsen lassen.

Wer die komplette GTA gehen und dann zum Auto zurückkehren will, lässt dieses wahrscheinlich am besten am Flughafen Genf (ab 120 Euro/Woche), wo bewachtes Langzeitparken möglich ist. Von dort gibt es einigermaßen gute Zugverbindungen zum Startpunkt nach Saint-Gingolph und von Nizza zurück nach Genf.

www.gva.ch

Im Folgenden finden Sie die An- und Abreise zum/vom Start- und Zielpunkt der GTA sowie zu den am günstigsten gelegenen Orten mit Bahnanschluss oder direkter Busverbindung von Nizza.

Startpunkt Saint-Gingolph

Der internationale Flughafen Genf (Genéve Aéroport, IATA-Code GVA) wird von zahlreichen europäischen Fluggesellschaften angeflogen, darunter auch einige Billigfluggesellschaften. Er ist mit einem eigenen Bahnhof ans Bahnnetz angeschlossen. Der Genfer Hauptbahnhof (Genève-Cornavin) ist eine Zugstation entfernt.

www.gva.ch

Vom Flughafen führt die derzeit schnellste Verbindung mit dem Zug in gut zwei Studen entlang des Nordufers des Genfersees in die Grenzstadt Saint-Gingolph, Umstieg in St. Maurice. Diese Verbindung besteht stündlich.

Der Bahnhof Saint-Gingolph, im Schweizer Teil der Grenzstadt gelegen, wird nur von Regionalzügen angefahren. Genf und der Genfer Flughafen sind etwa zwei Fahrstunden entfernt mit Umstieg in St. Maurice.

Saint-Gingolph ist mittlerweile ein Endbahnhof der Strecke Brig – Saint-Gingolph und dementsprechend nur mit Umsteigen von weiter entfernten Orten zu erreichen. Brig wiederum ist ein wichtiger Bahnhofsknotenpunkt mit Schnellzügen, Anschlussmöglichkeiten in die gesamte Schweiz und nach Italien.

www.sbb.ch oder www.bahn.de

Saint-Gingolph verfügt über einen Schiffsanleger der öffentlichen Schifffahrt auf dem Genfersee, wird derzeit jedoch nicht von den regulären Schifffahrtslinien angefahren. Dies kann sich aber gelegentlich mal ändern.

www.cgn.ch

Les Houches

Les Houches liegt an der Bahnlinie Vallorcine – St-Gervais und ist durch die Nähe zu Chamonix sehr gut mit dem Zug zu erreichen. Nach Chamonix, dem berühmten Bergsteigerort am Mont Blanc, gibt es zahlreiche Zugverbindungen. Von dort aus ist Les Houches stündlich in 17 Minuten mit der Regionalbahn zu erreichen.

Landry

Der Bahnhof von Landry ist ein wichtiger Knotenpunkt. Er liegt auf der Strecke Saint-Pierre-d'Albigny – Bourg-Saint-Maurice und wird auch von Schnellzügen angefahren mit einigen Direktverbindungen nach Lyon und Paris.

Modane

Dem Bahnhof von Modane kommt als Grenzbahnhof große Bedeutung zu und er ist entsprechend gut an den Regional- und Fernverkehr angebunden. Er liegt auf der Strecke Chambéry – Bardonecchia, auch als Mont-Cenis-Bahn bekannt. Mit Schnellzügen gibt es Direktverbindungen nach Lyon, Mailand und Paris.

Briançon

Der Bahnhof Briançon ist Endhaltestelle der Linie von Gap, dem wirtschaftlichen Zentrum der Region. Dementsprechend ist der von dort gut zu erreichen. Außerdem besteht eine Direktverbindung mit dem Regionalzug nach Marseille und als Besonderheit eine Verbindung mit dem Nachtzug nach Paris.

Saint-Étienne-de-Tinée

Saint-Étienne-de-Tinée liegt auf der Strecke der Linie 91 Auron – Nizza, die ein paar Mal pro Tag fährt. Vom Flughafen Nizza (Station „Grand Arénas") dauert die Fahrt mit der Direktverbindung gut zwei Stunden.

Auron

Auron liegt auf der Strecke der Linie 91 Auron – Nizza, die ein paar Mal pro Tag fährt. Vom Flughafen Nizza (Station „Grand Arénas") dauert die Fahrt mit der Direktverbindung gut zwei Stunden.

Saint-Sauveur-sur-Tinée

Saint-Sauveur-sur-Tinée liegt auf der Strecke der Linie 91 Auron – Nizza, die ein paar Mal pro Tag fährt. Vom Flughafen Nizza (Station „Grand Arénas") dauert die Fahrt mit der Direktverbindung etwa 1 Std. 30 Min.

La Bolline (Gemeinde Valdeblore)

Mit der Buslinie 90, die ein paar Mal pro Tag fährt, besteht in gut 1 Std. 50 Min. eine Direktverbindung zwischen La Bolline, Nizza und Flughafen Nizza (Station „Grand Arénas").

Saint-Dalmas (Gemeinde Valdeblore)

Saint-Dalmas wird von der Buslinie 90 angefahren, die ein paar Mal pro Tag und zwischen La Bolline und Nizza verkehrt. Somit besteht in etwa 1 Std. 50 Min. eine Direktverbindung von/nach Nizza und vom/bis zum Flughafen Nizza (Station „Grand Arénas").

Utelle

Utelle wird im dazugehörigen Weiler Saint-Jean la Rivière von der Buslinie 90 angefahren, die ein paar Mal pro Tag und zwischen La Bolline und Nizza verkehrt. Somit besteht in etwa 50 Min. eine Direktverbindung von/nach Nizza und vom/bis zum Flughafen Nizza (Station „Grand Arénas").

Levens

 Busverbindung ins Zentrum von Nizza in ca. 50 Min. mit der Linie 19.

Aspremont

Aspremont ist über die Buslinie 62 mit der Innenstadt von Nizza verbunden (Endhalt „Magnan", 50 Min.). Die Buslinie 76 fährt zum nördlichen Stadtrand von Nizza (Endhalt „Place Fontaine du Temple", 30 Min.).

Zielpunkt Nizza

Der internationale Flughafen Nice Côte d'Azur (IATA: NCE) wird von zahlreichen europäischen Fluggesellschaften aus Deutschland angeflogen, darunter auch viele Billigfluggesellschaften. Er ist über den Bahnhof Nice-Saint-Augustin an das Bahnnetz angebunden. Der Hauptbahnhof Nice-Ville ist eine Station entfernt.

Der Endpunkt der GTA ist das Ende der Rue du Cronstadt an der Promenade des Anglais und dem Stadtstrand von Nizza. Etwa 500 m die Rue du Cronstadt hinauf bzw. den GR 5 zurück, am großen Park Alsace Lorraine, befindet sich die unterirdische Straßenbahnhaltestelle „Alsace-Lorraine". Von hier besteht eine Direktverbindung in etwa 30 Minuten vom/zum Flughafen mit der Straßenbahn L2, die beide Terminals des Flughafens anfährt. Wenn Sie etwas weiter bis zum Hauptbahnhof Nice-Ville gehen (etwa 1,2 Kilometer vom Strand), bzw. die Tour bereits dort beenden, dauert die Fahrt vom/zum Flughafen mit dem viertelstündlich verkehrenden Zug nur ein paar Minuten.

Der Bahnhof Nice-Ville ist der Hauptbahnhof von Nizza und bietet als Fernbahnhof Direktverbindungen in viele Großstädte wie Marseille, Lyon oder Mailand. Er liegt außerdem an der Bahnstrecke Marseille-Ventimiglia, welche die Mittelmeerküste und damit auch die komplette Côte d'Azur entlangführt.

Eine Direktverbindung nach Genf, um zum Ausgangspunkt der Tour zurückzugelangen, besteht derzeit nicht. Die schnellste Verbindung dauert etwa acht Stunden mit Umstieg in Lyon und ggf. einem vorherigen Umstieg in Marseille. Eine Zugfahrt direkt nach ☞ Saint-Gingolph dürfte wegen der komplizierten und langen Verbindung für niemanden infrage kommen.

Zur GTA gelangen Sie vom Bahnhof Nice-Ville sehr schnell, indem Sie sich am Bahnhofsvorplatz rechts halten und dann auf den Boulevard Gambetta abbiegen – rechts in Richtung Genf und links zum Endpunkt. Das offizielle Ende der GTA am Strand von Nizza ist etwa 1,5 Kilometer vom Bahnhof entfernt.

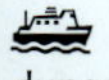 Port Lympia, der Hafen von Nizza, verfügt über einige wenige Fährverbindungen. Derzeit werden die Inseln Korsika und Sardinien angefahren.

www.riviera-ports.com

Apps

Folgende kostenlose Apps eignen sich gut zur Unterstützung bei der Planung und Durchführung der Tour:

- ▷ **Booking.com** zur Suche und Buchung von Hotelunterkünften
- ▷ **Google Maps** zur Recherche von öffentlichen Verkehrsmitteln und Navigation mit dem Auto
- ▷ **SBB Mobile** zur Buchung eines mobilen Zugtickets zum Startpunkt
- ▷ **Sicher reisen** für tagesaktuelle Reise- und Sicherheitshinweise des Auswärtigen Amtes
- ▷ **SNCF** für mobile Zugtickets in Frankreich
- ▷ **Yr Wetter** als herausragende Wetter-App des norwegischen Wetterinstituts mit pass- und gipfelgenauen Vorhersagen

Ausrüstung und Packliste

Für die GTA ist eine Ausrüstung erforderlich, die den Anforderungen einer hochalpinen Tour gerecht wird. Sie benötigen zwar keine besondere technische Ausstattung, aber die Ausrüstung und Kleidung muss den Anforderungen des Bergwanderns genügen und ein breites Spektrum an klimatischen Bedingungen und Untergründen abdecken. Zudem haben Sie unterwegs nur wenige Gelegenheiten, Ausrüstungsgegenstände auszutauschen, sodass Sie eine entsprechend verlässliche Qualität benötigen.

Da Sie Ihr gesamtes Hab und Gut mehrere Wochen lang auf dem eigenen Rücken tragen, achten Sie dringend auf ein geringes Packgewicht. Als Faustregel kann ein absolutes Maximum von 20 % des Körpergewichts gelten, Sie sollten aber in Ihrem eigenen Interesse eher 10 % anstreben. Ihr Rücken und Ihre Gelenke werden es Ihnen danken.

Wählen Sie Dinge für mehrere Einsatzzwecke, anstatt alles einzeln mitzunehmen. Kleidung aus Funktionstextilien lässt sich leicht zwischendurch waschen, sodass Sie kaum Wechselklamotten benötigen.

Diese Artikel zählen zur Basisausrüstung:

- ▷ Wanderschuhe mit rutschfester Sohle und wasserdichtem Obermaterial
- ▷ gepolsterte Socken, um Blasenbildung und Druckstellen zu vermeiden
- ▷ Unterhosen aus schnelltrocknendem Material
- ▷ T-Shirts aus schnelltrocknendem Material
- ▷ Regenjacke
- ▷ wärmende Isolationsjacke mit Kapuze
- ▷ Wanderhose mit abzippbaren Beinen
- ▷ Sonnenmütze/Sonnenhut
- ▷ Trekkingstöcke mit Teleskopstangen für steile Passagen und das Queren von Schneefeldern sowie ggf. den Zeltaufbau
- ▷ Rucksack mit wasserdichtem Obermaterial bzw. Regenhülle, gepolstertem Hüftgurt und ca. 45 Litern Volumen
- ▷ Taschenmesser mit Schere und Pinzette für alles von der Essenszubereitung bis zur Körperpflege
- ▷ Trinkflasche mit 1,5 Litern Volumen
- ▷ Mikrofaser-Handtuch, das kaum Gewicht hat und schnell trocknet – muss auch in Berghütten selbst mitgebracht werden
- ▷ Schlafsack: Mindestens ein Hüttenschlafsack/Inlett ist bei Berghütten aus hygienischen Gründen Pflicht. Vielleicht bringen Sie lieber gleich Ihren gefütterten Schlafsack mit, um nicht die vielbenutzten Decken verwenden zu müssen. Natürlich ist sowieso, wenn Sie zelten, ein Schlafsack mit einer Komforttemperatur von 0 Grad oder darunter erforderlich.
- ▷ Papiertaschentücher
- ▷ Deodorant
- ▷ biologisch abbaubare Reiseseife für Körper, Kleidung und ggf. Geschirr
- ▷ Zahnpasta
- ▷ Zahnbürste
- ▷ Sonnenschutzmittel mit mindestens UV-Schutz-Faktor 50
- ▷ Blasenpflaster für den Fall der Fälle
- ▷ Kohletabletten gegen Durchfall
- ▷ Wundspray zur Desinfektion und Befeuchtung bei Verletzungen
- ▷ Erste-Hilfe-Set mit Rettungsdecke, Verbandszeug, Pflaster etc.
- ▷ Smartphone für eine wachsende Zahl an Einsatzzwecken von Notrufen über Organisation von Unterkünften und Transport, ☞ GPS-Navigation, Taschenlampe, Kamera bis hin zum Wecker. Optional mit einer Smartwatch oder einem GPS-Gerät ergänzen.

- ▷ Ladegerät und Ladekabel
- ▷ Powerbank mit mindestens 20.000 mAh Ladekapazität, da Sie ggf. ein paar Tage ohne Steckdose auskommen müssen.
- ▷ Energieriegel für zwischendurch
- ▷ Wasser- und luftdichte Packsäcke für Flüssigkeiten, Schmutzwäsche und Abfälle

Wenn Sie zelten und/oder sich selbst verpflegen möchten (siehe auch ☞ Lebensmittelversorgung), benötigen Sie zusätzlich folgende Dinge:

- ▷ Trekkingzelt
- ▷ Zeltheringe
- ▷ Gaskocher
- ▷ Gaskartusche mit Schraubverschluss, der beliebig oft an- und abmontiert werden kann
- ▷ Koch-/Essgeschirr
- ▷ Spork (Mischung aus Löffel und Gabel für alle Mahlzeiten)
- ▷ Reisewäscheleine
- ▷ Isomatte

Diplomatische Vertretungen

Ⓓ **Botschaft** der Bundesrepublik Deutschland, 13/15 Avenue Franklin D. Roosevelt, 75008 Paris, ☏ +33/(0)1/53 83 45 00

Generalkonsulat der Bundesrepublik Deutschland, 33, Boulevard des Belges, 69006 **Lyon**, ☏ +33/(0)4/72 69 98 96

Generalkonsulat der Bundesrepublik Deutschland, 10 Place de la Joliette, Les Docks, Hôtel de Direction, 1. Etage, 13002 **Marseille**, ☏ +33/(0)4/91 16 75 20

💻 allemagneenfrance.diplo.de

Ⓐ **Österreichische Botschaft**, 6, Rue Fabert, 75007 Paris, ☏ +33/(0)1/40 63 30 63, ✉ paris-ka@bmeia.gv.at, 💻 www.bmeia.gv.at/oeb-paris

(CH) **Schweizer Botschaft**, 142, Rue de Grenelle, 75007 Paris, ☏ +33 /(0)1/49 55 67 00, ✉ paris@eda.admin.ch

Generalkonsulat, 4, Place Charles Hernu, CS 70285, 69616 **Villeurbanne Cedex**, ☏ +33/(0)4 72/75 79 10, ✉ lyon@eda.admin.ch

Generalkonsulat, 7, Rue d'Arcole, 13006 **Marseille**, ☏ +33/(0)4 96/10 14 10, ✉ marseille@eda.admin.ch, 💻 www.eda.admin.ch/paris

Einreise und Zoll

Für Frankreich gelten die üblichen Einreise- und Einfuhrbeschränkungen des EU-Raums. Die Schweiz ist Vertragspartei des Europäischen Übereinkommens über die Regelung des Personenverkehrs zwischen den Mitgliedsstaaten des Europarates und hat nur leicht abweichende Regelungen.

Für Staatsangehörige von Ländern der EU, des Europäischen Wirtschaftsraums (EWR) und der Schweiz genügt als Ausweisdokument ein gültiger Personalausweis. Der Aufenthalt ist bis zu drei Monate möglich.

Für längere Aufenthalte benötigen Sie in der Regel eine Registrierung (Frankreich) bzw. eine Aufenthaltsbewilligung (Schweiz).

Tagesaktuelle Reise- und Sicherheitshinweise, ggf. anlassbezogene Einreisebestimmungen und Informationen zu den Zollbestimmungen sind auf der Webseite des Auswärtigen Amts und mit der dazugehörigen App „Sicher reisen" abrufbar.

www.auswaertiges-amt.info

Elektrizität

Die Steckdosen in Frankreich und in der Schweiz haben die gleiche Spannung von 230 V wie in Deutschland, sind allerdings mit einem zusätzlichen Erdungsstift ausgestattet. Für Eurostecker und flache Stecker wie bei gängigen Ladegeräten benötigen Sie aber keinen Adapter.

Auflademöglichkeiten für Smartphone und Ersatzakku finden sich grundsätzlich in den Gemeinschaftsräumen aller Unterkünfte und Campingplätze. Auf besser ausgestatteten Campingplätzen besteht oft die Möglichkeit, für einen geringen Aufpreis Stellplätze mit einer Steckdose zu erhalten. Zu beachten ist, dass diese nur mit einem speziellen Kabel funktionieren.

Nehmen Sie für Ihr Smartphone unbedingt einen Ersatzakku (Powerbank) mit, damit Sie das Gerät zwischendurch auch ohne Steckdose wieder aufladen können.

Wenn Sie Telefon und mobiles Internet nicht benötigen, sollten Sie es in den Flugmodus versetzen. In den Bergen gibt es häufig kein Netz und das Handy verbraucht bei der ständigen Suche nach Netz unnötig viel Akku

Etappenübersicht und -aufteilung

Die hier vorgeschlagene Aufteilung in Tagesetappen steht ganz im Sinne des Genusswanderns und benötigt so gut vier Wochen Zeit. Sie ermöglicht es, die Tour mit einigermaßen gleichmäßigen ☞ Etappen zu absolvieren, die mit Pausen jeweils etwa einen ganzen Tag beanspruchen. Etwas kürzere Abschnitte zwischendurch bieten Entlastung und Zeit für Erholung durch frühes Erreichen des Etappenziels. Extrem lange Etappen wurden vermieden und die Etappenziele möglichst so gewählt, dass der Aufenthalt nach der Tagesetappe lohnend ist und erholsam ausfallen kann.

Zu jeder Etappe gibt es eine Karte und ein Höhenprofil. Die Aufzählung der wichtigen Punkte am Anfang der Etappen zeigt an, wo es entlang der Strecke weitere Übernachtungsmöglichkeiten gibt.

Bitte beachten Sie, dass die Beherbergungsangebote teilweise etwas ungleichmäßig verteilt sind. Daher lässt sich der eine oder andere lange Wandertag nicht vermeiden, sofern Sie direkt am Weg mit Bewirtschaftung übernachten wollen. Bei den Etappen mit mehr als acht Stunden Gehzeit sind aber Möglichkeiten genannt, wie sie sich auf zwei kurze Etappen aufteilen lassen, auch wenn es zwischendurch keine direkt auf dem Weg liegenden Unterkünfte gibt – etwa durch Wegvarianten oder durch kurze Talabstiege. Nur die längste Etappe bietet dafür leider keine Möglichkeiten, lässt sich aber bei Nichtgefallen auch unkompliziert mit dem Bus zurücklegen.

Am Ende jeder Tagesetappe gibt es mindestens eine Unterkunft mit Bewirtung. In den meisten der Unterkünfte können Sie sogar noch ein Picknick für den nächsten Tag erwerben, sodass Sie rundum versorgt sind.

Natürlich wird schon allein aufgrund der Länge der Strecke jede Wanderin und jeder Wanderer ein eigenes Tempo finden und vielleicht von den Etappenvorschlägen abweichen wollen. Die gesamte GTA lässt sich realistisch in einem Zeitraum zwischen drei und fünf Wochen zurücklegen. Daher sind auch alle anderen auf dem Weg liegenden Übernachtungsmöglichkeiten sowie Möglichkeiten zur Einkehr aufgeführt. Davon gibt es mehr als genug, sodass Sie einige Freiheiten bei der Etappengestaltung haben.

Unbedingt sollten Sie sich auch zwischendurch mal einen Ruhetag bzw. Hüttentag gönnen, zum Beispiel, wenn es Ihnen in einer Unterkunft oder an einem Ort besonders gefällt. Das dient der Regeneration und dem stressfreien Genuss der Bergwelt. Es wird Ihnen zu einem schöneren und erquicklicheren GTA-Erlebnis verhelfen und Ihrer mentalen Verfassung sehr zuträglich sein.

Für Pausentage ist also genügend zeitlicher Puffer einzuplanen. Überdies kann es aufgrund der wechselhaften Wetterlage im Hochgebirge zu jeder ☞ Reisezeit erforderlich werden, regenbedingte Pausentage einzulegen. Auch das sollte bei der Zeitplanung berücksichtigt werden. Hektik gehört zu den Dingen, die sich überhaupt nicht mit dem Bergwandern vertragen.

Am unabhängigsten und am kostengünstigsten ist sicherlich, wenn Sie sich unterwegs selbst versorgen und im Zelt oder mit Biwak unter freiem Himmel übernachten. Die GTA und der GR 5 eignen sich gut dafür unter Berücksichtigung der jeweiligen Regeln der ☞ National- und Regionalparks. Alle Orte mit Campingplätzen, mit Supermärkten zum Aufstocken der Vorräte sowie einige besonders geeignete Plätze für das Biwakieren und legale Wildcamping werden ebenfalls in den Tourenbeschreibungen genannt.

Manche Hüttenwartinnen und -warte lassen Sie auch für einen kleinen Betrag oder sogar kostenfrei in der Nähe der Hütte zelten und wenn Sie dann noch etwas in der Hütte konsumieren, sind Sie als Camperin und Camper herzlich willkommen. Bitte sprechen Sie sich aber vorher mit dem Personal ab. Wenn diese Option offiziell von den Hütten angeboten wird, ist es bei den Hüttenbeschreibungen genannt.

In Anbetracht des großen touristischen Angebots ist es natürlich ohne Weiteres möglich, Ihre GTA in einem Mix aus allen Unterkunftsvarianten bis hin zu gelegentlichen Unterkünften in komfortablen Hotels zu gestalten.

Ebenso ist es dank einiger gut mit öffentlichen Verkehrsmitteln erreichbarer Orte auf der GTA (siehe ☞ Anreise) auch leicht möglich, die Alpendurchquerung auf mehrere Urlaube verteilt in Teilabschnitten zu absolvieren.

Die Beschreibung der ☞ Etappen folgt der orografischen Logik, die für das Bergwandern am intuitivsten ist. Die Bereiche der GTA sind dementsprechend nach Gebirgsgruppen aufgeteilt und Angaben wie oben, unten, steil, flach und so weiter beziehen sich auf Höhenmeter, Hangneigungen, Hangexposition/-ausrichtung und die damit einhergehenden Fließrichtungen von Gewässern. Wenn ein Abzweig links liegt, dann bedeutet das natürlich, dass Sie sich dort, wo Sie sind, nach links wenden. Mit dem linken Flussufer ist hingegen das von der Fließrichtung her links gelegene Ufer gemeint.

Die Angabe von Distanzen und Höhenmetern bezieht sich immer direkt auf den Verlauf des GR 5, ist also nicht unbedingt deckungsgleich mit den offiziellen Höhen von Pässen, Berghütten etc. Diese liegen natürlich nicht immer genau auf der Route, sondern manchmal auch etwas abseits des Weges.

Diese tabellarische Übersicht verschafft Ihnen einen Überblick der Länge und des Zeitaufwandes für die vorgeschlagenen Etappen:

1. Etappe: Saint-Gingolph – La Chapelle d'Abondance
➲ 17,6 km, ⌛ 7 Std. 25 Min., 🡅 1.892 m, 🡇 1.235 m, ⇧ 374-1.916 m

2. Etappe: La Chapelle d'Abondance – Refuge de chésery
➲ 19,2 km, ⌛ 7 Std., 🡅 1.443 m, 🡇 481 m, ⇧ 999-1.995 m

3. Etappe: Refuge de chésery – Refuge de la Golèse
➲ 14,7 km, ⌛ 5 Std., 🡅 670 m, 🡇 973 m, ⇧ 1.421-2.097 m

4. Etappe: Refuge de la Golèse – Refuge Alfred Wills
➲ 24,4 km, ⌛ 5 Std. 50 Min., 🡅 1.338 m, 🡇 1.188 m, ⇧ 703-1.806 m

5. Etappe: Refuge Alfred Wills – Refuge Bellachat ☆
➲ 16,8 km, ⌛ 6 Std. 40 Min., 🡅 1.442 m, 🡇 1.096 m, ⇧ 1.589-2.488 m

6. Etappe: Refuge Bellachat – Bionnassay
➲ 15,7 km, ⌛ 5 Std. 45 Min., 🡅 717 m, 🡇 1.549 m, ⇧ 972-2.152 m

7. Etappe: Bionnassay – Refuge de la Balme
➲ 16,6 km, ⌛ 5 Std. 40 Min., 🡅 856 m, 🡇 468 m, ⇧ 1.006-1.708 m

8. Etappe: Refuge de la Balme – Refuge Plan Mya ☆
➲ 13,1 km, ⌛ 5 Std., 🡅 946 m, 🡇 792 m, ⇧ 1.709-2.524 m

9. Etappe: Refuge Plan Mya – Valezan
➲ 20,8 km, ⌛ 7 Std. 15 Min., 🡅 965 m, 🡇 1.636 m, ⇧ 1.196-2.468 m

10. Etappe: Valezan – Refuge de Rosuel
➲ 17,3 km, ⌛ 5 Std. 50 Min., 🡅 952 m, 🡇 605 m, ⇧ 713-1.556 m

11. Etappe: Refuge de Rosuel – Val d'Isère
➲ 23,3 km, ⌛ 8 Std. 25 Min., 🡅 1.382 m, 🡇 1.063 m, ⇧ 1.553-2.652 m

12. Etappe: Val d'Isère – Bessans
➲ 22,7 km, ⌛ 8 Std. 15 Min., 🡅 1.360 m, 🡇 1.483 m, ⇧ 1.702-2.764 m

13. Etappe: Bessans – Refuge L'auberge de Bellecombe
➲ 24 km, ⌛ 8 Std. 25 Min., 🡅 1.336 m, 🡇 697 m, ⇧ 1.675-2.483 m

14. Etappe: Refuge L'auberge de Bellecombe – Refuge de l'Arpont ☆
➲ 15,8 km, ⌛ 5 Std. 20 Min., 🡅 696 m, 🡇 729 m, ⇧ 2.012-2.572 m

15. Etappe: Refuge de l'Arpont – Refuge de la Fournache
➲ 16,9 km, ⌛ 5 Std. 55 Min., 🡅 767 m, 🡇 739 m, ⇧ 2.070-2.468 m

16. Etappe: Refuge de la Fournache – Modane
➲ 15,1 km, ⌛ 5 Std. 20 Min., 🡅 407 m, 🡇 1.679 m, ⇧ 1.058-2.426 m

17. Etappe: Modane – Les Granges de la Vallée Étroite
➲ 21,4 km, ⌛ 7 Std. 35 Min., 🡅 1.415 m, 🡇 715 m, ⇧ 1.062-2.436 m

18. Etappe: Les Granges de la Vallée Étroite – Plampinet
➲ 12,3 km, ⌛ 4 Std., ↑ 446 m, ↓ 726 m, ⇧ 1.481-2.194 m
19. Etappe: Plampinet – La Vachette
➲ 21,6 km, ⌛ 7 Std. 15 Min., ↑ 1.087 m, ↓ 1.157 m, ⇧ 1.357-2.526 m
20. Etappe: La Vachette – Camping de l'Izoard
➲ 23,4 km, ⌛ 8 Std. 40 Min., ↑ 1.603 m, ↓ 1.125 m, ⇧ 1.204-2.477 m
21. Etappe: Camping de l'Izoard – Ceillac
➲ 23,9 km, ⌛ 8 Std. 35 Min., ↑ 1.312 m, ↓ 1.514 m, ⇧ 1.337-2.305 m
22. Etappe: Ceillac – Maljasset ☆
➲ 15,3 km, ⌛ 5 Std. 30 Min., ↑ 1.162 m, ↓ 918 m, ⇧ 1.629-2.699 m
23. Etappe: Maljasset – Larche
➲ 25,3 km, ⌛ 8 Std. 25 Min., ↑ 1.325 m, ↓ 1.529 m, ⇧ 1.539-2.553 m
24. Etappe: Larche – Bousiéyas ☆
➲ 20,3 km, ⌛ 7 Std. 10 Min., ↑ 1.247 m, ↓ 1.042 m, ⇧ 1.677-2.672 m
25. Etappe: Bousiéyas – Saint-Étienne-de-Tinée
➲ 16,6 km, ⌛ 5 Std. 50 Min., ↑ 675 m, ↓ 1.387 m, ⇧ 1.156-2.235 m
26. Etappe: Saint-Étienne-de-Tinée – Roya
➲ 14,1 km, ⌛ 5 Std. 15 Min., ↑ 1.012 m, ↓ 664 m, ⇧ 1.116-2.008 m
27. Etappe: Roya – Refuge de Longon ☆
➲ 19,7 km, ⌛ 7 Std. 25 Min., ↑ 1.387 m, ↓ 1.002 m, ⇧ 1.460-2.592 m
28. Etappe: Refuge de Longon – Saint-Dalmas
➲ 24,1 km, ⌛ 8 Std. 40 Min., ↑ 1.056 m, ↓ 1.657 m, ⇧ 483-1.887 m
29. Etappe: Saint-Dalmas – Utelle
➲ 25,5 km, ⌛ 9 Std. 25 Min., ↑ 1.094 m, ↓ 1.577 m, ⇧ 806-2.014 m
30. Etappe: Utelle – Aspremont
➲ 23,5 km, ⌛ 8 Std. 05 Min., ↑ 870 m, ↓ 1.179 m, ⇧ 179-818 m
31. Etappe: Aspremont – Nizza
➲ 12,9 km, ⌛ 3 Std. 45 Min., ↑ 197 m, ↓ 708 m, ⇧ 4-688 m

Gehzeiten

Die in den Etappen angegebenen Gehzeiten verstehen sich als reine Gehzeiten ohne Pausen. Sie basieren auf der gängigen Formel mit Durchschnittsgeschwindigkeiten von 4 km/Std. horizontal, 300 Hm/Std. bergauf und 500 Hm/Std. bergab, nach der auch die Beschilderungen im Gebirge meist erfolgen. Entsprechend können sich anhand Ihres individuellen Tempos natürlich Abweichungen ergeben. Für Gruppen ist grundsätzlich mit längeren Gehzeiten zu rechnen.

Geld

In Frankreich ist der Euro wie in Deutschland die offizielle Währung. Das gebräuchlichste Zahlungsmittel ist die Kreditkarte (*carte bancaire*, ehemals *carte bleue)*), in der Regel können Sie jedoch auch mit EC-Karte überall zahlen, wo Sie das CB-Logo sehen. Das kontaktlose Bezahlen mit der Karte, dem Smartphone (*paiement sur smartphone)* oder der Smartwatch via NFC ist in Frankreich zwar auch an immer mehr Orten technisch möglich, aber nur für kleine Beträge bis € 50.

Auf dem kurzen Abschnitt der GTA in der Schweiz wird der Euro fast überall als Zahlungsmittel akzeptiert, sodass keine Mitnahme von Schweizer Franken erforderlich ist.

Zu beachten: In fast allen Berghütten und in vielen Wanderherbergen sowie gelegentlich in kleineren Ortschaften ist Barzahlung erforderlich, daher sollten Sie unterwegs ausreichende Mengen an Bargeld dabeihaben.

Bargeld erhalten Sie an Geldautomaten in der Regel sowohl mit der Kreditkarte, als auch mit der EC-Karte. Im Wanderführer wird bei den Etappen mit dem entsprechenden Symbol gekennzeichnet, welche Orte Banken mit Geldautomaten haben.

Ob und in welcher Höhe Ihr Kreditinstitut für Auslandsabhebungen Gebühren berechnet, erfahren Sie dort. Unabhängig davon kann eine zusätzliche Geldautomaten-Gebühr vor Ort fällig werden, wenngleich das in Frankreich normalerweise nicht der Fall ist. Diese bekommen Sie aber vor dem Abheben angezeigt und können ggf. den Vorgang abbrechen.

Wenn Sie Ihre Bankkarte verlieren, sollten Sie diese schnellstmöglich telefonisch bei Ihrer Bank sperren lassen. Die meisten deutschen Banken sind auch dem deutschen Sperrnotruf angeschlossen:

♦ ☏ +49/116 116 oder +49/(0)30 40 50 40 50, 💻 www.sperr-notruf.de

Karten

Die beste Empfehlung an Kartenmaterial für die GTA sind die amtlichen Topo-Karten, die vom Institut national de l'information géographique et forestière (IGN) herausgegeben werden, aus der blauen Top25-Reihe. Diese haben den wanderfreundlichen, weil detailtreuen Maßstab 1:25.000. Allerdings braucht man wegen der Länge der Strecke dafür 20 Papierkarten! Deswegen könnten Sie auch über die Verwendung elektronischen Kartenmaterials, wie im nächsten Abschnitt beschrieben, nachdenken.

Die IGN-Karten sind im Buchhandel erhältlich und können auch direkt beim IGN bestellt werden.

www.ignrando.fr/boutique

- ▷ TOP25 IGN 3528ET Morzine/Massif-Du-Chablais/Les Portes du Soleil
- ▷ TOP25 IGN 3428ET Thonon/Evian/Le Leman
- ▷ TOP25 IGN 3530ET Samoëns/Haut-Giffre
- ▷ TOP25 IGN 3531ET Saint-Gervais-les-Bains/Massif du Mont-Blanc
- ▷ TOP25 IGN 3532OT Massif du Beaufortain – Moûtiers – La Plagne
- ▷ TOP25 IGN 3532ET Les Arcs/La Plagne/PN de la Vanoise
- ▷ TOP25 IGN 3633ET Tignes /Val-D'Isère /Haute-Maurienne / PN de la Vanoise
- ▷ TOP25 IGN 3534OT Les Trois-Vallees/Modane/PN de la Vanoise
- ▷ TOP25 IGN 3535OT Nevache/Mont Thabor/Cols du Galibier et du Lautaret
- ▷ TOP25 IGN 3536OT Briancon/Serre-Chevalier/Montgenevre
- ▷ TOP25 IGN 3537ET Guillestre/Vars/Risoul/PNR du Queyras
- ▷ TOP25 IGN 3637OT Mont-Viso/Saint-Veran/Aiguilles/PNR du Queyras
- ▷ TOP25 IGN 3538ET Aiguille de Chambeyron/Cols de Larche et de Vars
- ▷ TOP25 IGN 3639OT Haute Tinee 1/Auron/PN du Mercantour
- ▷ TOP25 IGN 3640OT Haut Cians/Valberg/PN du Mercantour
- ▷ TOP25 IGN 3640ET Haute Tinee 2/Isola 2000 / PN du Mercantour
- ▷ TOP25 IGN 3641ET Moyenne Tinee/La Colmiane/Valdeblore/PN du Mercantour
- ▷ TOP25 IGN 3741OT Vallée de la Vesubie/PN du Mercantour
- ▷ TOP25 IGN 3741ET Vallées de la Bevera et des Paillons/PN du Mercantour
- ▷ TOP25 IGN 3742OT Nice/Menton/Côte d'Azur

Für die Groborientierung, beispielsweise in Ergänzung zu Outdoor-Apps, decken vier IGN-Karten im Maßstab 1:100.000 die gesamte Route ab:

- ▷ TOP100 IGN 144 - Annecy, Thonon les Bains, Massif du Mont Blanc
- ▷ TOP100 IGN 151 - Grenoble, Chambery Parc National de la Vanoise
- ▷ TOP100 IGN 158 - Gap, Briancon Parc National des Ecrins
- ▷ TOP100 IGN 165 - Nice, Draguignan Parc National du Mercantour

 Die Kartenempfehlungen wurden von der Geobuchhandlung Kiel überprüft.
www.geobuchhandlung.de

GPS-Navigation und digitale Karten

Die GPS-Navigation in Verbindung mit elektronischem Kartenmaterial gewinnt enorm an Bedeutung. Für die GPS-Navigation ist eine App mit Offline-Navigation und bergtauglichem, topografischem Kartenmaterial (Topo-Karten) erforderlich.

Die Touren lassen sich über Browserzugriff am PC mit selbst erstellten oder importierten GPS-Routen planen. Unterwegs kann nach Installation der dazugehörigen App auf GPS-fähigen Geräten darauf zugegriffen und navigiert werden.

Neuere Smartphones sind heutzutage in der Regel fähig, GPS-Signale auch ohne Internet- und Handynetz zu orten, sodass die meisten Wanderinnen und Wanderer damit navigieren können und kein extra GPS-Gerät brauchen. So sparen Sie sich auch das zusätzliche Packgewicht für die Papierkarten.

Dank immer aktuellem Kartenmaterial, der leichten Orientierung mit dem GPS-Signal und der bequemen Handhabung über mobile Endgeräte bieten solche Outdoor-Apps gegenüber Papierkarten außerdem viele deutliche Vorteile.

Zu den Nachteilen gehört vor allem der hohe Akkuverbrauch von GPS-Modulen, sodass normale Smartphones nur einige Stunden durchhalten. Für längere Strecken sind daher Smartwatches oder extra Navigationsgeräte mit längerer Laufzeit empfehlenswert. Die Mitnahme einer Powerbank ist außerdem sehr wichtig, damit die Geräte zwischendurch jederzeit wieder aufgeladen werden können.

Ein weiterer Nachteil ist, dass in den Bergen bedingt durch Felswände das GPS-Signal unterbrochen sein kann. Somit zeigt Ihnen das Gerät möglicherweise Ihren Standort falsch oder gar nicht an. Allerdings können Sie in diesem Fall in der App die Kartenansicht aufrufen und sich dann wie mit einer Papierkarte orientieren.

Und schließlich zählt zu den Nachteilen, dass die meisten Geschäftsmodelle der Outdoor-App-Anbieter auf Jahresabonnements basieren und somit entsprechend laufende Kosten verursachen. Auf der anderen Seite ist schon eine Jahresgebühr in der Regel geringer, als das Papierkartenmaterial für eine einzige Tour kostet. Es lohnt sich also grundsätzlich schon bei ein, zwei Wanderungen pro Jahr.

Der Markt für entsprechende Outdoor-Apps ist immer noch recht überschaubar und nicht alle Anbieter haben Topo-Karten für alle Wandergebiete. Zugriff auf die amtlichen Topo-Karten, die am genauesten und verlässlichsten sind und in denen Weitwanderwege wie der GR 5 eingetragen werden, bietet derzeit nur Outdooractive.

Für die Wanderregion der GTA kommen aktuell drei Anbieter infrage, wobei sich das in Anbetracht des dynamischen Marktes auch sehr schnell ändern kann.

Alltrails

- Jahresabo € 29,99
- eigene Topo-Karten
- App für Smartphone
- 💻 www.alltrails.com

komoot

- Kartenkauf Region € 8,99/Welt € 29,99/Jahresabo € 59,99 €
- eigene Topo-Karten
- Apps für Smartphone, Smartwatch und Navigationsgerät
- 💻 www.komoot.de

Outdooractive

- Jahresabo ab € 30
- eigene Topo-Karten und amtliche IGN-Topo-Karten
- Apps für Smartphone und Smartwatch
- 💻 www.outdooractive.com

Die GPS-Tracks für die hier beschriebenen Etappen der GTA können Sie kostenfrei auf der Internetseite des Conrad Stein Verlags (💻 www.conrad-stein-verlag.de) herunterladen.

Bitte verstehen Sie diese als Momentaufnahme und nicht als das Maß aller Dinge – die GPS-Navigation erspart nicht die Orientierung im Gelände, das Berücksichtigen akuter Wegbedingungen und eventuell geänderter Wegführungen sowie die Kartenarbeit.

📖 GPS Grundlagen · Tourenplanung · Navigation von Michael Hennemann, Conrad Stein Verlag, Basiswissen für draußen, ISBN 978-3-86686-495-5, € 9,90

Internet und Telefon

Da Frankreich wie Deutschland Mitgliedstaat der Europäischen Union ist, fallen beim Telefonieren und Surfen mit dem eigenen Smartphone keine zusätzlichen Gebühren für das Roaming an. Die Kosten entsprechen denen Ihres Tarifs, die auch innerhalb Deutschlands anfallen. Achten Sie vor Reiseantritt darauf, dass Sie ausreichend Inklusivvolumen für mobiles Internet haben, da extra Datenvolumen oft mit hohen Kosten verbunden ist.

Achtung: Wenn Sie über die Schweiz einreisen sowie auf dem kurzen Wanderabschnitt in der Schweiz trifft das nicht zu! Die anfallenden Zusatzkosten für das Roaming in der Schweiz erfahren Sie bei Ihrem Provider.

Bitte beachten Sie: Im Hochgebirge haben Sie über weite Strecken weder Handyempfang noch mobiles Internet. Es funktioniert nur der Notruf. Auch in Ortschaften kann die Verbindung schwach bis nicht vorhanden sein.

In Hotels sollten Sie in der Regel kostenfrei WLAN nutzen können. Auch viele Campingplätze haben WLAN. Bei Berghütten und Wanderherbergen ist das hingegen die Ausnahme. In der Nähe von Tourismusinformationen gibt es oft kostenloses WLAN.

Vorwahlen

▷ Gespräche von Frankreich ins Ausland: Vorwahl für das Ausland 00 + Vorwahl für das gewünschte Land (49 für Deutschland, 39 für Italien, 43 für Österreich, 41 für die Schweiz) + Ortsvorwahl des gewünschten Ortsnetzes ohne die erste 0. (Mit Ausnahme von Italien, dort bitte mit 0)

▷ Gespräche von Deutschland nach Frankreich: Vorwahl für Frankreich 0033 + Ortsvorwahl des gewünschten Départements ohne die erste 0.

▷ Gespräche innerhalb Frankreichs: Die Vorwahlen gelten innerhalb Frankreichs immer für die gesamte Provinz (Département), nicht wie in Deutschland für einzelne Städte.

Einkaufs- und Einkehrmöglichkeiten

Der Wanderführer ist so aufgebaut, dass bei den Etappen neben der reinen Routenbeschreibung jede Berghütte aufgelistet ist. Ebenso wird auf Einkaufs- und Einkehrmöglichkeiten entlang des Weges hingewiesen.

Die meisten Hütten der GTA sind bewirtschaftet. Sie können dort oft für tagsüber ein Picknick zum Mitnehmen kaufen. Viele Berghütten bereiten ein Mittagessen oder kleinere warme und kalte, herzhafte und süße Speisen zu. Es finden sich auch weitere zahlreiche Einkehrmöglichkeiten wie Restaurants und Hotels mit Restaurantbetrieb direkt am Weg – vor allem in den Talorten. Diese sind in der Etappenübersicht mit dem entsprechenden Symbol versehen.

Bitte beachten Sie, dass Berghütten und kleinere Berghotels mit Restaurantbetrieb in der Regel keine festen Öffnungszeiten für die Küche angeben. Vor allem wegen der oftmals sehr abgeschiedenen Lage ist das mögliche Angebot tagesabhängig und unterschiedlich. Es ist daher erforderlich, direkt vor Ort zu erfragen, welches Angebot gerade vorhanden ist, und eine gewisse Flexibilität mitzubringen. Vorbeikommenden Wanderinnen und Wanderern wird aber fast immer eine Verpflegung mindestens mit kalten Speisen und Getränken angeboten werden können.

Bei einigen Einkehrmöglichkeiten konnten bedingt durch die Verwerfungen der Coronapandemie, Betreiberwechsel u. Ä. bis zur Drucklegung nicht die aktuellen Öffnungszeiten in Erfahrung gebracht werden.

Einkaufsmöglichkeiten für alle, die sich selbst versorgen möchten, sind ebenfalls bei den Etappen aufgeführt. In Supermärkten erhalten Sie oft auch Gaskartuschen für den Campingkocher, wobei sowohl Stechkartuschen als auch Schraubkartuschen in Frankreich verbreitet sind. Andere Brennstoffe sind nicht so üblich, aber unter Umständen auch zu finden.

Zusätzlich ist im Wanderführer genannt, in welchen Orten es Tankstellen gibt, da diese in der Regel ebenfalls Brennstoffe für Campingkocher verkaufen und fast immer ein kleines Sortiment an Lebensmitteln und Hygieneartikeln anbieten.

Es ist überhaupt nicht erforderlich, große Mengen an Proviant mitzuschleppen. Denn es gibt mehr als genug Möglichkeiten, sich unterwegs zu verpflegen und seine Vorräte aufzustocken.

Auch was die Wasserversorgung angeht, müssen keine großen Mengen mitgeschleppt werden. Es bieten sich viele Möglichkeiten, die Wasserflasche an Gewässern nachzufüllen. Im Nordteil der GTA stellt das kaum ein Problem dar. Im Südteil können allerdings manche Gewässer im Sommer ausgetrocknet sein. Deshalb sollte auf den südlichen Etappen zumindest bei jeder sich bietenden Gelegenheit der Wasservorrat wieder aufgefüllt werden.

Bergwasser hat in der Regel eine exzellente Qualität. Es kann allerdings nicht ausgeschlossen werden, dass das Wasser durch Tierkot oder verstorbene Wildtiere verunreinigt ist. Achten Sie auf jeden Fall darauf, dass sich in Fließrichtung aufwärts keine Weideflächen befinden. Wenn Sie ganz auf Nummer sicher gehen wollen, benötigen Sie einen Kohlefilter. Das beste Wasser zapfen Sie bei Quellen, wo das Wasser auf natürliche Weise frisch gefiltert aus der Erde dringt.

Das Leitungswasser in Frankreich hat zwar theoretisch auch Trinkwasserqualität, aber einen mit Verlaub scheußlichen Geschmack. Das sollten Sie daher, wenn überhaupt, nur in Verbindung mit einem geschmacksneutralisierenden Kohlefilter verwenden und beim Aufenthalt in Ortschaften besser in Geschäften Trinkwasser kaufen.

Medizinische Versorgung

Wie die meisten europäischen Staaten haben auch Frankreich, die Schweiz und Deutschland Sozialversicherungsabkommen abgeschlossen. Daher werden Mitglieder der deutschen gesetzlichen Krankenversicherung dort grundsätzlich mit der Europäischen Krankenversicherungskarte (EHIC) behandelt, die auf der Rückseite der Mitgliederkarte zu finden ist.

Da aber nicht immer alle Kosten übernommen werden, empfiehlt sich unbedingt eine ergänzende Auslandsreisekrankenversicherung, die nur mit äußerst geringen Beträgen einhergeht.

Darüber hinaus kann der Abschluss einer privaten Unfallversicherung oder Reiseversicherung erwogen werden, welche Kosten für Bergwachteinsätze, Krankenrücktransport, Unfallfolgen und Ähnliches beinhaltet.

💻 www.ehic.europa.eu

Notruf und Bergrettung

Im Falle eines Bergunfalls kann in Frankreich die europaweite Notrufnummer ☏ 112 gewählt werden. Darüber werden Sie mit der nächstgelegenen Rettungsleitstelle verbunden. Die Notrufnummer funktioniert grundsätzlich auch über Satellit, wenn das Handy keinen Netzempfang hat, und ist natürlich stets kostenfrei.

Alternativ kann auch direkt die Bergwacht kontaktiert werden. Diese wird in Frankreich durch die Rettungsleitstelle Chamonix koordiniert: lokale Notrufnummer ☏ 15 aus dem Inland und ☏ +33/(0)4/50 53 16 89 aus dem Ausland.

Des Weiteren kann bei der nächsten Berghütte oder Polizeistation Hilfe gerufen werden.

Wenn Sie keine Hilfe holen können, machen Sie mit dem alpinen Notsignal auf sich aufmerksam: hörbares oder sichtbares Signal oder Rufen sechsmal hintereinander. Jede Minute wiederholen.

Post

Das Postsystem in Frankreich ist vergleichbar mit dem in Deutschland. Briefmarken können zusätzlich in Tabakläden oder in den Souvenirläden, in denen es Postkarten gibt, gekauft werden. In den Etappen finden Sie das entsprechende Symbol bei allen Orten mit Poststation, die sich oft auch in kleinsten und entlegensten Dörfern findet.

www.laposte.fr

Reisezeit

Die beste Reisezeit variiert aufgrund der Länge der Strecke etwas. Es muss außerdem im Hochgebirge ganzjährig mit lokalen Schlechtwetterlagen gerechnet werden. Die gesamte GTA lässt sich prinzipiell von Anfang Juni bis Ende Oktober wandern. Ganzjähriges Wandern ist allenfalls in den hügeligen Regionen unter 1.000 m Höhe nahe dem Mittelmeer möglich.

Am besten sind die Wetterverhältnisse in der Zeit von Anfang Juli bis Mitte September. Allerdings fällt das in die Zeit der Schulferien, sodass es in den Hütten und Wanderherbergen sehr voll werden kann und Sie reservieren sollten.

Am empfehlenswertesten sind daher die Zeiträume vor und nach der Hauptsaison, also Mitte Juni bis Mitte Juli und Mitte September bis Mitte Oktober. Dabei sind jedoch die etwas erschwerten Klimabedingungen zu beachten.

Im Juli und August kann es besonders auf dem Südteil der GTA zu großer Hitze und Trockenheit sowie ab Mittag zu ausgiebigen Gewittern kommen. Auch im September treten oft noch Unwetter mit langen, heftigen Regenschauern auf. Davor und danach wird es tagsüber nicht ganz so heiß, dafür nachts sehr kalt bis in die Minusgrade hinein.

Generell ist in Höhen über 2.000 m ganzjährig mit Schnee oder auch Schneefall zu rechnen. Dennoch ist es im gesamten Zeitraum Juni bis Oktober in aller Regel möglich, auch höher gelegene Pässe zu überschreiten. Juni und Oktober muss allerdings besonders auf dem Nordteil verstärkt mit Schnee und den damit verbundenen Einschränkungen und Gefahren gerechnet werden. Erfahrung im Queren von Schneefeldern, die nachmittags von der Sonneneinstrahlung sehr rutschig werden können, sollte vorliegen.

Es ist zu beachten, dass viele Hütten und Wanderherbergen im Juni noch nicht offen und im Oktober schon wieder geschlossen haben und einige Buslinien nicht bedient werden.

Wer sich aufgrund der zu erwartenden Schneefelder im Frühsommer und Herbst nicht zutraut, außerhalb der Hauptsaison am Stück zu wandern, kann die GTA gut auf zwei oder mehr Urlaube aufteilen, die der Witterung gerechter werden. So können Sie beispielsweise den Südteil im Juli des einen und den Nordteil im September eines anderen Jahres gehen.

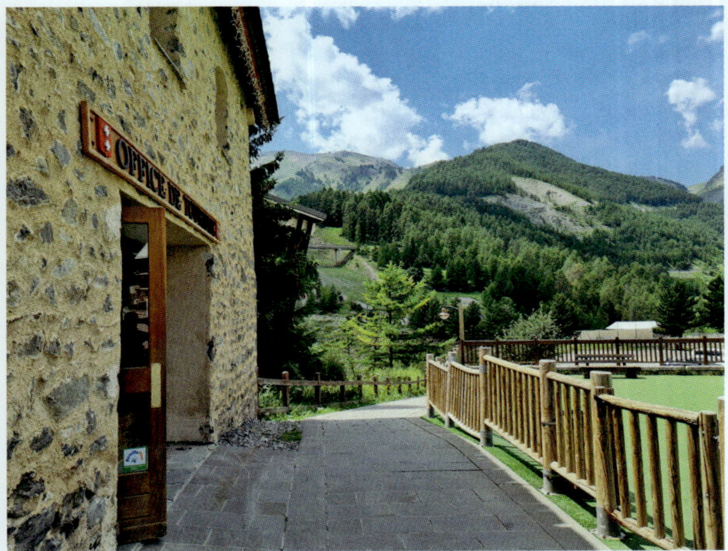

Tourismusbüro in Auron

Tourismusinformation/Office de Tourisme

Büros für Tourismusinformationen werden von den Gemeinden organisiert. Sie stehen mit Rat und Tat zur Seite und helfen kostenlos bei der Organisation von Transporten und Unterkünften. Zu beachten ist, dass sie oft recht willkürliche Sprechzeiten haben und nur wenige Stunden pro Tag, gern auch mit langen Mittagspausen – oder an manchen Tagen auch gar nicht – geöffnet haben. Auch wenn sie geschlossen sind, können Sie aber zumindest oft in Nähe der Büros kostenloses WLAN bekommen.

Unterkunft

Entlang der GTA gibt es für jeden Geldbeutel und jeden Geschmack Unterkunftsmöglichkeiten. Sie reichen von traumhaft gelegenen Biwakplätzen zum Wildcampen über Campingplätze bis hin zu festen Unterkünften: Berghütten (Refuges), Wanderherbergen (Gîtes d'étape) und Hotels.

Berghütte/Refuge und Wanderherberge/Gîte d'étape

Berghütten, sogenannte **Refuges**, werden meistens vom französischen Alpenverein Club Alpine Française (CAF) unterhalten und bewirtschaftet. CAF-Hütten gibt es bis in die Hochlagen der Gebirge.

Für die reine Übernachtung ist ab € 15, mit Halbpension zwischen € 40 und € 60 Euro pro Person zu rechnen. Mitglieder von Alpenvereinen (CAF, aber auch Mitglieder anderer Alpenvereine) erhalten 10-15 % Ermäßigung, Kinder und Jugendliche unter 18 Jahren sowie angemeldete Gruppen ab 10 Personen 20-30 % Ermäßigung. Dies ist nicht völlig einheitlich geregelt, denn die Hütten legen ihre Preise und Ermäßigungen selbst fest.

Alle Hütten, die direkt an der GTA oder unweit davon liegen, sind in den Etappen genannt. Es gibt noch zahlreiche Hütten, die etwas abseits des GR 5 liegen. Sie auch noch mit aufzuzählen, würde den Rahmen des vorliegenden Wanderführers sprengen, und aufgrund der vielen Unterkünfte sollte es auch nicht nötig werden, den GR 5 zu verlassen.

Vor allem im Hochsommer, im Juli und August, sind sie stark frequentiert. Für Einzelpersonen oder Pärchen ist aber sicherlich noch immer ein Platz für die Nacht zu finden. Idealerweise nehmen Sie einige Tage im Voraus eine Reservierung vor. Für Gruppen ist im Sommer eine Reservierung zwingend erforderlich.

An Wanderinnen und Wanderer ohne Reservierung werden die Schlafplätze in der Reihenfolge der Ankunft vergeben. Deswegen empfiehlt es sich, wenn Sie keine Reservierung haben, bis 16:00 dort zu sein – auch um rechtzeitig Essen bestellen zu können. Bei Überbelegung bieten manche Hüttenwartinnen und -warte die Übernachtung in Leihzelten an.

Der Standard in den meisten Hütten ist eine Basisversorgung: Sie werden zumindest in der Hauptsaison von Hüttenwartinnen und -warten (teilweise mit Familie) bewohnt, welche die Bewirtung der Gäste übernehmen. Übernachtet wird im Matratzenlager, eigener Schlafsack oder Hüttenschlafsack ist Pflicht. Die Gemeinschaftsbäder verfügen nicht unbedingt über warmes Wasser und eine heiße

Dusche muss oft extra bezahlt werden. Ein Handtuch müssen Sie zudem selbst mitbringen. Es gibt für alle Gäste das gleiche Menü zu einer festen Uhrzeit im Gemeinschaftsraum, meistens 18:30, und ein einfaches Frühstück. Oft ist nur Barzahlung möglich, sodass unbedingt ausreichend Bargeld mitgeführt werden sollte.

Manche Hütten sind unbewirtschaftet und dienen somit primär als Wetterschutz. Möglichkeiten und Equipment zur Selbstversorgung sind nur rudimentär vorhanden und daher am besten selbst mitzubringen.

Da die Bewirtschaftung der Berghütten manchmal von einer Saison auf die andere plötzlich eingestellt werden kann, sollten Sie sich unbedingt im Vorfeld informieren, wie in der aktuellen Saison der Stand ist.

An besonders beliebten Spots finden sich gelegentlich auch hotelähnlich ausgestattete und bewirtschaftete Hütten mit Zimmern verschiedener Größe und Essen à la carte.

Die aktuellen Bedingungen und Preise der Hütten lassen sich am besten direkt auf der Seite des CAF (französisch) nachsehen, worüber auch die Reservierung möglich ist. Privat geführte Hütten sind dort allerdings nicht aufgeführt.

💻 www.ffcam.fr

Spezielle Wanderherbergen, die **Gîtes d'étape** (franz. Etappenlager/-unterkunft), sind in vielen Ortschaften zu finden. Sie werden von Privatpersonen betrieben, die meistens mit in der Gîte d'étape wohnen, oder von den Gemeinden verwaltet. Es können kleinere Höfe sein, aber auch große, teilweise ältere Hotels. Viele sind nur während der Hauptsaison geöffnet.

Übernachtung in einer Gîte d'étape kostet ab € 20 (je nach Ausstattung), inklusive Halbpension ab € 60.

Gîtes d'étape sollten im Voraus gebucht werden. Wer in der Hauptsaison in den Gîtes d'étape nächtigen möchte, sollte insofern seine Tour gut planen und mindestens 3 bis 4 Tage im Voraus die gewünschte Herberge reservieren. Gruppen von mehr als 10 Personen sollten ihre Ankunft rechtzeitig bekannt geben. Freie Plätze werden in der Reihenfolge der Ankunft vergeben.

Alle Gîtes d'étape, die direkt an der GTA liegen und sich recherchieren ließen, sind bei der entsprechenden Etappe aufgelistet und die Kontaktdaten und Öffnungszeiten angegeben.

Der Standard ist ähnlich, aber etwas höher als in den ☞ Berghütten. Geschlafen wird zumeist in Gemeinschaftsräumen. Nur selten gibt es Doppelzimmer. Teilweise wird Bettzeug gegen Bezahlung zur Verfügung gestellt, teilweise ist es unerlässlich, den eigenen Schlafsack und Handtuch mitzubringen.

Gîtes d'étape enthalten neben den Schlafräumen immer einen Gemeinschaftsraum, oft auch eine Selbstversorgerküche, Toilette und Waschmöglichkeiten; allerdings nicht immer eine Duschgelegenheit. Die meisten Gîtes d'étape entlang der GTA sind bewirtschaftet und bieten Halbpension oder zumindest Frühstück an. Wenn sie direkt von der Gemeinde betrieben werden, ist allerdings Selbstversorgung erforderlich. Wenn sie unbewirtschaftet sind oder wenn Sie es vorziehen, können Sie sich dort selbst in der Gemeinschaftsküche Mahlzeiten zubereiten. Oft gibt es sonst auch in der Nähe die Möglichkeit, einzukehren.

Wenn Sie die Betreiberinnen und Betreiber fragen, werden sie es in vielen Fällen zulassen, dass Sie auf dem Grundstück das Zelt aufschlagen und gegen einen geringen Obolus auch die sanitären Einrichtungen der Gîte d'étape mitbenutzen. Auch die Verpflegung ist für Camperinnen und Camper in der Regel möglich.

Camping

Camping erfreut sich in Frankreich einer extremen Beliebtheit. Campingplätze gibt es dementsprechend in zahlreichen Ortschaften und an entlegenen Stellen entlang der GTA, häufig auch mehrere pro Ort. Dabei sind alle Standards vorzufinden: von einfachsten Campingplätzen auf der Wiese bis hin zu großen Holiday Parks mit Bar, Restaurant, Sportplätzen, Schwimmbädern und der Möglichkeit, Wäsche zu waschen.

Je nach Ausstattung beginnen die Übernachtungspreise bereits bei € 6 pro Person und pro Zelt, also bei € 12 pro Nacht.

Alle Campingplätze entlang der GTA, die sich recherchieren ließen, sind bei den Etappen mit Öffnungszeiten und Kontaktdaten genannt.

Reservieren ist für Wanderinnen und Wanderer mit Zelt eher nicht erforderlich. Es dürfte selbst in der Hauptferiensaison kaum passieren, dass sich auf einem Campingplatz kein Stellplatz mehr für ein Trekkingzelt findet.

Viele der Berghütten entlang der GTA bieten auch an, auf deren Grundstücken das *bivouac* aufzuschlagen. Wo dies bekannt ist, wurde es ebenfalls in den Etappen aufgeführt.

Eine Behelfsmöglichkeit besteht ansonsten darin, Landwirtinnen und Landwirte zu fragen, ob sie es erlauben, auf ihren Grund ein Zelt aufzustellen. Das wird sehr oft gewährt.

Hotel

Wer gern zwischendurch etwas mehr Komfort haben möchte, findet problemlos in vielen Ortschaften entlang der GTA Hotels unterschiedlichsten Standards und einfachere Pensionen. Es wäre zu umfangreich, alle aufzuführen. Da die gesamte GTA immer wieder durch touristisch hervorragend erschlossene und beliebte Orte führt, ist das Angebot entsprechend groß.

Die Preise für die Übernachtung mit Frühstück beginnen bei etwa € 70 pro Person in einfachen Häusern. Nach oben sind keine Grenzen gesetzt, beispielsweise in der den Luxusherbergen der Mont-Blanc-Region.

Vereinzelt werden Hotels bei den Etappen mit Öffnungszeit und Kontaktdaten aufgeführt, wenn sie mehr oder weniger die einzige Unterkunftsart am Zielort sind. Allerdings sind im Sinne der Übersichtlichkeit nicht alle, sondern vielmehr passende Vorschläge für günstige Unterkünfte unweit des GR 5 aufgeführt – in beliebten Ferienorten kann es durchaus auch zehn oder mehr Hotels geben. Daher finden Sie auch bei Orten, bei denen nicht extra Adressen für Hotels aufgelistet sind, nur das Hotel-Symbol 🛏, das darauf verweist, dass in dem entsprechenden Ort dennoch Hotels zu finden sind.

Es gibt ein paar frei stehende Hotels außerhalb von Ortschaften, die direkt am GR 5 liegen. Diese werden bei den Etappen alle mit aufgeführt, da sie eine wichtige Ergänzung an möglichen Stützpunkten darstellen.

Spontan ein Zimmer zu bekommen, ist in der Hauptferiensaison eher ausgeschlossen, selbst wenn das Hotelangebot in einem Ort groß ist. Wie auch bei den ☞ Wanderherbergen und idealerweise bei den ☞ Berghütten sollten Sie also mindestens einige Tage im Voraus anfragen, um nicht abgewiesen zu werden.

Am einfachsten lassen sich Preise und verfügbare Zimmer über eine Hotelbuchungs-App wie Booking.com prüfen. Darüber ist das Buchen auch oft günstiger als direkt im Haus. Ansonsten helfen die Tourismusinformationen in den Orten bei der Zimmersuche und -reservierung.

⛺ Wildcamping/bivouac

Frankreich ist im Gegensatz zu den anderen Alpenländern ein Paradies zum legalen Wildcampen! Oberhalb der Baumgrenze (2.000 m) ist es in der Regel geduldet, ohne dass gesondert darauf hingewiesen wird. Wanderinnen und Wanderer mit Erfahrung und einem guten Auge für schöne Wildcampingplätze werden sicher keine Probleme haben, überall entlang der GTA auf Almwiesen traumhafte Plätze mit Wasserversorgung zu finden, an denen das Zelt aufgestellt werden kann.

Innerhalb der ☞ National- und Regionalparks sowie Naturreservate müssen die aktuell gültigen Regeln berücksichtigt werden, da Wildcamping hier teilweise in bestimmten Zonen oder komplett verboten ist.

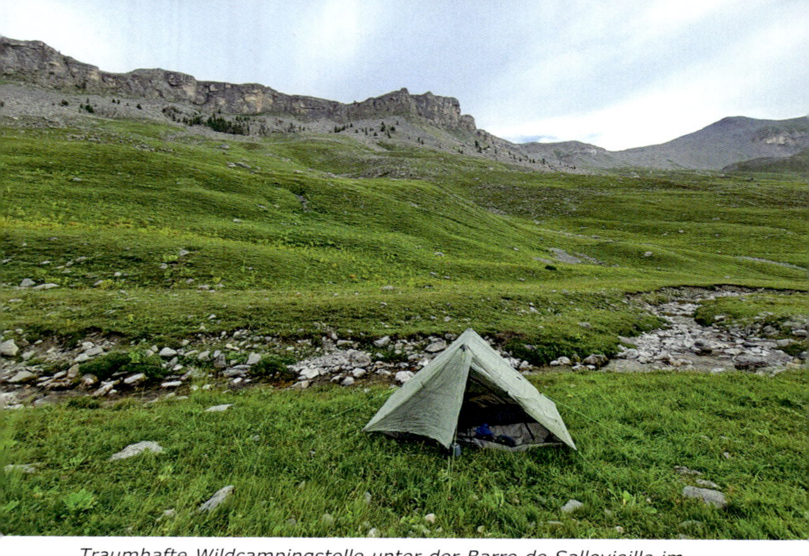

Traumhafte Wildcampingstelle unter der Barre de Sallevieille im Nationalpark Mercantour

Teilweise ist es hier wiederum auch unterhalb der Baumgrenze gestattet. Derzeit ist das Wildcamping auf der GTA nur innerhalb des Nationalparks Vanoise verboten. Viele der dortigen Berghütten ermöglichen aber das *bivouac* auf deren Grundstück, was in den Etappen benannt wird.

In Frankreich wird bei der tolerierten Form des Wildcampings von *bivouac* gesprochen, was etwas verwirrend sein kann, weil das deutsche Wort Biwak für die Übernachtung ohne Zelt, also unter freiem Himmel, steht. Gemeint ist mit *bivouac* aber – in der Regel als Abgrenzung zum normalen Camping –, dass ein eher kleines Zelt zu verwenden ist, welches man erst abends aufschlägt, und dass man nur eine Nacht an einem Ort bleibt und keine Spuren hinterlässt.

Neben den ☞ Verhaltensregeln sind speziell für das Wildcamping noch ein paar weitere Auflagen zu beachten:

- ▷ Der Ruheplatz sollte mindestens eine Stunde Fußmarsch abseits der letzten zugänglichen Ortschaft, Straße oder ☞ Wanderherberge liegen und am besten oberhalb der Baumgrenze (2.000 m).
- ▷ Ob Wildcamping innerhalb von Nationalparks und Naturparks erlaubt ist, legt die Verwaltung des jeweiligen Nationalparks bzw. Naturparks fest, und es sollte vor der Tour der aktuelle Stand recherchiert werden.

- ▷ In den Nationalparks und Naturparks sollte der Platz mindestens eine Stunde Fußmarsch von der Parkgrenze entfernt liegen.
- ▷ In den Nationalparks und Naturparks muss das Zelt nach 19:00 aufgebaut und vor 9:00 abgebaut werden.
- ▷ Teilweise ist es möglich, das Zelt direkt neben Berghütten und auf dem Gelände von Wanderherbergen für ein kleines Entgelt oder sogar kostenfrei aufzuschlagen. Vorher unbedingt mit dem Personal sprechen! Wo die Information bekannt ist, finden sich entsprechende Hinweise bei den Berghütten.

Updates

Der Conrad Stein Verlag veröffentlicht Updates zu diesem Wanderführer, die direkt vom Autor oder von den Lesern des Buches stammen. Sie finden diese auf der Verlagshomepage 💻 www.conrad-stein-verlag.de. Der abgebildete QR-Code führt Sie direkt dorthin.

Verhaltensregeln

Als Wanderin und Wanderer sind Sie Gast in der Natur und gemäß dem Motto „leave no trace" verpflichtet, diese zu schützen und zu erhalten, damit auch in Zukunft das ungehinderte Bergwandern mit Wildcamping möglich sein kann. Andernfalls besteht die Gefahr von mehr und schärferen gesetzlichen Auflagen und Verboten.

Folgende allgemeinen Verhaltensregeln sollten daher alle einhalten:

- ▷ Jede Form von Abfall, auch benutztes Toilettenpapier, ist wieder mit ins Tal zu nehmen.
- ▷ Das Verbrennen und Vergraben von Abfall ist zu unterlassen.
- ▷ Holz- und Kohlefeuer sind verboten. Erlaubt ist lediglich das Betreiben von Campingkochern mit Gas, Spiritus oder Benzin.
- ▷ Verschmutztes Wasser kann das Leben von Mensch und Tier gefährden. Wasser darf nicht durch Fäkalien, Essensreste, Kosmetik, Seifen – auch nicht durch vollständig biologisch abbaubare! – oder sonstigen Müll verunreinigt werden.
- ▷ Campen Sie deshalb nicht im direkten Umfeld von Bächen und Seen, sondern mindestens 50 m entfernt.

- ▷ Halten Sie auch für die eigene Körperpflege und das Reinigen von Geschirr den 50-Meter-Abstand zu Gewässern ein und verwenden Sie dafür ausschließlich vollständig biologisch abbaubare Reiseseife.
- ▷ Fäkalien sollten ebenfalls in deutlichem Abstand zur nächsten Wasserquelle (mindestens 50 m) vergraben werden.
- ▷ Wilde Tiere dürfen nicht gefüttert, angefasst oder vorsätzlich gestört werden, um ihren natürlichen Lebensraum nicht zu beeinträchtigen.
- ▷ Das Herabrollen von Steinen und Felsbrocken ist selbstverständlich zu unterlassen. Menschen und Tiere, die weiter unten unterwegs sind, könnten ernsthaft verletzt werden.
- ▷ Dort, wo Wege vorgegeben sind, sind diese zu benutzen. Abkürzen ist zum Schutz der Natur und auch zu Ihrer eigenen Sicherheit zu unterlassen.
- ▷ Falls Weidezäune mit Toren das Gelände eingrenzen, hinterlassen Sie sie so, wie Sie sie vorgefunden haben. Offene Tore bleiben offen und geschlossene Tore werden wieder geschlossen.
- ▷ Das Ausgraben und Pflücken von Pflanzen ist zu unterlassen.

Verkehrsmittel

Bahn

Mit der Bahn lassen sich einige Ausgangsorte der GTA relativ gut erreichen, ☞ Anreise. Da die GTA durch teilweise recht abgelegene Täler führt, ist es für andere Orte erforderlich, für das letzte Wegstück noch einen Regionalbus oder ein Taxi zu nehmen. Zugverbindungen lassen sich sehr einfach über die Webseite und App der Deutschen Bahn (DB Navigator) abfragen und für die Schweizerischen Bundesbahnen und die SNCF (Frankreich) können darüber auch Tickets gebucht werden. Diese sind derzeit allerdings nicht als elektronische Tickets verfügbar, sondern müssen ausgedruckt werden.

Bei spontanen Zugfahrten ist daher der Ticketkauf vor Ort erforderlich oder Sie nutzen mobile Tickets mit den Apps der Schweizerischen Bundesbahn (SBB Mobile) bzw. der Nationalen Gesellschaft der französischen Eisenbahnen (SNFC). Diese geben natürlich auch Echtzeitauskunft zu den Zugverbindungen.

Die Routenabfrage für öffentliche Verkehrsmittel mit der App von Google Maps klappt für Züge sehr gut und mögliche Verbindungen werden in Echtzeit und verkehrsmittelübergreifend ausgegeben. Dazu einfach bei der Routenplanung öffentliche Verkehrsmittel auswählen. Außerdem lassen sich fast immer direkt in der App die Abfahrtstafeln von Bahnhöfen anzeigen mit allen aktuellen Zügen.

 Bus

Busverbindungen sind direkt bei den Etappenbeschreibungen genannt. Zu beachten ist, dass die Busverbindungen nicht besonders umfangreich sind und manche Ortschaften nur während der französischen Sommerferien angefahren werden. Unter Umständen muss zusätzlich auf Taxidienste zurückgegriffen werden. Diese können sehr teuer sein, da sie die Leerfahrten von ihren Standorten zu den Abholpunkten in Rechnung stellen und es in der dünn besiedelten Bergwelt nur recht wenige Ortschaften mit Taxistandorten gibt.

Einige Ortschaften auf dem Südteil der GTA werden aber mit Bussen direkt und mehrmals täglich von Nizza und sogar vom Flughafen Nizza angefahren, ☞ Anreise.

Auskunft geben neben den Tafeln an den Busstationen die Tourismusinformationen. Immer besser wird auch die Routenabfrage für öffentliche Verkehrsmittel mit der App von Google Maps. Sie klappt verkehrsmittelübergreifend, wenngleich mit Bussen nach meiner Erfahrung nicht ganz so zuverlässig wie mit Zügen. Dazu einfach bei der Routenplanung öffentliche Verkehrsmittel auswählen. Außerdem lassen sich immer öfter direkt in der App die Abfahrtstafeln von Bushaltestellen anzeigen mit allen aktuellen Bussen.

- vente-bellesavoieexpress.fr für den Nordteil der GTA
- zou.maregionsud.fr für den oberen Südteil der GTA
- www.lignesdazur.com für den unteren Südteil der GTA

Wandern mit Hund

Es ist alles andere als eine Seltenheit, in Frankreich Wanderinnen und Wanderer mit Hund anzutreffen. Auch in den allermeisten Unterkünften sind Hunde ebenso herzlich willkommen wie ihre Besitzerinnen und Besitzer. Da viele Etappen jedoch aufgrund der vielen Höhenmeter recht strapaziös sind, sollte mit Bedacht gewählt werden, welche Abschnitte und Distanzen für die Vierbeiner möglich sind. Schließlich führt die GTA die meiste Zeit durch das Hochgebirge. Auch sollte sichergestellt sein, dass der Hund so erzogen ist, dass er keinen Wildtieren nachstellt – denn dieser Herausforderung wird er in sehr großem Maß begegnen.

In den beiden ☞ Nationalparks, die auf der GTA liegen, gilt nur eine sehr eingeschränkte Bewegungsfreiheit mit Hunden auf ausgewiesenen Wegen und in den Kernzonen der Nationalparks sind Hunde generell verboten.

Zu beachten: Für die Einreise nach Frankreich mit Hund ist ein EU-Heimtierausweis erforderlich.

Wegmarkierung und Wegzustand

Die GTA ist als GR 5 ausgeschildert und mit rot-weißen Symbolen markiert, die auf Bäumen, Steinen, Häuserwänden etc. gemalt sind.

In der Natur sind die Abstände zwischen den einzelnen Markierungen so eng, dass es kaum möglich ist, sich zu verlaufen. In Dörfern und Städten ist aber manchmal etwas Spürsinn erforderlich.

Im Frühjahr oder Frühsommer kann Schnee teilweise die Markierungen auf Steinen verdecken, sodass Kartenarbeit in Verbindung mit diesem Wanderführer erforderlich wird.

Es gibt innerhalb von Frankreich nur geringfügige Varianten des Markierungsprinzips. Bei den Etappen, die in den Schweizer Teil der Alpen führen, werden allerdings andere Symbole verwendet. Dies ist in den entsprechenden Etappen beschrieben.

Aufgrund der Länge der GTA und der großen Höhenunterschiede von Meereshöhe bis auf 2.764 m Höhe ist die Beschaffenheit der Wege höchst unterschiedlich. Auf dem Großteil der GTA, in den hochalpinen Regionen, führt sie über unbefestigte einfache Wanderwege und Hirtenpfade. In den Mittellagen kommen geschotterte oder unbefestigte Forst- und Landwirtschaftswege hinzu. In den Tallagen werden größtenteils abgelegene, asphaltierte Nebenstraßen und ebenfalls geschotterte oder unbefestigte Landwirtschaftswege genutzt. Auf einigen wenigen und glücklicherweise nur sehr kurzen Teilabschnitten verläuft die GTA in den Tälern neben oder auf stärker befahrenen Bundesstraßen.

Das Buch gibt den Stand von Juni/Juli 2021 wieder. Wer viel in alpinen Regionen unterwegs ist, weiß, dass sich der Zustand und damit die Führung der Wege in den Hochlagen aufgrund von Witterungseinflüssen wie Lawinenabgängen oder Erdrutschen jährlich ändern kann. In den Tallagen können Forst- und Landwirtschaft oder Bauprojekte eine Verlegung der Streckenführung erfordern. Die Wegmarkierung des GR 5 vor Ort ist aber meistens so vorbildlich, dass es kein Problem sein dürfte, dem neuen Wegverlauf zu folgen.

Wetter

Das Wetter im Hochgebirge ist sehr wechselhaft und kann in kürzester Zeit vom einen ins andere Extrem umschlagen. Deswegen ist es unerlässlich, sich täglich über die aktuelle Wettervorhersage zu informieren. Starker Regen und erst recht Gewitter trüben nicht nur das Wandervergnügen, sondern können einen einfachen Wanderweg in eine große Gefahrenzone verwandeln.

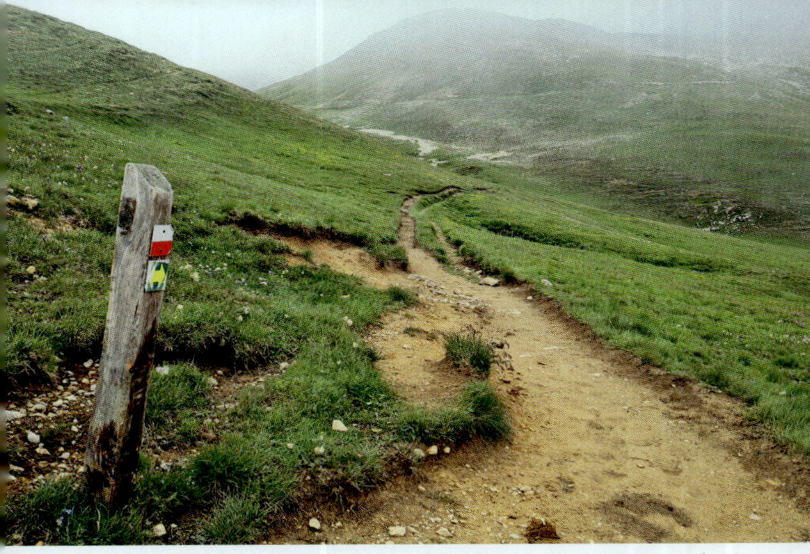

Der GR 5 ist engmaschig mit rot-weißen Markierungen versehen

Aufgrund der Wechselhaftigkeit sollten Sie sich nicht hundertprozentig auf die Wettervorhersagen verlassen, sondern immer mit einkalkulieren, dass Ihnen das Wetter einen Strich durch die Rechnung machen kann.

Tendenziell ist das Wetter im Hochgebirge vormittags besser, das trifft vor allem für den unwirtlicheren Nordteil der GTA zu. Früh aufzubrechen, ist in jedem Fall empfehlenswert. So kommen Sie auch nicht in Zeitnot, wenn Sie wegen eines plötzlichen Regenschauers die Tour unterbrechen müssen.

In den Hütten hängt in der Regel die aktuelle Wettervorhersage aus, ansonsten dürfen Sie dort gerne danach fragen. Wenn Sie Internetzugang mit dem Smartphone haben, ist die kostenlose App und Webseite „Yr“ des Norwegischen Wetterinstituts (auch in englischer Sprache verfügbar) eine ausgezeichnete Wahl für das Bergwetter. Die höchst genauen Vorhersagen lassen sich weltweit auch für Berggipfel und Pässe abrufen.

www.yr.no

Zeit

In der gesamten Region gilt wie in gesamt D/A/CH die mitteleuropäische Zeit MEZ einschließlich Zeitumstellung mit Sommer- und Winterzeit.

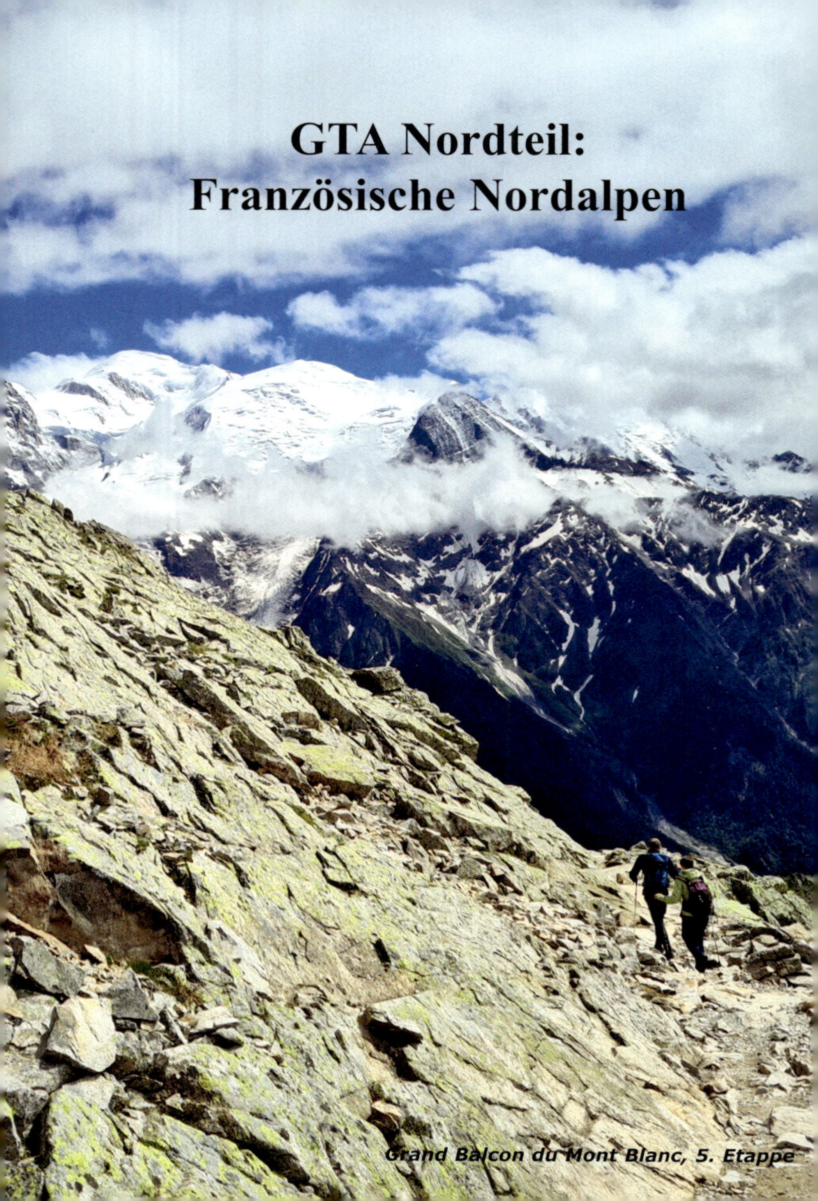

GTA Nordteil: Französische Nordalpen

Grand Balcon du Mont Blanc, 5. Etappe

1. Etappe: Saint-Gingolph – La Chapelle d'Abondance

17,6 km, 7 Std. 25 Min., 1.892 m, 1.235 m, 374-1.916 m

0,0 km	374 m	Saint-Gingolph
4,2 km	924 m	Novel
10,0 km	1.916 m	Col de Bise
12,0 km	1.503 m	Refuge de Bise
13,4 km	1.816 m	Pas de la Bosse
17,6 km	1.021 m	La Chapelle d'Abondance

Die Einstiegsetappe der GTA führt Sie vom Ufer des Genfersees zunächst kontinuierlich bergan über die ersten beiden Pässe, den Col de Bise und den etwas niedrigeren Col de la Bosse. Dann steigen Sie in einen kleinen Bergsportort ab.

Eine beliebte alternative, markierte Einstiegsmöglichkeit in die GTA ist von **Thonon-les-Bains** gegeben. Vom Bahnhof am Ufer des **Genfersees** startend, führt die Variante entlang der **Dranse** (25,5 km). Übernachtungsmöglichkeiten in **Vinzier** und **Chevenoz**. Am nächsten Tag geht es die sehr bekannten **Balcons de Léman** entlang, einen Grat mit Panoramablick über den Genfersee (16,8 km). Diese Einstiegsvariante ist einen Tag länger als der reguläre Einstieg und mündet kurz vor dem **Col de Bise** auf die Hauptroute. GPS-Routen für die zwei Tagestappen können auf der offiziellen Seite der GTA heruntergeladen werden.

www.grande-traversee-alpes.com

Saint-Gingolph

Office de Tourisme, Place du Château 1, +41/(0)24/481 84 31, contact@st-gingolph.com, www.st-gingolph.com, täglich 10:00-17:00

Hôtel-Restaurant Le Rivage, Quai Isaac de Rivaz 4, direkt am Seeufer, 50 m vom Startpunkt der GTA entfernt, +41/(0)24/482 70 30, info@rivage.ch, www.le-rivage.ch, ganzjährig, Restaurant täglich 8:00-00:00, warme Küche 11:30-14:30 und 18:30-21:30, Mittagsmenü CHF 24,50, Abendmenü CHF 53,50, ÜF im DZ ab CHF 130, @

Linie 131, Rue Nationale, mehrmals täglich nach Thonon-les-Bains (F), www.cc-peva.fr

♦ N422 Nachtbus vom Bahnhof um 1:05 zum Bahnhof Monthey (CH), http://www.postauto.ch

Regionalzug mehrmals täglich nach Brig (CH), www.sbb.ch

☺ Hier gibt es keinen Campingplatz, jedoch finden Sie einen schönen autofreien (Autos müssen davor geparkt werden) Platz direkt am Seeufer eine Zugstation vorher in Le Bouveret (CH).

Camping Rive Bleue, Case postale 68, ☎ +41/(0)24/481 21 61, info@camping-rive-bleue.ch, www.camping-rive-bleue.ch, April bis September, Stellplatz 2 Personen mit Zelt ab CHF 26,50, Restaurant, Pool und Strandzugang, Bar, @

Saint-Gingolph ist ein kleiner schweizerisch-französischer Grenzort direkt am Ufer des **Genfersees**. Der Bahnhof liegt im Schweizer Teil der Stadt.

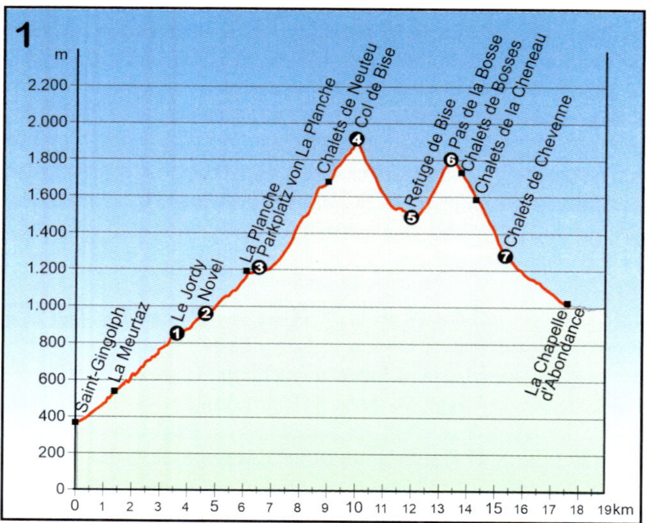

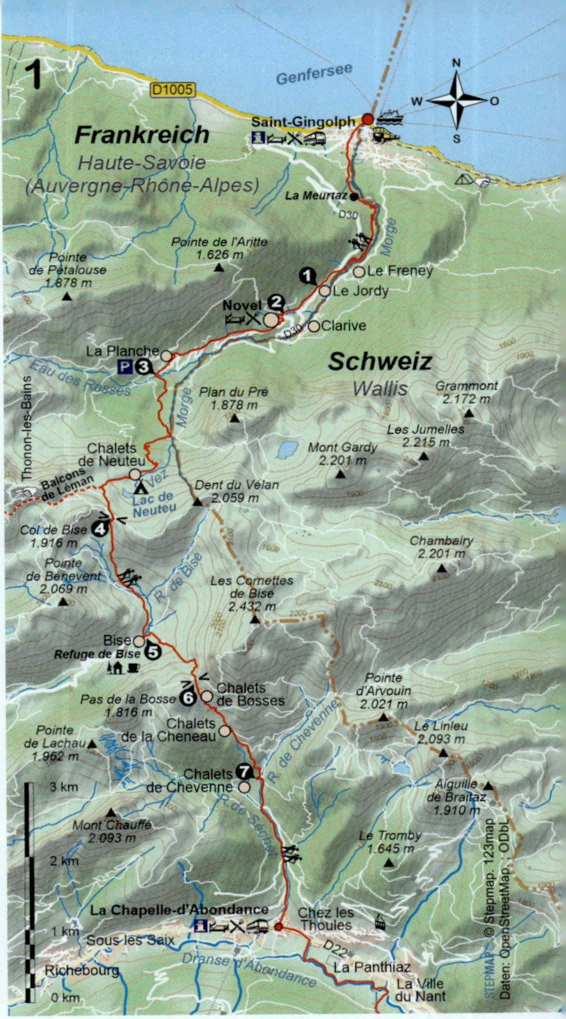

Über beide Ortsteile verteilt findet sich eine grundlegende Infrastruktur mit mehreren Hotels, Restaurants und Cafés, einem kleinen Supermarkt, Apotheke und mehr.

Die GTA beginnt direkt am Ufer des Genfersees im französischen Teil von Saint-Gingolph. Riesige rote Markierungen und ein oranger Pfeil auf der Straße mit der Angabe „Nice/Menton 620 km" lassen Sie den Startpunkt schwerlich übersehen (die 620 km beziehen sich auf die etwas längere Schlussvariante nach Menton ☞ S. 162, auf Sie warten aber zumindest knapp 600 km).

Sie befinden sich hier im **Département Haute-Savoie (Hochsavoyen) der Region Auvergne-Rhône-Alpes**. Sie folgen der Rue du Lac/Rue de la Morgue/Rue des Gaulles bergauf durch den Ort. Markierungen und Straßenschilder kennzeichnen den GR 5 deutlich. Parallel zum Grenzverlauf und orografisch links zum Bach Morge geht es aus dem Ort hinaus nach Süden in Richtung **Chablais-Alpen**.

Der Weg quert die D30 und führt bei le Jordy ❶ weiter rechts von ihr hinauf nach Novel ❷.

Novel

Hôtel-Restaurant Les Chemins du Leman, 2007 route des poses, direkt am Weg, +33/(0)4 50/72 10 77, contact@les-chemins-du-leman.com, www.les-chemins-du-leman.com, ganzjährig geöffnet, Ü Schlafsaal € 20, Zimmer ab € 50, F € 8,50, Abendmenü € 24, € 10,

Vor dem Hotel müssen Sie links der Asphaltstraße in den alten Ortskern folgen. Links vom Dorfbrunnen gehen Sie die Stufen hoch und oben angekommen folgen Sie der D30 nach links. Nach einigen Hundert Metern steht in einer Rechtskurve ein Blockhaus. In der darauffolgenden Linkskurve geht es rechts einen Schotterweg hinauf (GR-5-Markierung vorhanden).

Der Schotterweg führt an der kleinen Chapelle des Bergers vorbei und trifft an einem Brunnen mit Kreuz wieder auf die D30. Abwechselnd verläuft der GR 5 kurze Abschnitte auf der D30 und dann wieder rechts der Straße auf Schotterwegen – zuletzt relativ steil – hinauf zum Parkplatz von La Planche ❸.

Auf dem Parkplatz orientieren Sie sich links und überqueren den Parkplatz und danach über eine Brücke den l'Eau des Rasses, einen Zufluss der Morge. Nach dem Bach folgt eine Wiese, die über einen Pfad gequert wird.

In einem Nadelwald geht es in Serpentinen steil in der Schlucht des Baches Vez auf ein rund 1.700 m hoch gelegenes Joch. Der Weg knickt direkt hinter dem Joch rechts zu den Chalets de Neuteu nach Südwest ab. Einige Male bieten sich auf dem Weg dorthin schöne Ausblicke auf den Genfersee.

Kurz nach den Chalets zweigt ein Trampelpfad links zum Lac de Neuteu ab, dessen Ufer sich gut zum Wildcampen eignet.

An der darauffolgenden Weggabelung auf ungefähr 1.835 m Höhe (dort trifft der alternative Zustieg von Thonon-les-Bains auf den GR 5) biegen Sie links ab. Am folgenden Nordhang liegen häufig Schneefelder und können den regulären Weg unpassierbar machen. Dann ist es möglich, etwas unterhalb entlang des Baches zu gehen. Nach 2 km ist auf 1.916 m Höhe der **Col de Bise** ❹ erreicht.

Vom Col de Bise führt der GR 5 rechts in Serpentinen in das Bise-Tal hinunter. Nach 2 km Abstieg gelangen Sie im Tal auf ungefähr 1.500 m zu den Chalets de Bise mit dem **Refuge de Bise** ❺.

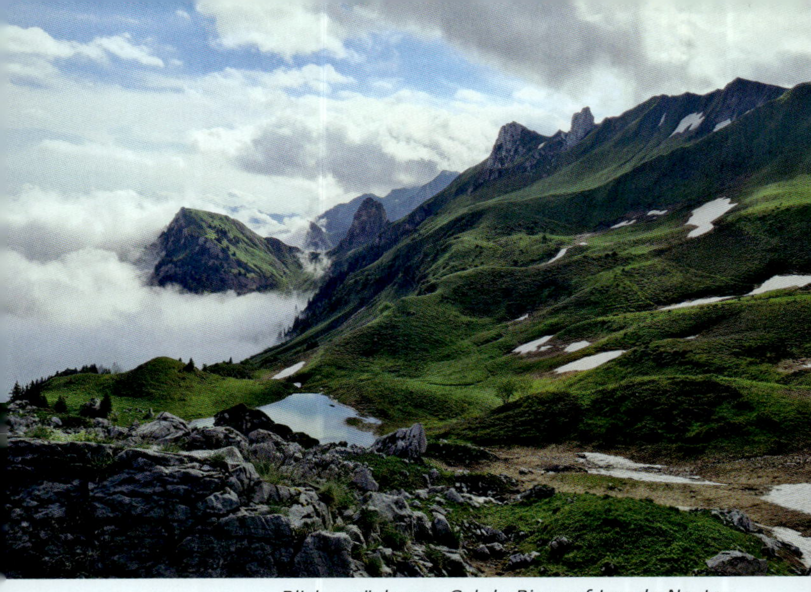

Blick zurück vom Col de Bise auf Lac de Neuteu

Refuge de Bise, direkt am Weg, ☏ +33/(0)9 88/28 78 73, +33/(0)6 70/95 17 06, charlotte.treboux@yahoo.fr, www.refugedebise.com, Juni bis Mitte Oktober ganztägig, 44 Plätze, Bewirtung, Ü € 22, HP € 50, F € 9, € 9,

Folgen Sie dem Weg über das Grundstück. Dann geht es an einem Abzweig rechts in Richtung Südosten auf einem gut erkennbaren Pfad in Serpentinen zum **Pas de la Bosse** (⇧ 1.816 m) ❻ hinauf.

Falls hier im Frühsommer Altschneefelder liegen, die den Weg verdecken, müssen Sie links in der Rinne auf eine markante Felssäule zusteigen. Von dort queren Sie das folgende Schotterfeld nach rechts, gehen auf die Felsnase zu und steigen anschließend über Wiesen auf den Pas de la Bosse auf.

Oben am Pass angekommen halten Sie sich rechts (Sie gehen nicht nach links um die Felsnase herum). Auf einem gut sichtbaren und ausgeschilderten Weg steigen Sie in das Tal, vorbei an den Chalets de Bosses, zu den Chalets de Chevenne ❼ ab.

Bei den Chalets de Chevenne führt der GR 5 linker Hand zum Bach Chevenne. Nun überqueren Sie den Bach und gehen linksseitig des Baches auf einem geschotterten Weg weiter. Bei Erreichen einer Fahrstraße wird der Bach nochmals überquert und kurz darauf auch der Bach Séchet.

Nach Überquerung des zweiten Baches geht es auf der rechten Bachseite zuerst noch auf Waldwegen, später über asphaltierte Straßen nach **La Chapelle d'Abondance**. Dies ist ein kleiner Bergsportort mit etwas Infrastruktur und zahlreichen Hotels.

La Chapelle d'Abondance

Office de Tourisme, 14 Route de Thonon, ☏ +33/(0)4 50/73 51 4,1 ete.lachapelledabondance-tourisme.com, Mo - Sa 10:00-12:00 und 14:00-18:00, So 10:00-12:00 und 15:00-18:00

Hôtel-Restaurant Le Féto, 53 route de l'Ariot, im Ort rechts halten an der Apotheke vorbei, ☏ +33/(0)6 73/63 60 46, contact@lefeto.com, www.lefeto.com, ganzjährig geöffnet, günstiges Hotel, ÜF € 39, HP € 57

Gîte d'étape Au Gai Soleil, ☏ +33/(0)4 50/73 50 35, +33/(0)6 46/18 15 46, augaisoleil74@gmail.com, www.gites-refuges.com/www/detail-3536.htm, Mitte Juli bis Mitte September, 13 Plätze, 5 Zimmer, Verpflegung, kleine Selbstversorgerküche, Preise erfragen

Linie 121 mehrmals täglich nach Thonon-les-Bains und in den Nachbarort **Châtel**, www.cc-peva.fr

2. Etappe: La Chapelle d'Abondance – Refuge de Chésery Lac Vert

19,2 km, 7 Std., ↑ 1.443 m, ↓ 481 m, ⇧ 999-1.995 m

0,0 km	⇧ 1.021 m	La Chapelle d'Abondance
3,0 km	⇧ 1.136 m	Cascades des Mattes
14,2 km	⇧ 1.778 m	Col de Bassachaux
18,6 km	⇧ 1.992 m	Col de Chésery
19,2 km	⇧ 1.981 m	Refuge de Chésery Lac Vert

Heute geht es hauptsächlich bergauf und Sie passieren hochalpine Regionen. Das Tagesziel führt Sie für einen Abstecher in die Schweiz und Sie nächtigen im Refuge de Chésery Lac Vert, das an einem Bergsee gelegen ist.

Im Ortskern biegen Sie links in südöstlicher Richtung auf die D22 ab und folgen ihr. Vor einem Bachlauf zweigt der GR 5 rechts auf einen Weg ab, der zum Fluss Dranse führt.

Nach der Überquerung der Dranse folgen Sie dem Weg bis zu einer Weggabelung noch ein kleines Stück. Dort den linken, nach Süden führenden Weg wählen. Der GR 5 steigt in Serpentinen, vorbei an den **Cascades des Mattes ❶**, rund 200 Hm zu den Chalets von Sur-Bayard hinauf.

Nun den Pfad nach links (Südosten) einschlagen und nach rund 200 m gleich wieder rechts (Süden) abbiegen. Der GR 5 führt in Serpentinen durch Wald hinauf zu den Chalets des Crottes (⇧ 1.529 m).

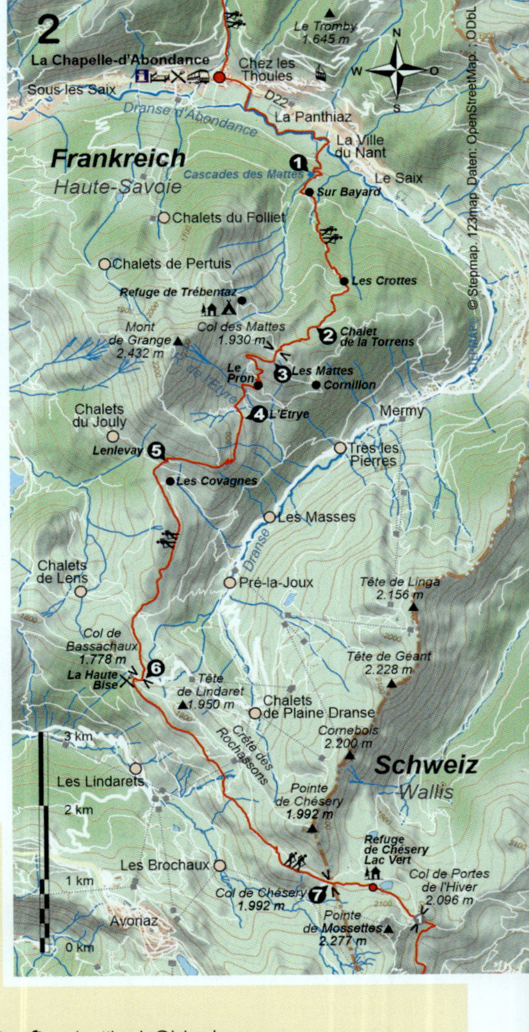

↳ An den Chalets besteht die Möglichkeit, in etwa 2 km zum westlich vom GR 5 gelegenen **Refuge de Trébentaz** zu gelangen.

Refuge de Trébentaz, +33/(0)6 07/14 49 34, norbertthoule@icloud.com, refugetrebentaz.canalblog.com, Ende Juni bis Mitte September, bewirtschaftet, HP € 45, Zeltstellplatz € 5 (nur zwei Plätze vorhanden!) € 3, € 9

Der GR 5 verläuft unter Überlandleitungen entlang und führt in ein kleines Tal, das sich in einem leichten Linksbogen nach Südwesten in Richtung Col des Mattes zieht. In diesem Tal wird das Chalet de la Torrens (⇧ 1.748 m) ❷ passiert.

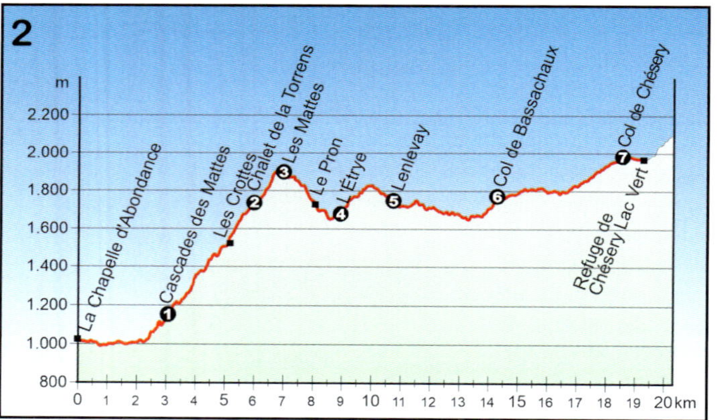

Über sumpfige Almwiesen und im Frühsommer aufgrund des Schmelzwassers auf teilweise recht schlammigen Pfaden geht es hinauf auf den Col des Mattes (⇧ 1.930 m).

Im Frühsommer können auf diesen nordwestlich ausgerichteten Hängen noch ausgedehnte, instabile Schneefelder liegen. Können Sie vom Chalet aus schon erkennen, dass der Zustieg zum Pass komplett bedeckt ist, wählen Sie am besten die Umgehung links über Cornillon nach Les Mattes (ausgeschildert) und erreichen so den Pass von Südost kommend.

Kurz nach dem Pass gibt es nochmals einen Abzweig nach rechts. Ab hier gelangen Sie in etwa 1 km zum **Refuge de Trébentaz.**

Nun orientieren Sie sich nach Süden und gehen vorbei an den Chalets les Mattes ❸. Hinter diesen Chalets geht es in zahlreichen Serpentinen das Tal zu den Chalets le Pron hinab.

An der Alm angekommen ist im Tal ein geschotterter Weg zu sehen, der erst horizontal nach Westen das Tal des Baches Étrye quert und dann weiter zu den Chalets de l'Étrye ❹ ansteigt. Der GR 5 führt zu diesem Schotterweg und folgt ihm dann.

Hinter den Chalets verläuft der GR 5 weiter auf dem Schotterweg, der in vier Serpentinen erst hinauf und danach wieder hinab zu den Chalets de Lenlevay (1.745 m) ❺ führt.

Auf gleicher Höhe bleibend wird fast unmerklich ein Joch erreicht. An der folgenden Weggabelung den linken Weg wählen (der rechte führt zu den Chalets du Jouly), der nahezu eben für rund 2 km, unter anderem am Wald von Rubis entlang, verläuft. Dann wird eine Wegkreuzung erreicht.

Direkt an der Kreuzung verlässt der GR 5 den befestigten Weg (Abzweig nicht verpassen) und ein kleiner Pfad führt knapp unterhalb des **Col de Bassachaux** (⇧ 1.778 m) ❻ entlang.

✕ **Restaurant La Haute Bise**, Col de Bassachaux, direkt am Weg, ☏ 04 58 57 01 25, Ende Juni bis Ende August ganztägig, Kartenzahlung möglich

Blick vom Col de Bassachaux auf Lac de Montrion

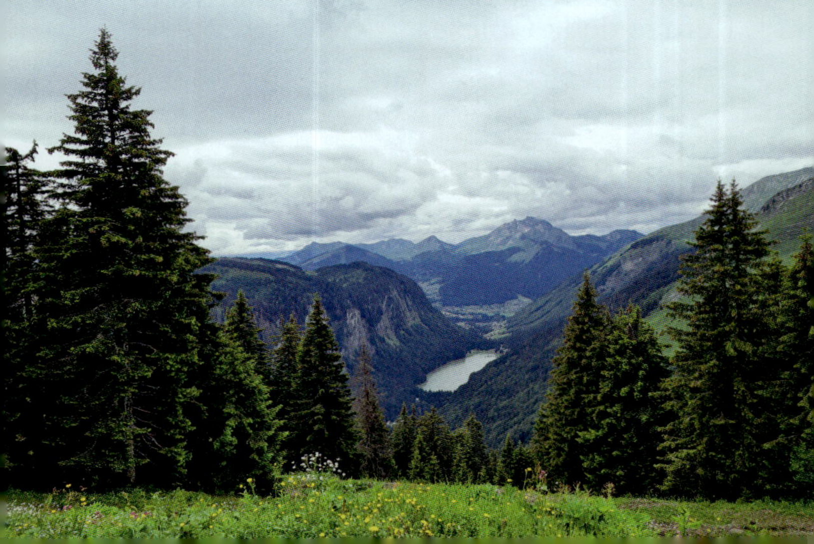

Nur ganz leicht ansteigend verläuft der GR 5 auf einem geschotterten Weg, der an der Bergflanke unterhalb der Tête de Lindaret und der Crête des Rochassons entlang nach Südosten führt. Auf diesem Teilstück bietet sich nach Westen ein toller Blick hinunter in das Tal und auf den Lac de Montriond. In einer scharfen Rechtskurve verlässt der GR 5 die befestigte Straße, die nach Lindarets hinunterführt. Es geht, weiterhin nur leicht ansteigend, über Almwiesen weiter nach Südosten auf die **französisch-schweizerische Grenze** und den **Col de Chésery** (⇧ 1.992 m) ❼ zu.

In der Schweiz ist der GR 5 nur rudimentär ausgeschildert mit gelben Schildern und schwarzer Beschriftung „GR 5". Sie müssen sich also an den Ausschilderungen von Pässen orientieren. Insofern ist etwas Kartenarbeit erforderlich.

Hinter der Grenze verläuft der GR 5 etwa 500 m über ein großes Plateau zum **Refuge de Chésery Lac Vert**.

Refuge de Chésery Lac Vert, Familie Grenon, direkt am Weg, ☏ +41/(0)79/725 68 20, refugedechesery@bluemail.ch, www.lacvert.ch, Ende Juni bis Ende September, 35 Plätze, Bewirtung, Ü € 23, F € 10, HP € 50, € 7, Angellizenzen für den Lac Vert € 27 (hier können Sie mit Euro zahlen)

3. Etappe: Refuge de Chésery Lac Vert – Refuge de la Golèse

14,7 km, 5 Std., ↑ 670 m, ↓ 973 m, ⇧ 1.421-2.097 m

0,0 km	⇧ 1.981 m	Refuge de Chésery Lac Vert
0,9 km	⇧ 2.096 m	Col de Portes de l'Hiver
2,6 km	⇧ 1.848 m	Gîte rural de Chaupalin
5,7 km	⇧ 1.787 m	Alpage Lapisa
9,1 km	⇧ 1.908 m	Col de Coux
14,7 km	⇧ 1.657 m	Refuge de la Golèse

Nach den recht intensiven Einstiegsetappen fällt die heutige Etappe etwas kürzer aus und Sie müssen weniger Höhenmeter bewältigen. Sie kehren am Col de Coux nach Frankreich zurück und übernachten im Refuge de la Golèse.

Über Schotter geht es am steilen und schottrigen Südufer des **Lac Vert** entlang auf den **Col de Portes du Lac Vert** (⇧ 2.096 m), der auch **Col de Portes de l'Hi-**

ver ❶ genannt wird. Von diesem Joch bietet sich ein traumhaftes Panorama über zahlreiche 2.500er und 3.000er in der Region vom Champéry.

☺ Falls hier noch Schneereste den Weg verdecken oder Sie es gemütlicher angehen wollen, wählen Sie den Fahrweg, der am Nordufer des Sees entlangführt.

Hinter dem Joch verläuft der GR 5 nur noch ein kleines Stück auf der Schotterstraße nach Süden und zweigt nach ungefähr 400 m von dieser ab auf einen kleinen Weg. Dieser Weg führt, mehrfach unter Liftanlagen entlang, hinunter nach **Chaux Palin** (⇧ 1.848 m) ❷.

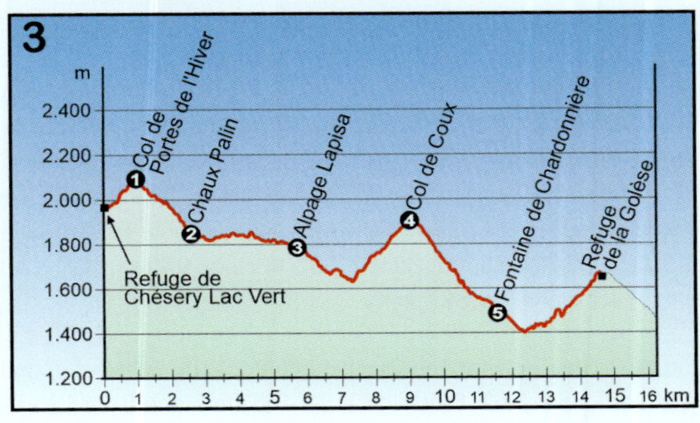

Gîte rural de Chaupalin, Route de Chaupalin 5, direkt am Weg, ☏ +41/(0)77/269 88 48, francoisbaud@bluewin.ch, www.facebook.com/Gîte-Rural-de-Chaupalin-521246791395863, Juni bis September ganztägig, Bewirtung, Preise auf Anfrage

Buvette chez Yoyó et Jibi, Route de Chaupalin 4, direkt am Weg, ☏ +41/(0)24 479 30 45, www.chezyoyoetjibi.com, aktuelle Öffnungszeiten erfragen

Alpage Lapisa

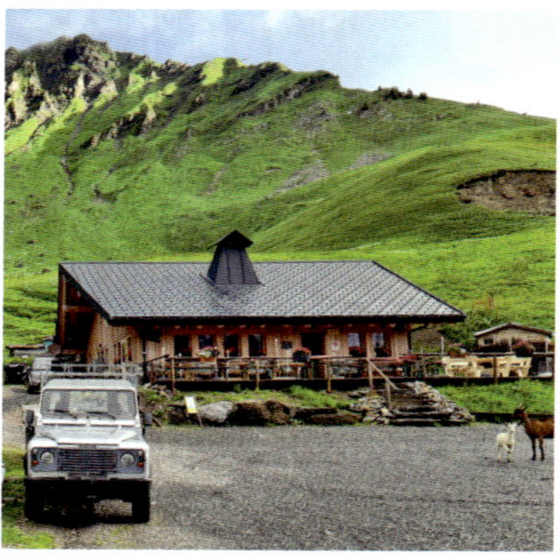

Von Chaux Palin aus führt der GR 5 auf einem Fahrweg nach Süden, vorbei an der Pointe de Chavanette, zum **Alpage Lapisa** ❸.

Alpage Lapisa, Hubert & Maureen Marclay, Route de Planachaux 49, direkt am Weg, ☏ +41/(0) 24/479 36 43, www.lapisa.ch, ganzjährig ganztägig geöffnet, 13 Plätze, bewirtschaftet, Restaurant, Ü € 30, F € 15, HP € 65, kleine Selbstversorgerküche, @ (nur im Speisesaal), Zahlung mit Kreditkarte möglich, Zahlung mit Euro möglich

Sie queren das Grundstück. Am Ende führt der GR 5 links in südwestlicher Richtung an der Alm vorbei hinab. Dann treffen Sie wieder auf den Fahrweg und folgen diesem nach rechts ein Stück. Im Scheitel einer Linkskurve zweigt ein Wanderweg rechts ab und es geht in Serpentinen hinauf zum **Col de Coux** (⇧ 1.908 m) ❹. Auf der aussichtsreichen Passhöhe angekommen ist im Südwesten bereits das Etappenziel, der Col de la Golèse, zu erkennen.

Am Col de Coux sind Sie wieder in Frankreich angelangt. Nun führt der GR 5 nach Südwesten, erst über Almwiesen, später durch Fichtenwälder in Serpentinen in das Tal hinab. Auf ungefähr 1.600 m Höhe trifft der GR 5 auf eine Weggabelung. Hier halten Sie sich links.

In Serpentinen verliert der GR 5 weiter an Höhe und trifft auf eine Straße, den Endpunkt der aus Morzine kommenden Route de la Manche, und auf die Fontaine de Chardonnière ❺. Hier führt der GR 5 über den Bach Chardonnière.

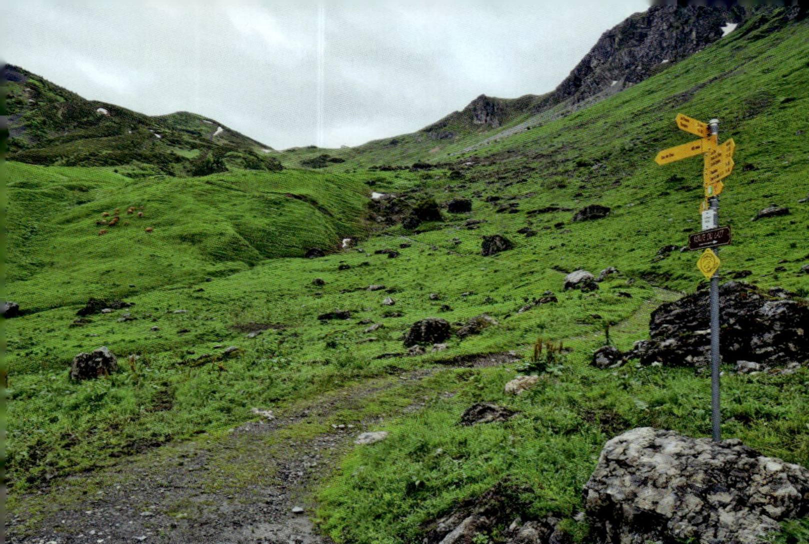

Aufstieg zum Grenzpass Col de Coux

Nach Querung des Baches haben Sie die Möglichkeit, in 300 m das **Refuge de la Chardonnière** zu erreichen. Hierzu müssen Sie nur am linken Bachufer entlang absteigen.

Refuge de la Chardonnière, Michel Nachon, +33/(0)4 50/90 11 40, +33/(0)6 81/35 67 34, refugechardo@orange.fr, www.refuge-chardonniere.fr, Frühjahr bis 20. September ganztägig, 20 Plätze, Bewirtung, Mittagessen à la carte, Café, Ü € 12, F € 11, HP € 48, € 12, € 4

Der GR 5, der unterhalb der Felsflanke der Terres Maudites verläuft, führt über eine große Wiese auf eine große, markante Felsformation zu. Nachdem Sie einen Wald durchwandert haben, trifft der GR 5 auf einen Weg, der von Norden aus dem Tal kommend zum **Col de la Golèse** (⇧ 1.662 m) hinaufführt. Diesem Weg folgt der GR 5. Das **Refuge de la Golèse** liegt hinter dem Pass links in einer Senke, etwa 200 m abseits des GR 5.

Refuge de la Golèse, Sebastién Baud, 200 m vom Weg entfernt, +33/(0)4 50/90 59 53, www.refuge-golese.com, Ende Juni bis Anfang September, 58 Plätze (20 im Bettenlager, sonst 2-5 Personen-Zimmer), Ü ab € 21, HP ab € 46, F € 9, € 10,

4. Etappe: Refuge de la Golèse – Refuge Alfred Wills

24,4 km, 5 Std. 50 Min., ↑ 1.338 m, ↓ 1.188 m, ⇧ 703-1.806 m

0,0 km	⇧ 1.657 m	Refuge de la Golèse
8,1 km	⇧ 720 m	Samoëns
13,5 km	⇧ 814 m	Anciennes Gorges des Tines
17,6 km	⇧ 953 m	Cascades du Rouget
20,6 km	⇧ 1.449 m	Cascade de la Sauffraz
24,4 km	⇧ 1.806 m	Refuge Alfred Wills

Heute steigen Sie zunächst nach Samoëns ab. Durch das Giffre-Tal geht es an zwei Wasserfällen vorbei und in das Réserve Naturelle de Sixt-Passy. Sie steigen zu einer schönen Hochebene auf, Ihrem Tagesziel.

Sie gehen vom Refuge wieder zurück auf den GR 5 am Col de la Golèse. Vom Pass aus führt der GR 5 in das Giffre-Tal nach Südwesten. Der Abstieg ist nicht sonderlich spannend. Auf einem befahrbaren Schotterweg, der in geteerte Straße übergeht, werden Sie in Kehren hinabgeführt.

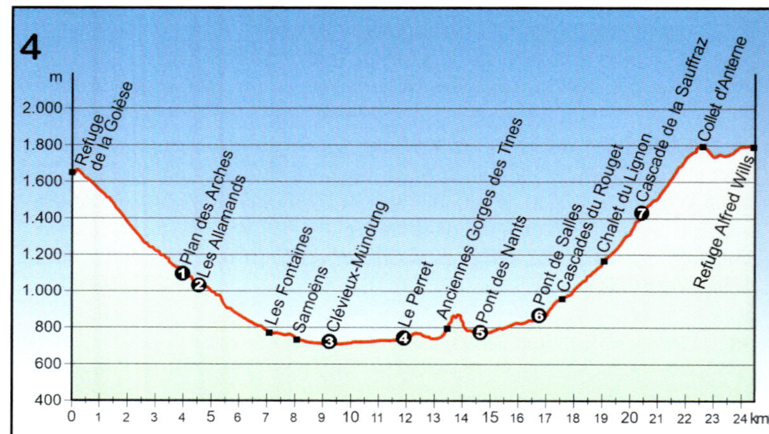

Nach etwa 4 km erreichen Sie den Parkplatz Plan des Arches ❶. Hier zweigt der GR 5 rechts auf einen Waldpfad ab und kürzt so die Fahrstraße ab. Etwa 500 m weiter erreichen Sie Les Allamands ❷, wo sich eine Kapelle und eine Marienstatue befinden.

Wieder auf der Straße geht es weiter in das Tal, bis Sie einen weiteren Parkplatz erreichen. Dann führt der GR 5 rechts in den Wald auf einem abkürzenden Pfad weiter, der zwischendurch einmal die Straße überquert.

Ab Les Fontaines geht es bis nach **Samoëns** hinein wieder auf der Straße weiter. Der GR 5 ist auch im Ort ausreichend beschildert. Er führt am Fluss Clévieux entlang durch ganz Samoëns, überquert die D907 und führt weiter in Richtung Giffre. Auf der gegenüberliegenden Seite des Giffre sind die Wasserfälle von Nant d'Ant zu sehen.

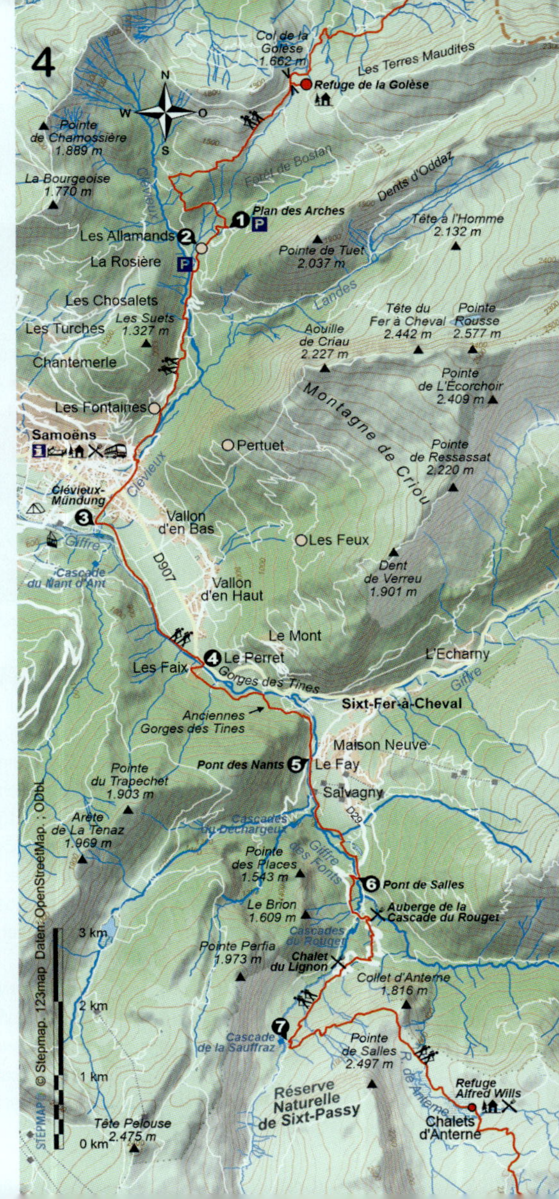

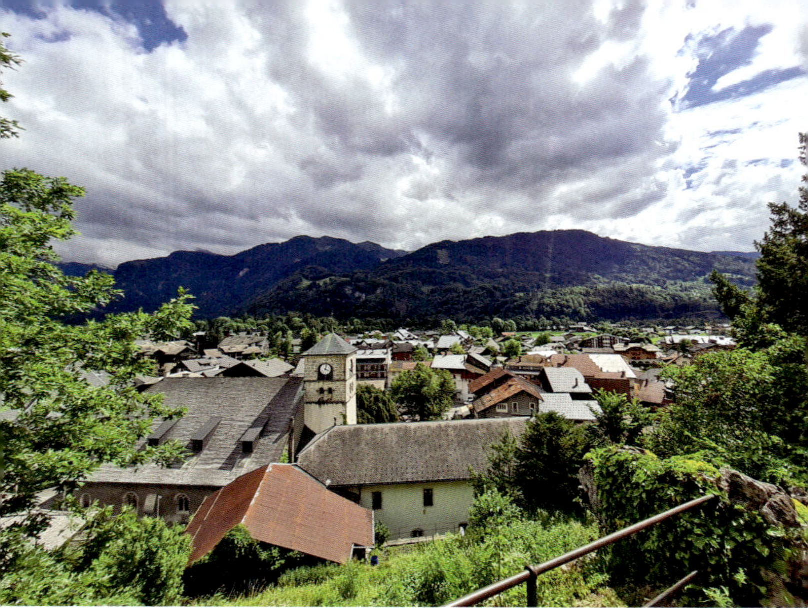

Samoëns vom Jardin botanique alpin La Jaÿsinia aus gesehen

Samoëns

Office de Tourisme, 66, Place de l'Office de Tourisme, +33/(0)4 50/34 40 28, www.samoens.com, täglich 9:00-12:00 und 14:30-18:30

Gîte des Moulins, 710 Route des Moulins, 500 m vom Weg entfernt, +33/(0)4 50/34 95 69, gitedesmoulins@aol.com, www.gitedesmoulins.com, ganzjährig geöffnet, 15 Plätze, unbewirtschaftet, Ü € 21, @, Kochgelegenheit, Kartenzahlung möglich

Camping Caravaneige Le Giffre, 1064 Route du Lac aux Dames, 1 km vom Weg entfernt, +33/(0)4 50/34 41 92, camping.samoens@wanadoo.fr, www.camping-samoens.com, ganzjährig geöffnet, schöner Platz am Flussufer, Stellplatz für 2 Personen € 16,

Pizzeria le Mazot, 452 Chemin de sur la ville, 50 m vom Weg entfernt, +33/(0)9 83/27 94 22, www.pizzeria-lemazot.com, täglich 16:00-22:00

Linie 94 Station bei der Touristinformation, mehrmals täglich nach Cluses und Sixt-Fer-à-Cheval, www.auvergnerhonealpes.fr/interurbain

♦ Diverse private Busunternehmen fahren zu Bahnhöfen und Flughäfen, nähere Informationen in der Touristinformation.

Das Dorf Samoëns ist ein wichtiger Ferienort für den Sommer- wie auch für den Wintertourismus und verfügt dementsprechend über eine umfangreiche Infrastruktur mit Hotels und Geschäften, einer kleinen **Altstadt** zum Bummeln, mehreren Campingplätzen und Wanderherbergen. Im Zentrum finden Sie einen schönen alpin-botanischen Garten (**Jardin botanique alpin La Jaÿsinia**).

Kurz vor der Clévieux-Mündung ❸ biegt der GR 5 links auf einen großen Weg durch den Wald von Samoëns ab. Der GR 5 verläuft direkt am rechten Flussufer des Giffre, teils über Waldweg abkürzend, nach Le Perret. Kurz vor Le Perret trifft der GR 5 erneut auf die D907.

Auf der Bundesstraße geht es die restlichen Meter in die kleine Ortschaft Le Perret ❹ hinein. Dort zweigt der GR 5 von der Bundesstraße ab und überquert den Giffre. Der asphaltierte Weg endet kurz hinter der Brücke am kleinen Weiher von Les Faix.

Am Ende der asphaltierten Straße beginnt ein befestigter Forstweg, der am linken Giffre-Ufer nach Le Fay Maison Neuve führt. Im Wald gehen Sie auf dem GR 5 in eine schöne, enge Schlucht, in der zu früheren Zeiten die Giffre floss, die **Anciennes Gorges des Tines**. Sie wird mithilfe von drei Eisenleitern und ein paar Drahtseilen durchquert.

In einer weiten Rechtsschleife geht es durch einen Fichtenwald. Zahlreiche Serpentinen führen schließlich in das Tal, in dem jetzt die Giffre fließt, zur Pont des Nants ❺. Direkt nach Überschreitung der Brücke zweigt ein Pfad rechts ab und führt auf der rechten Flusseite an der Giffre entlang.

Bei den Wasserfällen von Déchargeux führt der Pfad in Richtung D29 weg vom Giffre. Bei der folgenden Weggabelung wählen Sie den rechten Weg, der zur Pont de Salles ❻ führt. Wenige Meter vor der Brücke trifft der GR 5 wieder auf die D29. Nach Überquerung des Giffre folgen Sie der Straße einige Meter und biegen dann links auf einen kleinen Waldpfad ab, um die folgende Serpentine der D29 abzukürzen. Die letzten Meter zu den eindrucksvollen **Cascades du Rouget** müssen Sie allerdings wieder auf der D29 marschieren.

Restaurant Auberge de la Cascade du Rouget, direkt am Weg,
☏ +33/(0)4 50/34 19 94, Mo-Mi 10:00-19:00 und Do-So 10:00-23:00

Hinter den Wasserfällen werden wieder zahlreiche Serpentinen der D29 abgekürzt, bis schließlich nach gut 30 Minuten auf ungefähr 1.180 m Höhe das Ende der Asphaltstraße erreicht ist.

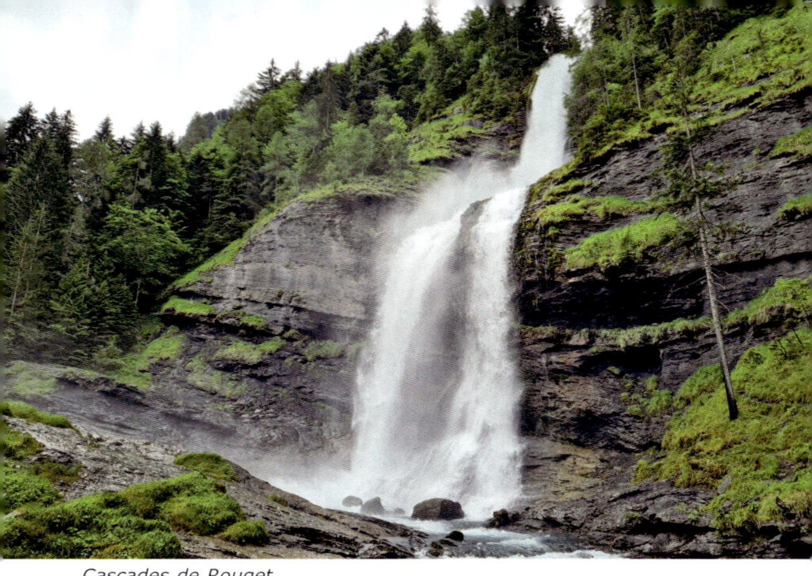

Cascades de Rouget

Restaurant Chalet du Lignon, direkt am Weg, +33/(0)45 0/58 74 69, täglich von Juni bis Mitte September

Nun betreten Sie das **Réserve Naturelle de Sixt-Passy**. Der GR 5 führt im Wald knapp 300 Hm nach Südwesten bis zur **Cascade de la Sauffraz** ❼ hinauf. Sie springt in einem Hauptlauf und unzähligen weiteren Rinnsalen lebhaft über einen Schieferhang.

An den Wasserfällen knickt der GR 5 nach Nordosten ab und führt an der Nordflanke der Pointe de Salles entlang. Im großen Halbkreis umgehen Sie die Pointe de Salles. Der Weg führt kurz unterhalb des **Collet d'Anterne** vorbei, bei dem nach einem riesigen Strommast ein schönes, großes Hochplateau mit den Almwiesen von Anterne beginnt.

Auf diesem Plateau wird der Bach Anterne überschritten. Am rechten Bachufer führt der GR 5 leicht an Höhe verlierend zu den von weitem sichtbaren Chalets d'Anterne mit dem **Refuge Alfred Wills**.

Refuge Alfred Wills, Bruno Pezet, direkt am Weg, +33/(0)6 70/63 12 45, bpezet@orange.fr, www.refuge-wills.com, Anfang Juni bis Ende September ganztägig, 55 Plätze, Bewirtung, Ü € 15, HP € 45, Mittagstisch, € 11, € 4

5. Etappe: Refuge Alfred Wills – Refuge Bellachat ☆

16,8 km, 6 Std. 40 Min., ↑ 1.442 m, ↓ 1.096 m, ⇧ 1.589-2.488 m

0,0 km	⇧ 1.806 m	Refuge Alfred Wills
2,1 km	⇧ 2.068 m	Lac d'Anterne
3,9 km	⇧ 2.257 m	Col d'Anterne
5,0 km	⇧ 2.000 m	Refuge de Moëde Anterne
13,2 km	⇧ 2.368 m	Col du Brévent
16,8 km	⇧ 2.152 m	Refuge Bellachat

Heute bewegen Sie sich auf dieser traumhaften Etappe in luftigen Höhen. Bei entsprechender Sicht können Sie auf der ganzen Strecke ab dem Anterne-Pass das Panorama auf die Mont-Blanc-Gruppe mit dem höchsten Berg der Alpen genießen. Ab dem Brévent-Pass, mit der leichten Gipfeloption des Brévent, zeigt sich der Mont Blanc in seiner vollen Pracht. Ihr Tagesziel liegt hoch über Chamonix und bietet ebenfalls den berühmten Panoramablick.

Das Refuge Bellachat ist das heutige Tagesziel

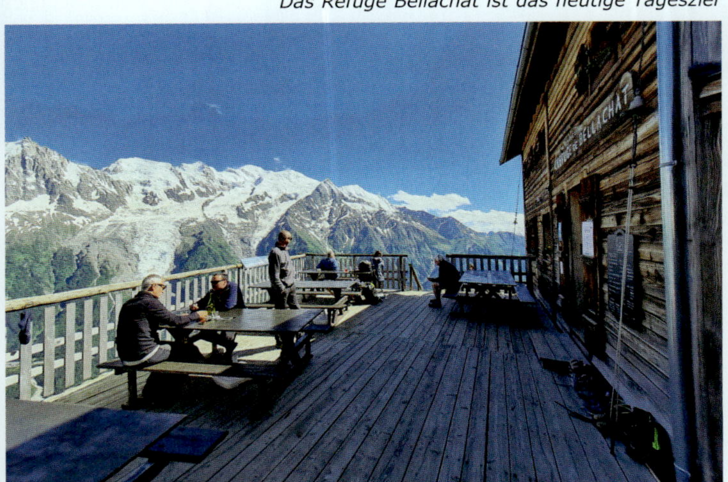

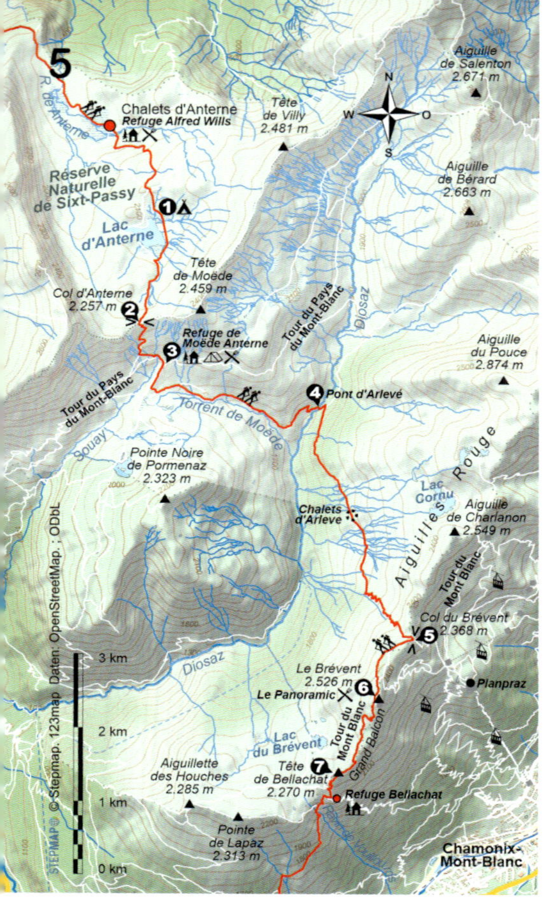

Hinter dem Refuge Alfred Wills überquert der GR 5 mehrere kleine Seitenarme des Baches Anterne und steigt rund 300 Hm hinauf auf das Hochplateau vom **Lac d'Anterne ❶**. Der eindrucksvolle Hochgebirgssee läuft in eine Felsspalte ab und tritt erst knapp 200 Hm tiefer wieder aus den Felsen heraus. Der Weg führt östlich des Sees entlang.

Wer ein schneefreies Plätzchen mit einigermaßen trockenem Untergrund findet, kann hier ein wunderschönes Wildcamping-Lager aufschlagen.

Auf Höhe des Sees (ungefähr 2.070 m) sind bis spät in den Sommer ausgedehnte Schneefelder anzutreffen. Eventuell ist der GR 5 daher unter Schnee begraben und Sie müssen einen Weg über die Schneefelder suchen. Entweder folgen Sie den Spuren oder bahnen sich selbst einen Weg in Richtung des südlich vom See gelegenen **Col d'Anterne** (⇧ 2.257 m) ❷.

Oben am Pass angekommen bietet sich Ihnen bei gutem Wetter ein traumhaftes Panorama: Das Massiv des Mont Blanc und die anderen zahlreichen 4.000er südöstlich von Chamonix können das erste Mal bewundert werden, und das direkt aus der frontalen Blickrichtung von Nordwesten.

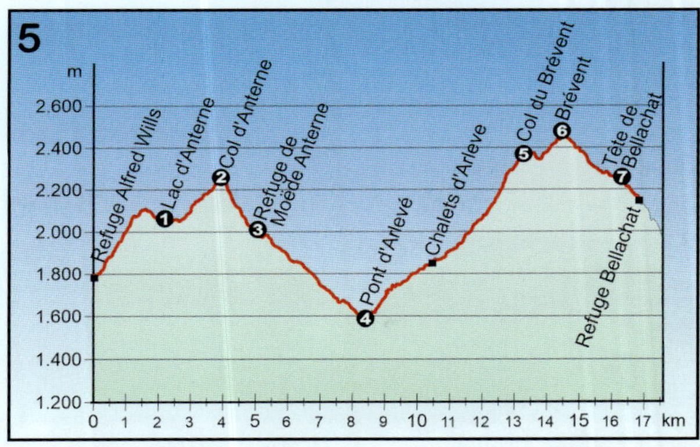

Der GR 5 führt in Serpentinen ungefähr 250 Hm in das Tal hinunter. Nach ungefähr 1,1 km trifft er auf die **Tour du Pays du Mont-Blanc**, die aus südwestlicher Richtung aus dem Tal heraufführt. Der GR 5 knickt nun scharf links ab und verläuft gemeinsam mit der Tour du Pays du Mont-Blanc in östlicher Richtung zum **Refuge de Moëde Anterne**, das nach weiteren etwa 400 m erreicht wird ❸.

Refuge de Moëde Anterne, Lionel Didier, direkt am Weg, ☏ +33/(0)4 50/93 60 43, +33/(0)6 09/42 42 34, lionel.didier@skiyousoon.com, www.monrefugepaysdumontblanc.com/de/il4-berghutte_i48796-refuge-moede-anterne.aspx, Anfang Juni bis Anfang Oktober, 91 Plätze, bewirtschaftet, Ü € 19, HP ab € 51, Zeltstellplatz € 3, Mittagstisch, € 12, € 2, Kartenzahlung möglich

An der Hütte gabeln sich die Tour du Pays du Mont-Blanc, die weiter Richtung Osten führt, und der GR 5, der nach Südosten Richtung Brévent weiterführt. Sie gehen rechts an der Hütte vorbei, dann verläuft der GR 5 an der linken Bachseite des Moëde. Nach etwa 2,5 km fließt der Moëde nach Süden in das Tal hinab. Hier führt der GR 5 links vom Bach weg und hinauf zur **Pont d'Arlevé** ❹ über die Diosaz.

Die Brücke wird im Herbst ab- und erst am Sommeranfang wieder aufgebaut. Falls Sie den GR 5 bereits im Frühsommer begehen, kann es sein, dass die Brücke noch nicht wieder errichtet ist und Sie die Diosaz auf den vorhandenen Schneebrücken überqueren müssen. Entsprechende Vorsicht ist geboten!

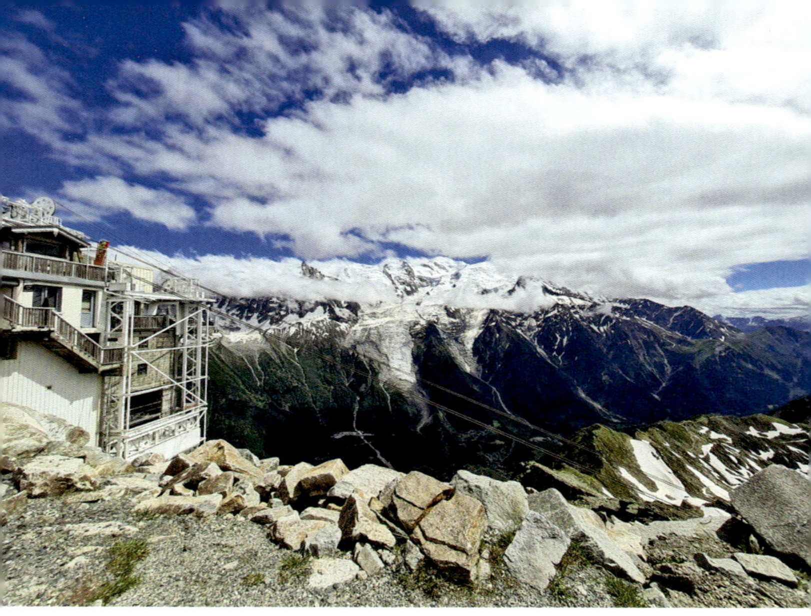

Mont-Blanc-Blick bei der Brevént-Bergstation

Auf der anderen Seite der Diosaz knickt der GR 5 nach Südsüdosten ab, verläuft unterhalb der Aiguilles Rouge entlang und gewinnt wieder an Höhe. Es müssen zahlreiche kleine Schmelzwasserbäche gequert werden, bis dann auf 1.865 m die Ruinen der Chalets d'Arleve erreicht sind. Über weitere Schmelzwasserbäche führt der GR 5 weiter nach Südosten und in Serpentinen hinauf zum **Col du Brévent** (⇧ 2.368 m) ❺.

Das Panorama, das sich vom Col du Brévent aus bei gutem Wetter bietet, gehört sicherlich zu den schönsten und atemberaubendsten in den gesamten Alpen: vom Mont Blanc (4.807 m) über Mont Maudit (4.465 m), Mont Blanc du Tacul (4.248 m), die ausgesetzte Aiguille du Midi (3.842 m), Aiguille du Dent du Géant (4.013 m), die Grande und Petite Jorasses mit der Pointe Walker (4.208 m) und zahlreichen anderen, schweren alpinen Kletterrouten, Aiguille de Talèfre (3.730 m), Mont Dolent (3.819 m) bis hin zur Aiguille d'Argentière (3.900 m). Unterhalb fließen die größten Gletscher der Alpen zu Tal – das Mer de Glace (Eismeer). Der Glacier des Bossons erstreckt sich bis auf 1.200 m, also fast an die letzten Häuser von Chamonix heran.

Am Col du Brévent trifft der GR 5 auf die von Nordosten kommende berühmte **Tour du Mont Blanc**. Gemeinsam verlaufen beide am Pass scharf rechts hinauf nach Südwesten. Der Rest der Etappe ist einer der schönsten Abschnitte der GTA und entsprechend stark frequentiert. Zunächst geht es am Clocher du Brévent und der Brèche du Brévent vorbei. Auf dieser Seite bekommen Sie von dem Trubel der Seilbahnanlagen auf der Ostseite des Brévent-Massivs kaum etwas mit.

Aufgrund der Höhe sind hier sehr häufig ausgedehnte Schneefelder anzutreffen. Folgen Sie den Spuren im Schnee, die viele Mitwanderinnen und Mitwanderer hinterlassen haben, und/oder orientieren Sie sich an der Senke des Hochtals, dort wo es möglich ist – Sie müssen allerdings auch einige steile Schotterhänge queren. Gelbe Markierungen sind hier besser zu erkennen als die rot-weißen Markierungen des GR 5 und lotsen Sie ebenfalls vom Brévent-Pass zum Brévent-Gipfel.

An einer Stelle unterhalb der Brèche du Brévent helfen Eisenleitern und Drahtseile einen Steilhang hinauf. Ungefähr 1,3 km nach dem Brévent-Pass führt der Weg unterhalb des Brévent-Gipfels ❻ entlang.

Der eigentliche Gipfel des Brévent (Gipfelhöhe 2.526 m) wird nordwestlich umgangen. Der nur 100 m lange Aufstieg auf den Brévent ist allerdings zu empfehlen, auch wenn sich dort die Massen aus der Seilbahn tummeln.

Die gleichnamige Seilbahn unterhalb des Brévent führt zur **Planpraz**. Von dort können Sie mit einer weiteren Seilbahn direkt ins Zentrum von **Chamonix** gelangen, dem mondänen und bedeutendsten Touristenort der Region am Fuße des Mont Blanc mit einer breiten Infrastruktur, unzähligen Übernachtungsmöglichkeiten und einem sehr gut angebundenen Bahnhof.

Restaurant Le Panoramic, ganzjährig ganztägig geöffnet, Speiseraum und Terrasse mit Mont-Blanc-Blick (und entsprechenden Preisen)

Hinter dem Brévent führt der GR 5 über Geröll nach Südwesten über den **Grand Balcon du Mont Blanc** mit durchgehendem Panoramablick auf das Mont-Blanc-Massiv. Nun können Sie den **Lac du Brévent** schön überblicken. Kurz vor Etappenende führt der Weg knapp unterhalb der **Tête de Bellachat** (⇧ 2.270 m) ❼ entlang.

Auch hier lohnt sich der kurze Aufstieg zum Gipfel der Tête de Bellachat.

2,3 km nach dem Brévent erreichen Sie das **Refuge Bellachat**.

Refuge Bellachat, direkt am Weg, +33/(0)7 89/03 30 38, refuge.bellachat@gmail.com, www.refuge-bellachat.com, Ende Juni bis Mitte September, 24 Plätze, Bewirtung, tolle Terrasse mit Mont-Blanc-Panorama, HP € 55, € 12

6. Etappe: Refuge Bellachat – Bionnassay

15,7 km, 5 Std. 45 Min., 717 m, 1.549 m, 972-2.152 m

0,0 km	2.152 m	Refuge Bellachat
5,1 km	1.207 m	Statue du Christ Roi
6,7 km	972 m	Les Houches
13,6 km	1.653 m	Col de Voza
14,5 km	1.512 m	Refuge du Fioux
15,7 km	1.320 m	Bionnassay

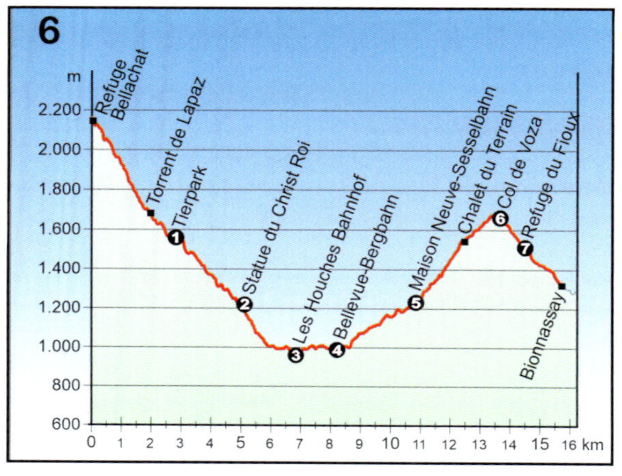

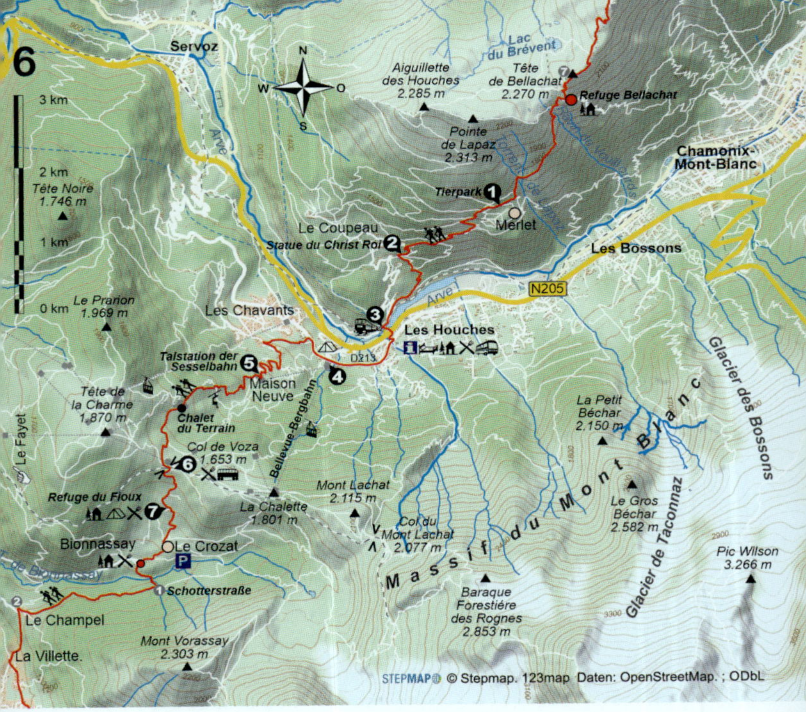

Nachdem Sie gestern bereits das Panorama auf die Mont-Blanc-Gruppe genießen konnten, erreichen Sie diese Gebirgsgruppe rund um den höchsten Berg der Alpen heute in Les Houches. Es geht nach dem ersten steilen Abstieg etwas gemütlicher zu und Sie nächtigen nochmals in direkter Nachbarschaft des Mont Blanc!

Hinter dem Refuge Bellachat führt der GR 5 in zahlreichen Serpentinen steil in das Vouillourds-Tal hinunter. Durch einen Nadelwald geht es weiter hinab in das Lapaz-Tal. An etlichen Stellen helfen Ihnen Ketten, Eisenstangen, Eisentritte und Holzstufen dabei.

Nach dem heftigen Abstieg erreichen Sie den kleinen Weiler **Merlet**. Die Route verläuft oberhalb der kleinen Ortschaft nach Südwesten, vorbei an einem Tierpark ❶. An einem Aussichtspunkt gehen Sie ein kurzes Stück auf der Straße, dann nach links wieder in den Wald.

2,5 km nach Merlet erreichen Sie die 17 m große **Statue du Christ-Roi ❷**. Im Wald geht es nun nochmals teilweise etwas steil hinunter bis zum Fluss Arve. Dort angekommen knickt der GR 5 rechts ab und verläuft auf der Straße am rechten Ufer zum Bahnhof von **Les Houches ❸**. Direkt gegenüber dem Bahnhof führt eine schräg ansteigende Brücke über die Arve sowie die Nationalstraße N205.

Nun haben Sie die Chablais-Alpen verlassen und sind im Gebiet der **Mont-Blanc-Gruppe** angekommen.

Les Houches

Office de Tourisme, Place de la Mairie, ☏ +33/(0)4 50/55 50 62, www.leshouches.com, täglich 9:00-12:00 und 14:30-18:30

Gîte Michel Fagot, 2 Allée des Sorbiers, ☏ +33/(0)4 50/54 42 28, +33/(0)6 75/31 27 41, reservation@gite-fagot.com, www.gite-fagot.com, ganzjährig geöffnet, direkt am GR 5 gelegen, 36 Plätze in Vier- bis Achtbettzimmern, bewirtschaftet, HP € 50, € 9, @,

Camping Bellevue, 135 Route du Nandt Jorland, ☏ +33/(0)6 33/50 34 12, campingbellevueleshouches@orange.fr, www.camping-bellevue-leshouches.com, einfache Anlage fast direkt am GR 5 bei der Seilbahn-Talstation Bellevue, Stellplatz für zwei Personen ab € 15,

Restaurant Kitsch Inn, 77 Place de la Fruitière, direkt am Weg, ☏ +33/(0)4 50/34 41 74, www.kitschinn.fr, täglich 10:30-23:30

Linie 1 im 30-Minuten-Takt nach Chamonix, Station bei der Touristinfo, chamonix.montblancbus.com

Mont-Blanc-Express, Regionalzug mehrmals täglich über Chamonix nach Vallorcine sowie nach Saint-Gervais-les-Bains, www.sncf.com

Der kleine Nachbarort von **Chamonix**, dem berühmtesten Touristenort der Region, bietet eine gute Infrastruktur mit Geschäften, Unterkünften und Campingplätzen. Hier befindet sich der Startpunkt der extrem beliebten **Tour du Mont Blanc**. Die Idylle des Orts wird nur etwas von der nördlich verlaufenden Nationalstraße getrübt.

Der GR 5 verläuft in Les Houches auf der D213 entlang. Sie führt anschließend in Serpentinen zum eigentlichen Ortskern von Les Houches. In westlicher Richtung gehen Sie vorbei an einer Kirche und der Talstation der Bellevue-Bergbahn ❹.

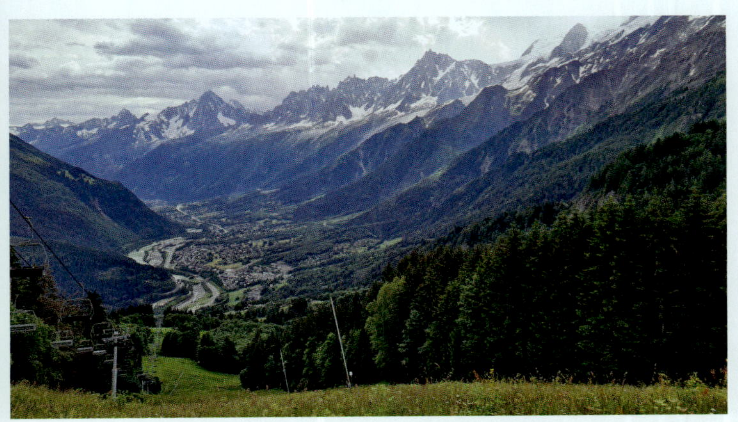

Blick zurück über Les Houches

Den langweiligen Aufstieg durch das Skigebiet können Sie sich mit der Seilbahn Bellevue sparen, deren Bergstation etwas oberhalb des GR 5 liegt.
♦ Anfang Juni bis Anfang September, € 19,50

Ungefähr 50 m hinter der Talstation geht es durch einen Tunnel. Kurz danach zweigt der GR 5 links ab und führt einen steilen Spazierweg hinauf, bis er auf die Straße zur Talstation der Sesselbahn Maison-Neuve ❺ trifft, der Sie folgen. Immer wieder bieten sich schöne Blicke über das Arve-Tal nach Chamonix und über das Mont-Blanc-Massiv. Von dort aus geht ein geschotterter Weg mehr oder weniger unterhalb der Sesselbahn vorbei am Chalet de La Tuile und dem Chalet de Carbotte zum Chalet du Terrain. An der Weggabelung am letztgenannten Chalet den linken Weg wählen. 6,5 km hinter Les Houches ist der **Col de Voza** (⇧ 1.653 m) ❻ erreicht, wo Sie das Skigebiet endlich hinter sich lassen.

Am Col de Voza gibt es eine Haltestelle der Mont-Blanc-Zahnradbahn (Tramway du Mont-Blanc), die zwischen dem **Col du Mont Lachat** und **Le Fayet** verkehrt. Le Fayet ist einer der größeren Orte der Region, bietet eine entsprechende Infrastruktur und hat einen gut angebundenen Bahnhof.

Restaurant La Rioule, 5133 Route de Bionnassay, direkt am Weg, ☏ +33/(0)4 50/18 03 90, täglich 8:00-17:00

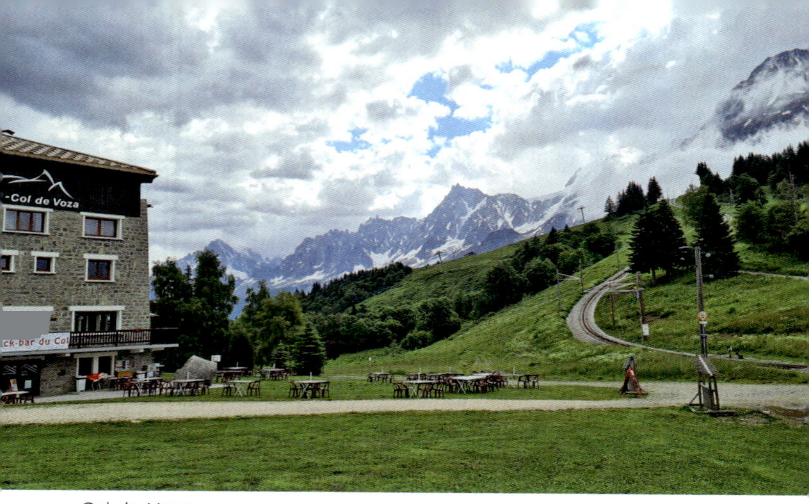

Col de Voza

Hinter dem Col de Voza geht der GR 5 in Serpentinen teilweise recht steil nach Süden in das Tal der Bon Nant hinab. Dieser Abschnitt ist sehr aussichtsreich mit Blick auf den Mont Blanc. Sie erreichen bald das **Refuge du Fioux ❼**.

Refuge du Fioux, Serge und Catherine Botholier, 4409 Route de Bionnassay, direkt am Weg, ☏ +33/(0)4 50/93 52 43, serge.botholier@neuf.fr, www.montourdumontblanc.com/de/il4-refuge_i32356-refuge-du-fioux.aspx, Ende Mai bis Mitte September ganztägig, 24 Plätze in Zwei- bis Sechsbettzimmern, bewirtschaftet, Mittagessen à la carte, HP € 45, € 8, Zeltstellplatz € 5, Abendessen für Camperinnen und Camper € 15, F € 8,

Sie wandern weiter zu der kleinen Ortschaft **Crozat** mit dem Parkplatz Bionnassay Mont Blanc. Dieser bildet den Endpunkt einer aus dem Tal hinaufführenden asphaltierten Straße. Auf dieser asphaltierten Straße geht es hinunter in das hübsche Dörfchen **Bionnassay**, Ihrem Etappenziel in gefühlter nächster Nähe zum Mont Blanc.

Auberge de Bionnassay, 3084 Route de Bionnassay, ☏ +33/(0)4 50/93 45 23, contact@auberge-bionnassay.com, www.auberge-bionnassay.com, Juni bis September ganztägig, 45 Plätze im Schlafsaal oder Zwei- bis Sechsbettzimmer, bewirtschaftet, Ü ab € 20, F € 7, HP ab € 43, Restaurant

7. Etappe: Bionnassay – Refuge de la Balme

16,6 km, 5 Std. 40 Min., 856 m, 468 m, 1.006-1.708 m

0,0 km	1.320 m	Bionnassay
8,6 km	1.122 m	Les Contamines-Montjoie BANK
12,5 km	1.214 m	Notre-Dame-de-la-Gorge
14,1 km	1.457 m	Chalet refuge de Nant Borant
16,6 km	1.706 m	Refuge de la Balme

Auf der heutigen Etappe wandern Sie die meiste Zeit gemütlich das Flusstal des rauschenden Bon Nant hinauf. Die Etappe hat nicht so viele Höhenmeter und etwa die gleiche Gehzeit wie am Vortag. Am Ende gibt es dann zwar noch einen Anstieg zum Refuge hinauf, der sich etwas hinzieht, aber nicht zu steil ist.

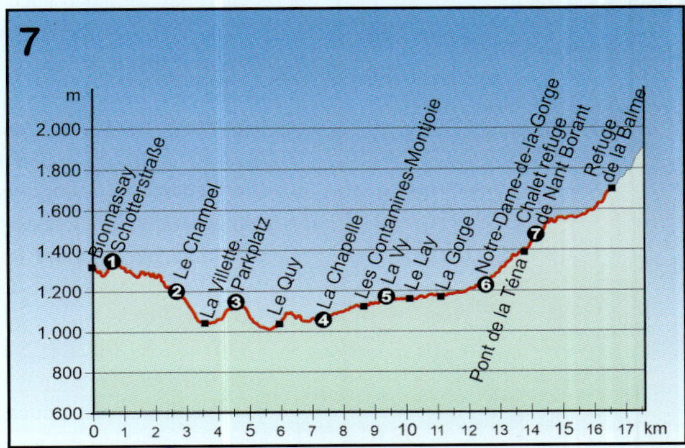

In Bionnassay zweigt der GR 5 links von der asphaltierten Straße ab. Ein kleiner Fußpfad führt vorbei an einer alten Kapelle und im Wald in das Tal des Baches Bionnassay, der mittels einer kleinen Holzbrücke gequert wird.

Auf der anderen Talseite geht es wiederum steil hinauf. Oben angekommen trifft der GR 5 auf eine Schotterstraße ❶. Sie wird gekreuzt und auf einem Pfad geht es parallel zur Schotterstraße nach Westen.

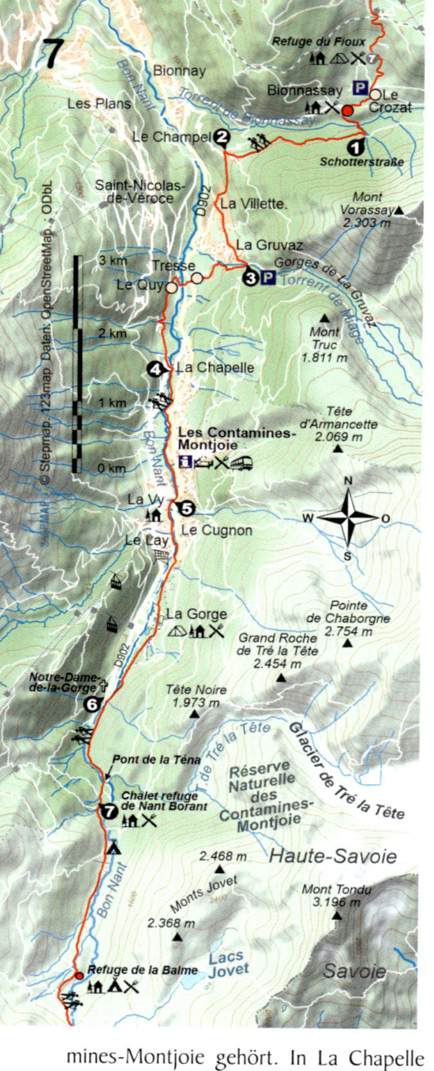

Im folgenden Verlauf können Sie noch einige Male das Mont-Blanc-Panorama genießen, jetzt aus der Westrichtung.

Nach einiger Zeit geht der Pfad in eine asphaltierte Straße über und führt in den hübschen kleinen Ort **Le Champel** ❷. In Le Champel gehen Sie auf der asphaltierten Straße einige Serpentinen hinunter, bevor Sie in einer scharfen Rechtskurve die asphaltierte Straße verlassen. Geradeaus geht es im Wald auf einer geschotterten Straße sehr steil in das Tal hinab nach **La Villette**.

An der Weggabelung am Ortsbrunnen von La Villette wählen Sie die linke Straße. Sie führt an der Talflanke entlang durch **La Gruvaz**. An einem Parkplatz ❸ endet die asphaltierte Straße. Hier beginnt ein Schotterweg, der nach rechts in die Schlucht von La Gruvaz führt. Der GR 5 verläuft am linken Ufer des Flusses Miage in Richtung der Siedlung **Tresse**.

In Tresse kreuzen Sie die D902 und überqueren daraufhin den Fluss Bon Nant. Auf der anderen Flussseite liegt der Weiler **Le Quy**. Dort knickt der GR 5 links ab und führt auf einer asphaltierten Straße auf der linken Seite des Bon Nant durch weitere Weiler in ungefähr 1,3 km zum Weiler **La Chapelle** ❹, der bereits zu Les Contamines-Montjoie gehört. In La Chapelle überqueren Sie den Fluss wieder und gehen am anderen Ufer 1,5 km weiter bis zur Hauptgemeinde. Diese bekommen Sie aber aufgrund des bewaldeten Flussufers nicht zu Gesicht.

Die Hauptgemeinde **Les Contamines-Montjoie**, zu der die Weiler des Tals gehören, ist ein Stützpunkt für den Skitourismus und dadurch künstlich wie eine Retortenstadt gewachsen. Sie bietet entsprechend eine Infrastruktur mit Touristeninformation, ein paar Geschäften, Gastronomie und Hotels sowie der Endhaltestelle der Buslinie 84 von Sallanches über Le Fayet und Saint-Gervais.

Etwa einen Kilometer weiter liegt der Weiler **La Vy** auf der gegenüberliegenden Flussseite, wo sich eine Wanderunterkunft befindet.

Chalet des Contamines (FFCAM), 22, Route du Plan du Moulin, Joachim Roman und Anais Mattel, 500 m vom Weg entfernt, +33/(0)4 50/47 00 88, chaletdescontamines.ffcam.fr, 15. Juni bis 15. September, 26 Plätze in Vier- bis Achtbettzimmern, bewirtschaftet, Ü € 17,20, F € 8,50, Abendessen € 21, HP € 47,50, € 9,50, @,

Auf der asphaltierten Straße wandern Sie in La Vy auf der Brücke ❺ über den Fluss und weiter linksseitig des Bon Nant nach Süden. Bereits 800 m später kommt der touristische Weiler **Le Lay** (mit einigen Einkehr- und Übernachtungsmöglichkeiten, die in Anbetracht der vielen Möglichkeiten zuvor und danach nicht extra aufgezählt werden).

Supermarché Sherpa Le Lay, 33 Allée des Côtes du Lay, +33/(0)4 50/47 00 03, 7:30 - 20:00 in der Hauptsaison

Auf der Brücke in Le Lay wird der Fluss wieder gequert. Danach verläuft der GR 5 auf der rechten Flussseite. Erst auf einem Schotterweg, dann ein kurzes Stück neben der D902 und weiter auf dem Chemin du Praz.

Etwa einen Kilometer später erreichen Sie zwei Weiher im Weiler **La Gorge**, wo es eine Einkehr- und auf der gegenüberliegenden Seite eine günstige Übernachtungsmöglichkeit gibt.

Camping et Gîtes Le Pontet, 2481 Route de Notre Dame de La Gorge, 500 m vom Weg entfernt, +33/(0)450/47 04 04, www.campinglepontet.fr, 15. Juni bis Ende September ganztägig, Campingplatz, Schlafsaal, Zweibettzimmer, Restaurant, HP, , , aktuelle Preise auf Anfrage

Restaurant Le Chalet du Lac, direkt am Weg, +33/(0)6 17/76 70 86, lechaletdulac.eatbu.com, ganzjährig geöffnet 10:00-19:00, @

Der GR 5 verläuft an einem Kletterfelsen vorbei und erreicht schließlich eine Brücke, die zur sehenswerten **Chapelle Notre-Dame-de-la-Gorge** (⇧ 1.214 m) ❻ auf der gegenüberliegenden Flussseite führt. An einem Parkplatz befindet sich der Endpunkt der D902.

Chapelle Notre-Dame-de-la-Gorge

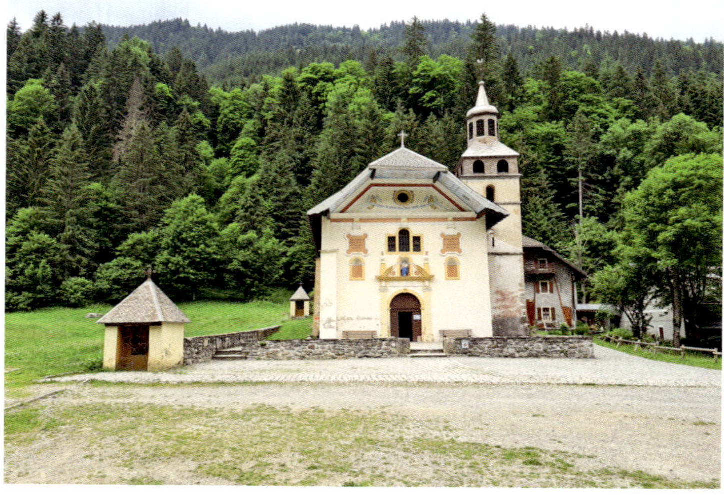

Der GR 5 verläuft weiter auf der rechten Flussseite auf einem alten romanischen Schotterweg, „Rochasset" genannt, Richtung Talende. Im immer enger werdenden Tal des Bon Nant steigt der GR 5 in einem Halbkreis nach Südosten an. Mittels einer alten romanischen Brücke (**Pont de la Téna**) wird der Bon Nant kurz hinter dem Zusammenfluss von Bon Nant und Tré-la-Tête auf ungefähr 1.400 m Höhe überquert. Kurz danach wird das **Chalet refuge de Nant Borant** ❼ erreicht.

Chalet refuge de Nant Borrant, direkt am Weg, ☏ +33/(0)4 50/47 03 57,
refugenantborrant@free.fr, www.refuge-nantborrant.com,
Anfang Juni bis Ende September ganztägig, bewirtschaftet,
35 Plätze in Fünf- bis Neunbettzimmern, Restaurant, Ü € 22, HP € 48,

An der Weggabelung am **Chalet refuge de Nant Borant** wählen Sie den Weg weiter geradeaus in das Tal des Bon Nant. Nach der Überquerung des Baches Lancher kommen Sie ins **Réserve Naturelle des Contamines-Montjoie**. Nun verläuft der GR 5 linksseitig des Bon Nant im Wald in Richtung Talende. Etwa 500 m nach dem Refuge kommt links ein Abzweig zu einer Campingstelle.

Aire de Bivouac, wunderschön gelegene, einfache, kostenlose Campingstelle mit Panoramablick auf die Aiguilles de la Pennaz, Toilette

Nach dem Waldstück führt der GR 5 über ein Plateau mit Almwiesen, über dessen Ende Sie das Tagesziel sehen können. Darüber liegt das schroffe Massiv der **Aiguilles de la Pennaz**. Hinter einer kleinen Quelle, die links vom Weg liegt, steigt der GR 5 zum **Refuge de la Balme** an. Kurz vorher überqueren Sie einen Zufluss des Bon Nant.

Refuge de la Balme, Michaël Gut, direkt am Weg, ☏ +33/(0)4 50/47 03 54, refuge-labalme@outlook.fr, www.refugedelabalme.com, bewirtschaftet, Mitte Juni bis Mitte September ganztägig, 14 Plätze im Schlafsaal, weitere Plätze in Zwei- bis Sechsbettzimmern, Restaurant, HP ab € 55, € 14,

Aire de Bivouac, kostenlose Campingstelle mit Toilette rechts des Refuges

Refuge de la Balme

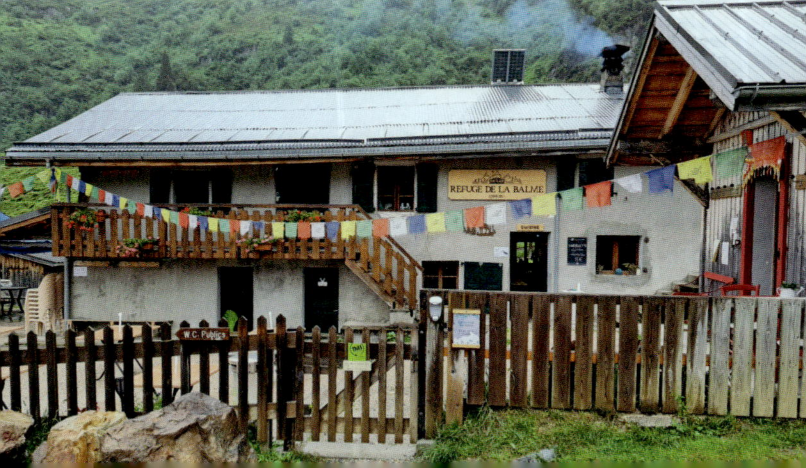

8. Etappe: Refuge de la Balme – Refuge Plan Mya ☆

13,1 km, 5 Std., ↑ 946 m, ↓ 792 m, ⇧ 1.709-2.524 m

0,0 km	⇧ 1.706 m	Refuge de la Balme
3,7 km	⇧ 2.329 m	Col du Bonhomme
5,8 km	⇧ 2.443 m	Refuge de la Croix du Bonhomme
6,4 km	⇧ 2.443 m	Crête des Gittes
8,8 km	⇧ 2.307 m	Col de la Sauce
12,5 km	⇧ 1.818 m	Refuge du Plan de la Lai
13,1 km	⇧ 1.862 m	Refuge Plan Mya

Heute erwartet Sie eine kürzere, wunderschöne Etappe. Zunächst geht es im Schnee über den Col du Bonhomme. Dann gibt es etwas Nervenkitzel auf der Gratwanderung entlang der Crête des Gittes. Es folgt der Abstieg zur Hochebene Plan de la Lai, dem Tagesziel. Dieses liegt über der riesigen Talsperre Barrage de Roselend.

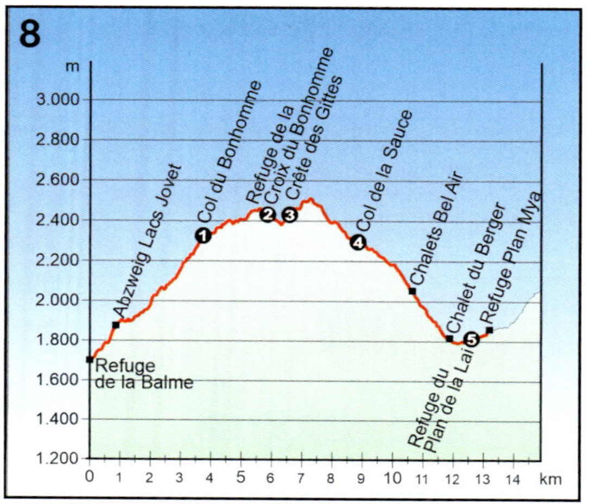

Hinter dem **Refuge de la Balme** führt der GR 5 in südlicher Richtung steil hinauf. Nach dem ersten Steilstück an der Weggabelung wählen Sie den rechten Weg (der linke Weg führt über eine kleine Brücke hinauf zu den Lacs Jovet; also immer orografisch links des Bon Nant bleiben). Wie schon am Vortag erstreckt sich vor Ihnen das schroffe Massiv der **Aiguilles de la Pennaz**.

Eine zweite Abzweigung führt zu einer Campingstelle.

⛺ **Aire de Bivouac**, einfache, kostenlose Campingstelle mit Panoramablick, Toilette

Hinter der Weggabelung knickt der GR 5 nach Südosten in das Hochplateau von Jovet ab. Nach einiger Zeit führt er um einen Felsrücken herum, der von den Aiguilles de la Pennaz herunterzieht. Dann geht es in südwestlicher Richtung dem Col du Bonhomme entgegen. Über Schneefelder, die ganzjährig liegenbleiben, wird schließlich nach gut 4 km der **Col du Bonhomme** (⇧ 2.329 m) ❶ erreicht.

Auf der Passhöhe biegen Sie links ab und gehen in südöstlicher Richtung weiter. Weiterhin leicht ansteigend verläuft der GR 5 an der Flanke des Berges entlang.

☝ Auf diesem Teilstück liegen bis weit in den Sommer hinein ausgedehnte Altschneefelder, durch die Sie sich einen Weg bahnen müssen. Ein sicherer Tritt ist hier unbedingt erforderlich, da es rechts ziemlich steil in das Tal abfällt.

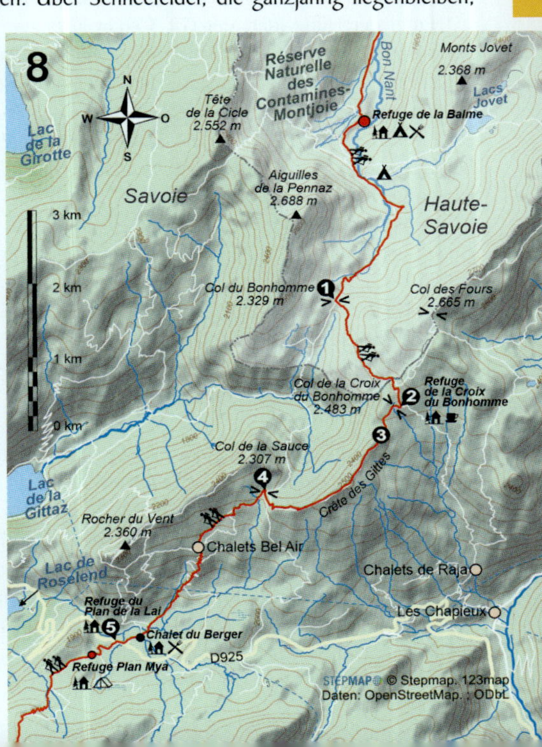

Nach der Traverse führt der GR 5 leicht ansteigend nach links auf ein großes Hochplateau. Dort steht eine steinerne Hinweistafel, die den weiteren Weg zum Col de la Croix du Bonhomme (Passhöhe: 2.483 m) weist. Kurz vor dem Pass wird an einer Weggabelung das **Refuge de la Croix du Bonhomme ❷** erreicht.

Refuge de la Croix du Bonhomme (FFCAM), Albert Jason und Noe Pennetier, direkt am Weg, ☏ 33/(0)4 79/07 05 28, refugecroixdubonhomme@ffcam.fr, refugecroixdubonhomme.ffcam.fr, Anfang Juni bis Ende September (sonst als Schutzraum geöffnet), bewirtschaftet, 99 Plätze im Vier- bis Siebenbettzimmer, Ü € 24,80, HP + € 30, € 8, € 3

Nun haben Sie das Département Haute-Savoie verlassen und sind im **Département Savoie (Savoyen)** in der Region **Auvergne-Rhône-Alpes** angekommen.

Hinter der Hütte führt der GR 5 nicht links zum Pass, sondern rechts nach Südwesten durch eine kleine Senke und steigt ungefähr 150 Hm auf die **Crête des Gittes ❸** an. Dieser spitz zulaufende Gipfelgrat bietet großartige Weitblicke auf die umliegenden Gipfel. Abwechselnd rechts und links von Gipfelgrat, teilweise auch genau mittig, führt der GR 5 auf einem gut erkennbaren Weg durch das Schiefergestein die Crête des Gittes entlang. Die steil abfallenden Schieferhänge sorgen für Adrenalin.

Im hinteren Teil der Crête des Gittes stoßen Sie auf eine Weggabelung und ein gut erkennbarer Pfad führt rechts in die steile Nordwand der **Crête des Gittes**.

Da besonders in der Nordwand auch im Sommer noch ausgedehnte Schneefelder vorzufinden sind, ist auf dem Grat äußerste Vorsicht geboten. Schwindelfreiheit ist eine dringende Voraussetzung und die Geduld, sich in Ruhe den nächsten festen Tritt zu suchen.

Am Ende des Grates beginnt ein Weg, der in steilen Serpentinen ungefähr 200 Hm hinunter zum **Col de la Sauce** (⇧ 2.307 m) **❹** führt. Der GR 5 verläuft danach, weiter an Höhe verlierend, über Almwiesen vorbei an den Chalets Bel Air nach Südwesten. An diesen Chalets beginnt eine Schotterstraße, die in zahlreichen Serpentinen in das Tal führt.

Diverse Kehren kürzt der GR 5 ab und führt in direkter Falllinie gut 500 Hm in das Tal hinunter. Bereits von oben ist das direkt an einer Brücke gelegene Steingebäude des Chalet du Berger gut erkennbar.

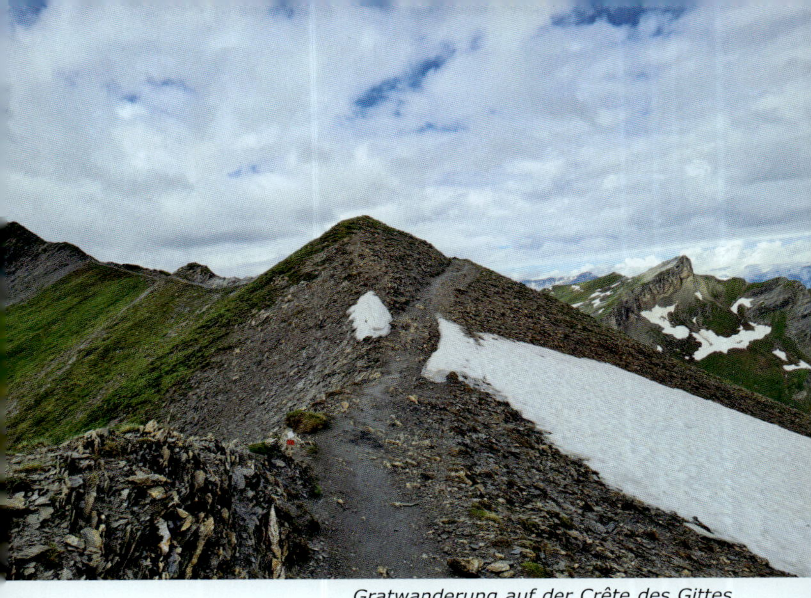

Gratwanderung auf der Crête des Gittes

Chalet du Berger, direkt am Weg, ☏ +33/(0)6 36/47 03 48, lechaletduberger.com@gmail.com, www.lechaletduberger.com, Frühjahr bis Mitte Oktober ganztägig, 17 Plätze im Zwei- bis Fünfbettzimmer, Restaurant, Ü ab € 55, HP ab € 75

Dort angekommen geht es ein paar Meter rechts auf der D925 weiter. Dort befindet sich eine weitere Unterkunft, das **Refuge du Plan de la Lai ❺**.

Refuge du Plan de la Lai (FFCAM), direkt am Weg, William Bon, ☏ +33/(0)4 79/89 07 78, chaletplandelalai.ffcam.fr, Juni bis Mitte September, bewirtschaftet, 27 Plätze im Schlafsaal, Ü € 16,10, F € 9, Abendessen € 18, HP €43,10, € 10,

Gegenüber führt Sie ein Schotterweg weiter nach Südwesten. Nach zwei Serpentinen und 500 m erreichen Sie das **Refuge Plan Mya**, das viel schöner gelegen ist als die anderen beiden Unterkünfte hier, weil es sich ein gutes Stück oberhalb der D217 befindet.

Refuge Plan Mya, Yvon und Françoise Bochet, direkt am Weg, +33/(0)9 88/66 49 91, www.refuge-mya.com, 20. Juni bis 20. September, 20 Plätze im Schlafsaal, kostenlose Campingstelle, bewirtschaftet, hervorragende Hausmannskost, HP € 42, € 9,50, € 3

Wenn Sie abends noch Lust auf einen Spaziergang zum monumentalen Stausee der Talsperre **Barrage de Roselend** haben, folgen Sie der D925 durch ein paar Kurven, bis der Blick über den See freigegeben wird.

9. Etappe: Refuge Plan Mya – Valezan

20,8 km, 7 Std. 15 Min., ↑ 965 m, ↓ 1.636 m, ⇧ 1.196-2.468 m

0,0 km	⇧ 1.862 m	Refuge Plan Mya
9,6 km	⇧ 2.468 m	Col du Bresson
12,1 km	⇧ 2.007 m	Refuge de La Balme-Tarentaise
20,8 km	⇧ 1.196 m	Valezan

Heute steht Ihnen eine längere Etappe bevor. Nach dem Aufstieg zum Col de Bresson, den Sie in der Mitte der Etappe erreichen, geht es zunächst durch ein

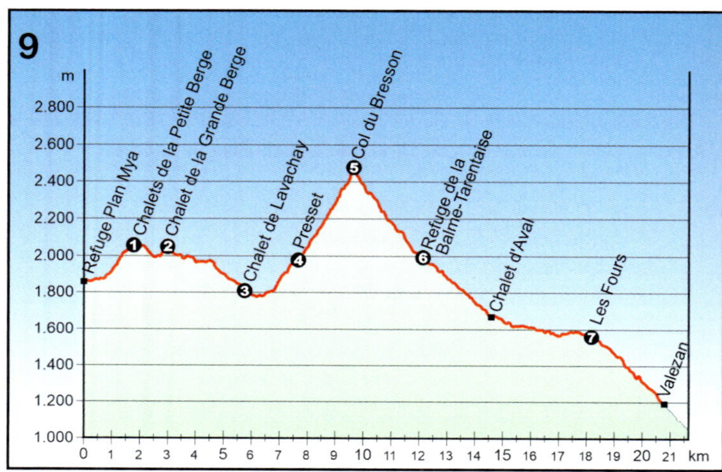

wunderschönes Hochtal auf der anderen Seite hinab. Auch danach geht es noch reichlich, aber gemütlich abwärts bis in den kleinen Ort Valezan.

Die Schotterpiste führt an einigen Chalets vorbei. Am Ende der Schotterstraße beginnt ein Pfad und führt Sie weiter in südwestlicher Richtung. In Serpentinen geht es hinauf zu den Chalets de la Petite Berge ❶ auf 2.071 m Höhe. Auf gleicher Höhe bleibend führt der Pfad über torfiges Gelände weiter nach Südwesten zum Chalet de la Grande Berge ❷.

Im Frühsommer ist dieses Teilstück aufgrund des Schmelzwassers morastig. Falls der Untergrund zu feucht sein sollte, besteht die Möglichkeit, einen Fußpfad zu wählen, der rechts in die Senke führt. Allerdings müssen Sie dann wieder aus der Senke zum Chalet de la Grande Berge aufsteigen.

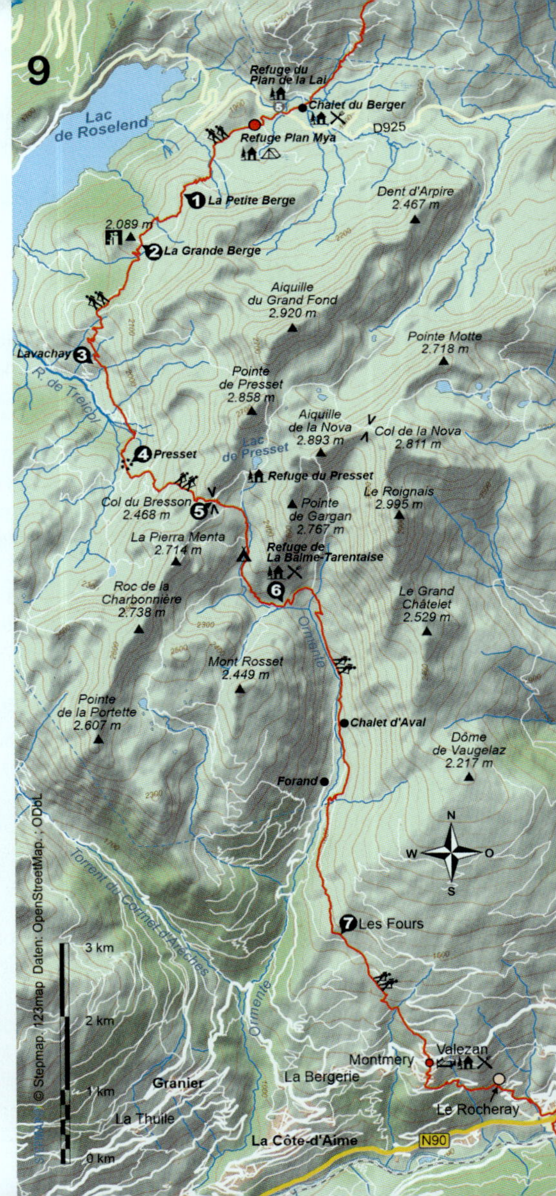

↬ Hier besteht die Option, nach einem kurzen Aufstieg zu einem Aussichtspunkt (2.089 m) mit Blick über die gesamte Talsperre zu gelangen.

Im folgenden Verlauf können Sie einige Male die mächtige Staumauer der Talsperre bewundern.

Nach dem Chalet de la Grande Berge führt der GR 5 geradeaus weiter in das folgende Zwischental. Bei einer Almhütte trifft er auf einen Schotterweg. Auf diesem gehen Sie bis auf ungefähr 1.850 m in das Tréicol-Tal oberhalb des Chalet de Lavachay hinab. In der letzten Kehre vor dem Chalet de Lavachay ❸ zweigt der GR 5 links von der Schotterstraße ab und führt auf der linken Talseite nach Süden.

Der Schotterweg wird nochmals gequert und dann führt ein Fußpfad aus dem Tal hinauf zu den Wasserfällen des Tréicol. Dort oben trifft der Pfad erneut auf die Schotterstraße. Dieser Straße folgen Sie durch ein paar letzte Serpentinen und erreichen die kaum noch erkennbaren, aber ausgeschilderten Ruinen von Presset (⇧ 2.011 m) ❹.

An den Ruinen von Presset zweigt der GR 5 als kleiner Pfad links von der Schotterstraße ab und führt in Serpentinen steil in östlicher Richtung zum Col de Bresson hinauf. Vor allem im Frühsommer, wenn auf 2.000 m noch Schnee liegt, können dieser Abzweig und der Pfad leicht übersehen werden. Der GR 5 führt in ein kleines Hochtal hinauf, das von vorgelagertem Blockwerk versperrt wird. In diesem Hochtal windet sich der Pfad in zahlreichen Serpentinen steil hinauf und führt letztlich links zum **Col du Bresson** (⇧ 2.468 m) ❺ hinauf.

Wenn im Frühsommer dort oben noch ausgedehnte Altschneefelder liegen, steigen Sie am besten zentral in der Rinne im Schnee auf und queren erst relativ spät nach links zum Col.

↬ Sie haben die Möglichkeit, vom Col de Bresson etwa 700 m nach Nordosten zum **Lac de Presset** zu gehen und dort im **Refuge du Presset** zu übernachten.

Refuge de Presset (FFCAM), Charlotte Belledent und Jean Philippe Gault, +33/(0)6 87/54 09 18, refugedepresset.ffcam.fr, Anfang Juni bis 1. Oktober (sonst als Schutzraum zugänglich), 30 Plätze in Sechsbettzimmern, bewirtschaftet, Ü € 26,

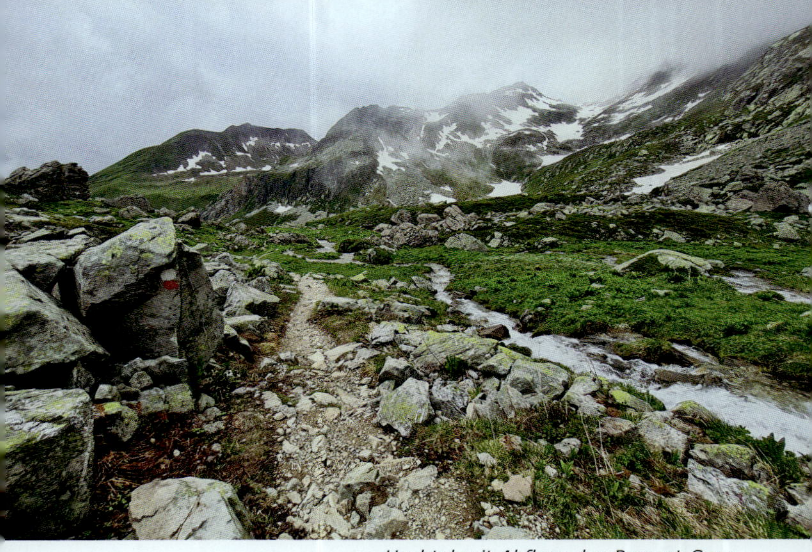

Hochtal mit Abfluss des Presset-Sees

Sie folgen nicht dem Wegweiser zum Refuge de Presset, sondern gehen in Serpentinen nach Osten in ein Tal herunter, in dem sich der Ablauf vom Lac de Presset befindet. Im Frühsommer ist dieses Tal noch mit Altschneefeldern bedeckt. In diesem Fall steigen Sie in gerader Linie vom Col de Bresson aus in das Tal ab. Sobald Sie das Tal erreicht haben, queren Sie den Bach und steigen linksseitig weiter ab.

Hier befinden Sie sich in einem herrlichen, dramatischen Hochtal mit der lang auslaufenden Pointe de Gargan auf der linken Seite und einer schroffen Gebirgskette zwischen Pointe de Presset und Pointe de la Portette auf der rechten Seite.

Mit etwas Geduld lassen sich in der Nähe der Ruine la Motasse flache Stellen auf der Bergwiese in Nähe des Bachlaufs finden, die sich für einen herrlichen Wildcamping-Platz eignen.

Unter dem Abbruch der Pointe de Gargan mündet der Bach in den Ormente. Hier führt der GR 5 in einem Linksbogen nach Osten und zum **Refuge de la Balme-Tarentaise ⑥**.

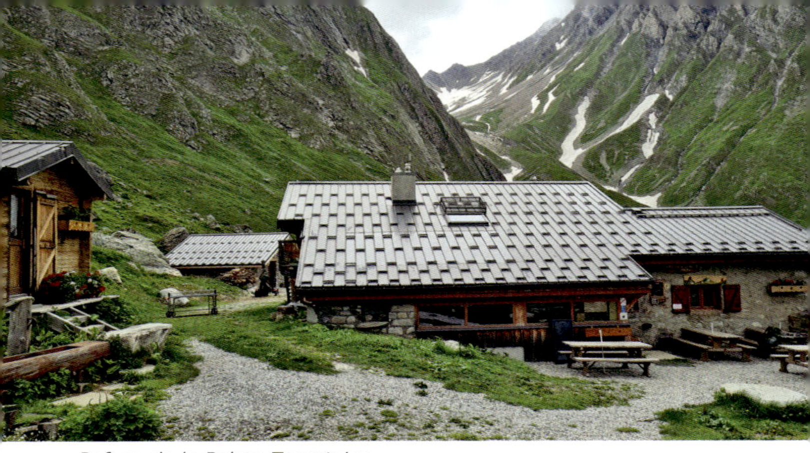

Refuge de la Balme-Tarentaise

Refuge de La Balme-Tarentaise, direkt am Weg, +33/(0)6 84/35 07 41, refugelabalme.tarentaise@gmail.com, www.refuge-balme-tarentaise.fr, 15. Juni bis 15. September ganztägig (sonst als Schutzraum zugänglich), 28 Plätze, Restaurant, Ü € 17,50, F € 9, HP € 45, € 10,

Hinter dem Refuge geht es auf einem Fahrweg in gemütlichen Serpentinen nördlich in ein Tal hinab, das vom Col de la Nova herunterzieht. In diesem Tal knickt der GR 5 nach Süden ab und verläuft durchgehend am linken Ufer des Ormente. Der GR 5 trifft nun auf einen Bewässerungskanal. An diesem geht es linksseitig weiter hinunter in das Tal.

Bei einigen Staustufen verlassen Sie den Fahrweg und gehen links weiter über den ausgeschilderten Pfad an ein paar Almen vorbei. Nach einiger Zeit werden die Chalets von Les Fours ❼ erreicht. Kurz danach beginnt ein befahrbarer Schotterweg, der nach **Valezan** führt. Diesen kürzen Sie über Pfade stark ab, bis Sie das Dorf erreichen.

Hôtel-Restaurant & Gîte d'étape Auberge Le Valezan, Chef lieu, 300 m vom Weg entfernt, +33/(0)4 79/07 22 13, +33/(0)6 60/16 93 11, le@valezan.fr, www.valezan.fr, Gîte d'étape nur während der französischen Sommerferien Anfang Juli bis Anfang September, Hotel-Restaurant ganzjährig bewirtschaftet, Übernachtung im Schlafsaal oder Hotelzimmer, Ü ab € 27, F € 8, HP ab € 50, Mittag- und Abendessen auch à la carte, Küche zur Selbstverpflegung, @, € 10, , Kartenzahlung möglich

10. Etappe: Valezan – Refuge de Rosuel

17,3 km, 5 Std. 50 Min., ↑ 952 m, ↓ 605 m, ⇧ 713-1.556 m

0,0 km	⇧ 1.196 m	Valezan
2,7 km	⇧ 784 m	Bellentre
5,6 km	⇧ 735 m	Landry
11,0 km	⇧ 1.313 m	Peisey Village/Plan Peisey BANK
17,3 km	⇧ 1.556 m	Refuge de Rosuel

Nach dem Abstieg zu Beginn erreichen Sie heute in Landry den Bereich des Vanoise-Massivs. Sie folgen der Isère, dann dem Ponturin mit etwas Steigung und gelangen bis kurz vor die Grenze des Nationalparks Vanoise.

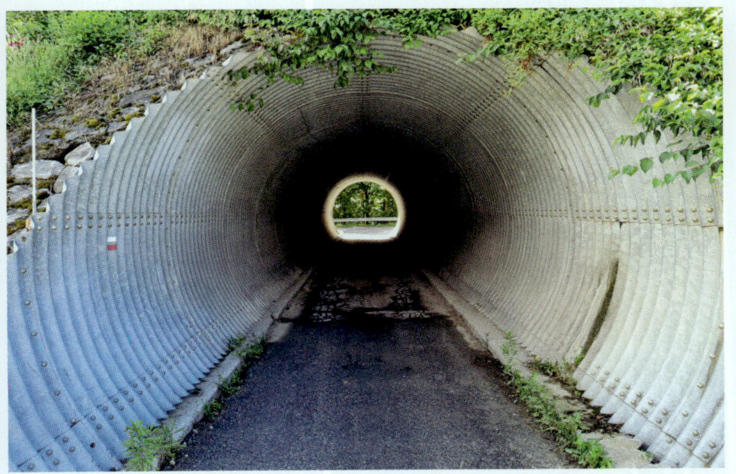

Tunnel in Bellentre

Durch Valezan hindurch, zahlreiche Kehren der asphaltierten Straße abkürzend, gehen Sie in das Isère-Tal hinab. Sie passieren Le Rocheray und Le Crey, bis Sie schließlich nach 2,8 km **Bellentre ❶**, eine kleine, an der Isère gelegene Ortschaft, erreichen.

Sie gehen durch den Ort, bei der Kirche rechts und werden durch einen Tunnel unter der Nationalstraße N90 gelotst. Danach gehen Sie rechts weiter auf der D86B, bis sie auf einem leicht zu übersehenden Trampelpfad gekürzt wird und Sie die Isère überqueren.

Eine Alternative zur Vermeidung des Weges neben der Landstraße umgeht Landry. Sie führt hinter der Isère-Brücke in Bellentre geradeaus südlich weiter nach **Montchavin** und trifft hinter **Preisey-Nancroix** wieder auf die Hauptroute des GR 5.

Direkt hinter der Isère-Brücke in Bellentre knickt die D220 links ab und verläuft auf dem Uferweg bis nach Landry, das nach ungefähr 5,6 km erreicht wird. Bei einer Brücke geht es an einem Campingplatz vorbei neben der D87 in den Ort ❷. Hier verlassen Sie die Mont-Blanc-Gruppe und erreichen das **Vanoise-Massiv**, von dem Sie nun bereits erste Eindrücke erhalten.

Landry

Hôtel L'Alpin, Chemin de l'Ancienne Mairie, 250 m vom Weg entfernt, +33/(0)4 79/55 33 00, contact@hotel-lalpin.com, www.hotel-lalpin.com, ganzjährig ganztägig geöffnet, 15 Zimmer, Ü ab € 70, F € 12, HP ab € 107, Bar, Restaurant, Spa, @

Camping Eden de la Vanoise, Avenue de la Gare, direkt am Weg, am Flussufer, +33/(0)4 79/07 61 81, campingleden@gmail.com, www.camping-eden-savoie.com, Mitte Dezember bis Mitte September, Stellplatz für zwei Personen ab € 27, überdachter Pool, , @ € 5/Tag, Bar/Kiosk, € 6

Regionalzüge mehrmals täglich nach Bourg-Saint-Maurice, Chambéry und Lyon, Schnellzug nach Paris, www.sncf.com

Landry ist ein wichtiger Verkehrsknotenpunkt und liegt an der Bahnstrecke Saint-Pierre-d'Albigny – Bourg-Saint-Maurice mir Fernverbindungen nach Lyon und Paris. Es ist zwar ein eher kleines Dorf, bietet aber vor allem wegen seiner Bedeutung für den Wintersport eine gewisse touristische Infrastruktur und ist auch ein Industriestandort.

In Landry folgen Sie ohne Markierungen der D87, die nach Südosten in die Berge führt. Nach einer Brücke kommt ein Wegweiser und lotst Sie über kleine Straßen und Waldwege. Mehrere Kehren der Bundesstraße werden so vom GR 5 abgekürzt.

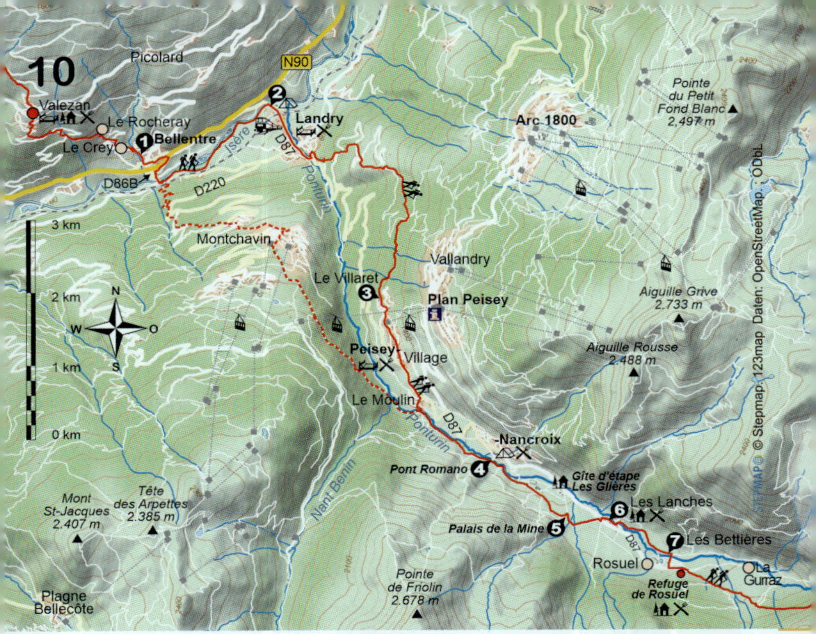

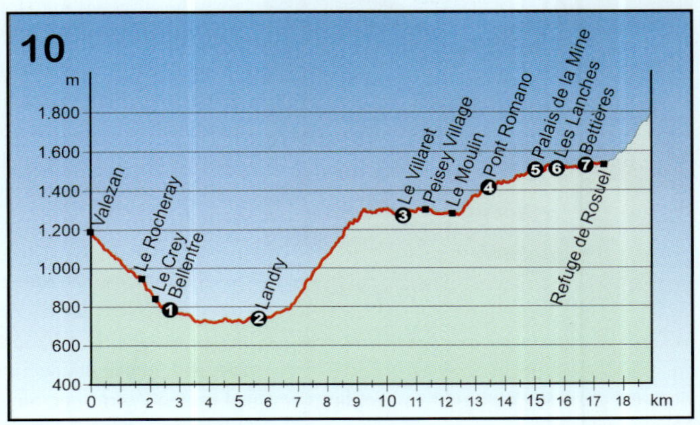

Nun wandern Sie abseits des Skitourismus-Trubels durch das **Skigebiet Val d'Isère**. Nach 4,5 km wird der Weiler **Le Villaret ❸** erreicht, der zu **Peisey-Nancroix** gehört. Sie folgen der Dorfstraße weiter bis **Peisey Village**.

Peisey Village/Plan Peisey

Office de Tourisme, Chalet T9, +33/(0)4 79/07 94 28, www.peisey-vallandry.com, Mo-Fr 9:00-12:00 und 14:00-17:30, am Wochenende 9:00-12:00 und 14:00-19:30

Hôtel Chalet La Tarine, Rue des Monts d'Argent, +33/(0)4 79/07 93 09, infos@latarine.com, www.latarine.com, direkt am GR 5, ganzjährig ganztägig, Ü ab € 42, F € 10, HP ab € 72, @,

Peisey-Nancroix

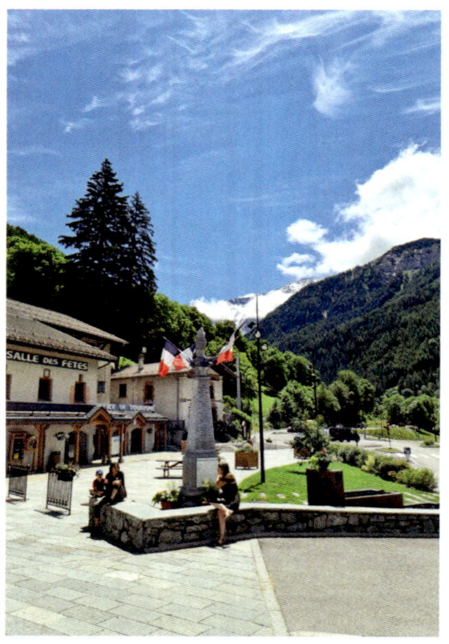

Die Gemeinde **Peisey-Nancroix** besteht aus dem tiefergelegenen **Peisey Village**, dem zwei Kilometer entfernten höher gelegenen ☞ **Nancroix** und einigen umliegenden Weilern und ist ein bedeutender Bergsportort mitten im **Skigebiet Val d'Isère**. Dennoch hat es sich seinen hübschen dörflichen Charakter weitestgehend bewahrt. Das größte touristische Angebot mit Hotels und Geschäften befindet sich hier in Peisey Village sowie dem darüber gelegenen **Plan Peisey** (kurze Fahrt mit dem Stehlift Lonzagne oder 500 m Fußweg), ist aber auch auf die umliegenden Weiler verteilt.

Sie wandern ein kurzes Stück auf der D87 weiter bis zum Weiler Le Moulin. Das **Vanoise-Massiv** ist derweil immer mehr ins Blickfeld gerückt. Jetzt geht es allerdings erst mal in den Wald ohne Sicht. In Le Moulin gehen Sie zum Ponturin hinunter und überqueren diesen. Auf der linken Flussseite geht es weiter zur Pont Romano ❹. Auf der anderen Flussseite liegt **Nancroix**. Der höher gelegene Teil der Gemeinde **Peisey-Nancroix** verfügt über ein paar Unterkünfte und Restaurants.

Nancroix

Camping Les Lanchettes, Route de Bovereche, direkt am Weg, +33/(0)479/07 93 07, camping.lanchettes@gmail.com, www.campinglanchettes.com, Ende Mai bis Ende September ganztägig, direkt am Fluss, etwa 500 hinter Nancroix, Stellplatz ab € 18,50, Bar, Restaurant, Shop, , , , @, Kartenzahlung möglich

Der GR 5 verläuft weiterhin linksseitig des Ponturin, bis nach einem weiteren Kilometer ein Weg nach links zu einer kleinen Siedlung abzweigt, wo sich eine Unterkunftsmöglichkeit befindet..

Gîte d'étape Les Glières, 350 m abseits des Weges, +33/(0)4 79/07 99 82, ganzjährig, 30 Plätze, unbewirtschaftet, Gemeinschaftsküche, Ü ab € 16, Kartenzahlung möglich

Weiter führt der GR 5 auf einer Forststraße zu einer alten Mine namens Palais de la Mine ❺ (in Verbindung mit dieser Mine wurde eine Bergbauschule von Napoleon I. gegründet). Kurz dahinter knickt die Forststraße rechts ab und führt nach **Les Lanches** ❻, wo es eine Wanderherberge gibt.

Le P'tit Refuge, Béatrice Giachino, 50 m vom Weg entfernt, +33/(0)4 79/07 97 16, +33/(0)7 71/01 87 47, www.ptitrefugerosuel.fr, 8 Plätze im Zweibettzimmer, kleines Restaurant, aktuelle Öffnungszeiten erfragen, Ü € 25, F € 10, HP € 53, € 10,

Ab hier verlassen Sie den Wald wieder und können somit ab jetzt den freien Blick auf das **Vanoise-Massiv** genießen, dem Sie schon bedeutend nähergekommen sind!

Kurz wandern Sie auf der D87, dann gehen Sie links an einer Eselfarm vorbei durch den Ort. Sie überqueren den Ponturin und auf der rechten Flussseite geht es auf einer Nebenstraße weiter nach **Les Bettières** ❼. Hier überqueren Sie den Ponturin erneut und wandern neben der D87 Richtung Refuge de Rosuel.

Refuge de Rosuel, Beatrice Grelaud und Céline Bidegain, direkt am Weg, +33/(0)6 35/38 67 51, refuge.rosuel@vanoise-parcnational.fr, refuge-rosuel.vanoise.com, Anfang Juni bis Ende September ganztägig, 50 Plätze in Sechs- bis Zehnbettzimmern, bewirtschaftet, , Restaurant, Ü ab € 17,50, F € 8,50, HP € 45, € 9,50, , Kartenzahlung möglich

11. Etappe: Refuge de Rosuel – Val-d'Isère

23,3 km, 8 Std. 25 Min., ↑ 1.382 m, ↓ 1.063 m, ⇧ 1.553-2.652 m

0,0 km	⇧ 1.556 m	Refuge de Rosuel
4,1 km	⇧ 2.092 m	Plan de la Plagne
6,5 km	⇧ 2.252 m	Plan de la Grassaz
9,3 km	⇧ 2.512 m	Lac du Grattaleu
9,9 km	⇧ 2.581 m	Refuge du Col du Palet
10,3 km	⇧ 2.652 m	Col du Palet
14,4 km	⇧ 2.084 m	Tignes BANK
16,7 km	⇧ 2.252 m	Pas de la Tovière
23,3 km	⇧ 1.825 m	Val-d'Isère BANK

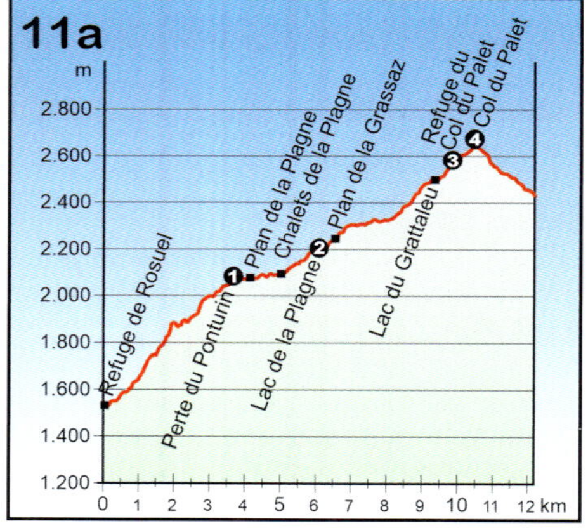

*Heute wandern Sie in den Nationalpark Vanoise und an mehreren Seen vorbei durch die großartige hochalpine Welt des Nationalparks bis zum Col du Palet. Schließlich steigen Sie durchs Skigebiet nach Tignes ab und wandern weiter nach Val-d'Isère. Wer eine kürzere Etappe machen möchte, kann am Refuge de Rosuel hoch über Tignes einen Zwischenstopp einlegen – oder in Tignes eines der teuren Hotels wählen. Sehr empfehlenswert ist es, ab Tignes statt der nachfolgenden beiden Etappen die schöne Variante über den GR 55 zu wählen, die außerdem einen Tag spart (**☞ S. 109**).*

Am Parkplatz des **Refuge de Rosuel** wählen Sie den kleinen, leicht ansteigenden Pfad, nicht den geradeaus führenden, befestigten Weg zu den Chalets von Gurraz.

Sie gehen erst über Almwiesen mit Büschen, später durch einen Lärchenwald hinauf auf rund 2.000 m Höhe. Auf der gegenüberliegenden Talseite stürzt der Wasserfall von Gurraz in die Tiefe, den Sie von einer Aussichtsplattform bewundern können.

In südsüdöstlicher Richtung führt der GR 5 auf der steilen Ostflanke des Aliet weiter in das wunderschöne Ponturin-Tal hinauf.

Ϫ Beim Chalet de derrière la Rèbe mit einem Wasserlauf besteht vorerst die letzte Möglichkeit für ein schönes Wildamping-Lager, da es innerhalb der Nationalparkgrenze verboten ist. Wegen des Heeres an Tagestouristinnen und Tagestouristen vom Parkplatz beim Refuge de Rosuel ist das allerdings erst bei Dämmerung möglich.

An der Quelle **Perte du Ponturin** ❶ auf ungefähr 2.090 m Höhe überqueren Sie den Fluss. Kurz danach, bei grünen, von eiszeitlichen Gletscheraktivitäten glatt geschliffenen Felsen, zweigt der GR 5 links ab. Im folgenden Hochplateau **Plan de la Plagne** führt der GR 5 auf der rechten Bachseite des Ponturin direkt an der Grenze des **Parc National de la Vanoise** entlang, die gelegentlich mit der französischen Flagge markiert ist. Sie gehen weiter Richtung Südosten, vorbei an den Chalets du Berthold und zu den Chalets de la Plagne.

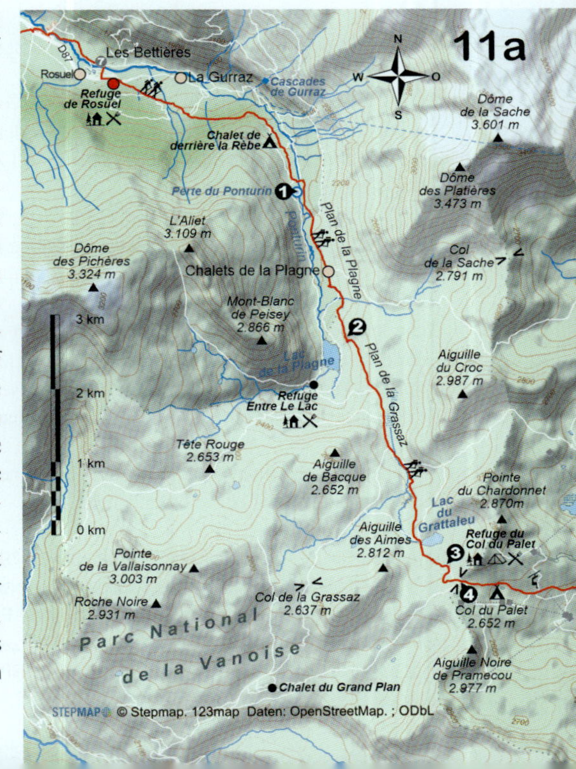

Hinter den Chalets de la Plagne steigt der GR 5 bis auf rund 2.300 m Höhe in die Hochebene **Plan de la Grassaz** an. Auf dem Weg in diese Hochebene können Sie den rechts im Tal liegenden **Lac de la Plagne ❷**, aus dem der Ponturin entspringt, schön überblicken. Hier gelangen Sie in den **Nationalpark Vanoise**.

Am Ende der Hochebene zweigt nach rechts ein Weg ab, während der GR 5 weiter nach Süden führt. Auf diesem Abzweig können Sie in etwa 1,5 km zum **Refuge Entre Le Lac** aufsteigen.

Refuge Entre Le Lac, Franck Chenal, ☎ +33/(0)4 79/04 20 44, +33/(0)6 14/11 54 65, refugeentrelelac@gmail.com, refugeentrelelac.wixsite.com/savoie, Mitte Juni bis Mitte September ganztägig, 40 Plätze, bewirtschaftet, Restaurant, € 3

Der GR 5 folgt dem Bach, der an der östlichen Spitze des **Lac du Grattaleu** entspringt.

☺ Auf dem Weg zu diesem See tummeln sich in der Hochebene zahlreiche Murmeltiere. Es lohnt also, sich auf diesem Teilstück viel Zeit zu lassen, um diese possierlichen Tiere zu beobachten.

Vom See aus ist das über dem See gelegene **Refuge du Col du Palet** bereits sichtbar.

Wenn im Frühsommer ausgedehnte Schneefelder den GR 5 und den See gänzlich verdecken, ist es besser, sich gleich links zu orientieren. Hierzu müssen Sie bereits an der Verengung des Hochtals links auf die Bergflanken zustreben und das oben erkennbare Plateau unterhalb der Pointe du Chardonnet links ansteuern.

In einem Linksbogen gehen Sie die letzten Höhenmeter in Serpentinen steil hinauf, bis Sie schließlich die Hütte erreichen ❸.

Refuge du Col du Palet, direkt am Weg, ☎ +33/(0)4 79/07 91 47, +33/(0)6 36/30 92 57, refuge.coldupalet@vanoise-parcnational.fr, refuge-coldupalet.vanoise.com, Anfang Juni bis Ende September ganztägig (sonst als Schutzraum geöffnet), bewirtschaftet, 47 Plätze im Schlafsaal, Restaurant, , Zeltstellplatz € 5, Ü € 17,50, F € 10, HP € 47, HP mit Zelt € 35, Abendessen € 20, € 10,50,

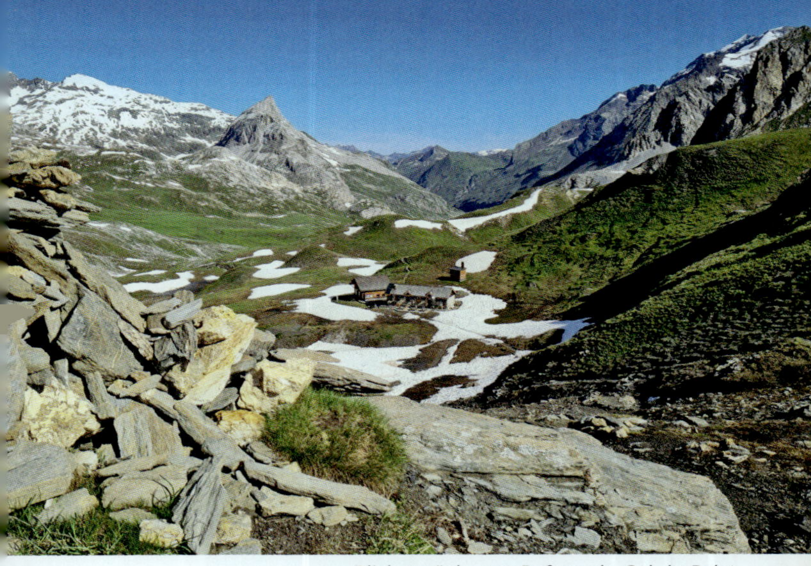

Blick zurück zum Refuge du Col du Palet

Vom Refuge aus führt der GR 5 steil nach Osten zum **Col du Palet** (⇧ 2.652 m) ❹ hinauf. Dies ist der dritthöchste Punkt auf der GTA und bietet tolle Ausblicke zurück über das Ponturin-Tal und nach vorn über den Talkessel oberhalb des Isère-Tals und seine umringenden Gipfel.

⛺ Der kleine See hinter dem Col du Palet bietet sich für ein schönes Wildcamping-Lager an, da Sie wieder außerhalb der Nationalparkgrenze sind. Es gibt allerdings keinen Wasserlauf. Wegen der vielen Tagestouristinnen und Tagestouristen erst bei Dämmerung aufsuchen.

Hinter dem Col du Palet haben Sie die Nationalparkzone vorerst wieder verlassen und gehen in Richtung Osten abwärts. Bereits nach kurzer Wegstrecke sind die ersten Skianlagen (Sessellift von Grattaleu) des **Skigebietes Espace Killy** sichtbar. Sie ignorieren die Skelette der Anlagen etwas und fokussieren sich auf die Schönheit des Talkessels.

Unter den Liftanlagen hindurch gehen Sie, vorbei am **Kreuz von Lognan**, in das Tal und Richtung Tignes. Die letzten Höhenmeter zu dieser Retortenstadt geht es ziemlich steil in Serpentinen hinunter.

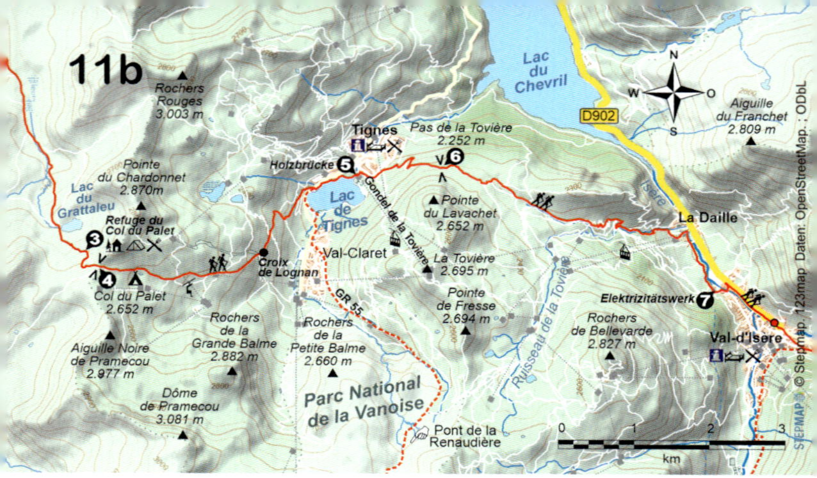

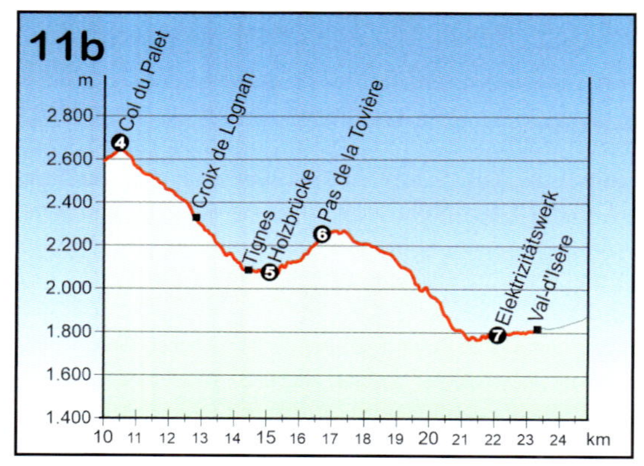

Tignes

Office de Tourisme, Place des Drapeaux, ☏ +33/(0)4 79/40 04 40, www.tignes.net, täglich 8:30-19:00

Langley Hotel Tignes, Rue de la Poste, 300 m vom Weg entfernt, ☏ +33/(0)4 79/06 54 58, tignes.2100@langley.eu, www.langleyhotels.eu, Ende Juni bis Ende August ganztägig, Ü ab € 99, F € 9, Restaurant, Bar, Spa,

Linie S83 mehrmals täglich nach Bourg-Saint-Maurice, www.cars-region-savoie.fr

Tignes ist eine Retortenstadt par excellence und gehört zum **Skigebiet Espace Killy**. Sie besteht aus mehreren Ortsteilen am kleinen Lac de Tignes, an dem der GR 5 entlangführt, und weiteren Ortsteilen am einige Kilometer entfernten großen Lac du Chevril. Tignes, vor allem ein luxuriöser Wintersportort in hochalpiner Lage auf über 2.000 m, bietet auch im Sommer ordentlich Trubel und eine gute Infrastruktur mit eher teuren Hotels. Das Zentrum mit Geschäften befindet sich im Ortsteil **Tignes Le Lac**, direkt am GR 5.

Eine sehr beliebte und empfehlenswerte Variante (18,2 km) bietet sich, wenn Sie den Abschnitt **Tignes – Pont de la Renaudière** nicht auf dem GR 5, sondern auf dem **GR 55** wandern. Dazu folgen Sie nicht dem Nordufer des **Lac de Tignes**, sondern gehen am Westufer entlang und dann ein kurzes Stück südlich auf der Straße nach **Val Claret**. Der GR 55 meidet das Isère-Tal und das Arc-Tal, durch die Landstraßen führen, und verläuft einsamer und wesentlich kürzer von Tignes südwärts über den **Col de la Leisse** (2.767 m). Dann geht es an zahlreichen Bergseen vorbei das Leisse-Tal hinab zum **Refuge de la Leisse** (Mitte Juni bis Mitte September, bewirtschaftet, sonst als Schutzraum geöffnet), das nach 11 km erreicht wird. Sie wandern weiter das Leisse-Tal hinab bis zum Grande Casse (3.855 m), dem höchsten Berg des Vanoise-Massivs, wo Sie den GR 55 verlassen. Sie folgen ein kurzes Stück der **Via Alpina** weiter nach Süden, bis Sie nach 6,4 km das **Refuge d'entre Deux Eaux** erreichen (Anfang Juni bis Ende September, bewirtschaftet). Nach weiteren knapp 2 km und Überquerung der **Rocheure** über die Brücke **Pont de la Renaudière** gelangen Sie wieder zum GR 5 (☞ S. 124). Die Variante nimmt eine Tagesetappe in Anspruch und spart so einen Tag.

Der GR 5 führt direkt am nördlichen Ufer des **Lac de Tignes** entlang. Der Ablauf des Sees wird auf einer Holzbrücke ❺ überschritten. Der GR 5 orientiert sich in Richtung Talstation der Gondel de la Tovière. Weiter gehen Sie auf der Flanke der Pointe du Lavachet nach Osten hinauf zum **Pas de la Tovière** (⇧ 2.252 m) ❻. Gelegentlich bieten sich Blicke über die Talsperre Barrage de Tignes.

Der GR 5 steigt rund 150 Hm ab in das Tovière-Tal. Dann überqueren Sie erst den Bach und später Skipisten. Auf einem befestigten Weg führt der GR 5 unter bereits von Weitem sichtbaren Hochspannungsleitungen hindurch. Dann gehen Sie erst in eine Senke hinunter und dann wieder aus dem kleinen Zwischental hinaus. Schließlich wandern Sie teilweise recht steil auf einem Waldweg hinunter in das im Tal gelegene La Daille und ans Ufer der Isère.

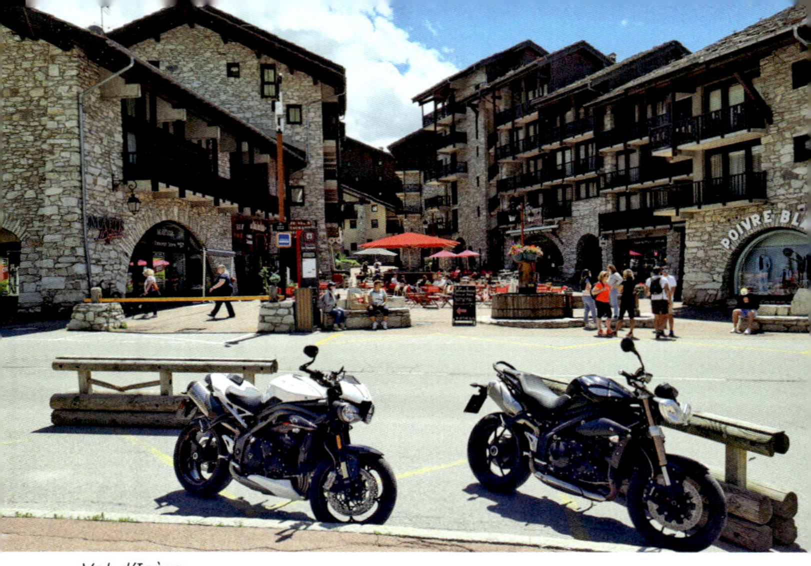

Val-d'Isère

Unten angekommen gehen Sie orografisch linksseitig der Isère weiter und an der Talstation der Drahtseilbahn vorbei. Einen knappen Kilometer später erreichen Sie die ersten Häuser von Val-d'Isère und gehen an dem zur Ortschaft gehörenden Elektrizitätswerk ❼ vorbei. Kurz danach gehen Sie über die Isère und auf der D902 weiter in den Ort.

Val-d'Isère

Office de Tourisme, Place Jacques Mouflier, ☏ +33/(0)4 79/06 06 60, www.valdisere.com, täglich 8:30-19:00

Auberge St Hubert, Avenue Olympique, direkt am Weg, ☏ + 33/(0)4 79/06 06 45, auberge-st-hubert@wanadoo.fr, www.auberge-sthubert.com, ganzjährig ganztägig, Restaurant, Ü ab € 96, F € 18, @, Kartenzahlung möglich

Camping Les Richardes, Le Laisinant, direkt am Weg, ☏ +33/(0)6 95/36 20 40, campinglesrichardes@free.fr, campinglesrichardes.free.fr, Mitte Juni bis Mitte September, einfacher Campingplatz außerhalb des Orts direkt am Flussufer, Stellplatz für zwei Personen ab € 13,40, € 1

Linie S82 mehrmals täglich nach Bourg-Saint-Maurice, www.cars-region-savoie.fr

♦ privater Busservice zu diversen Zielen, nähere Infos in der Touristinformation

Am Talschluss der Isère gelegen bildet das ehemals kleine Dorf mit seinen umliegenden Weilern zusammen mit ☞ Tignes heute das luxuriöse **Skigebiet Espace Killy**. Entsprechend wurde es im amerikanischen Alpinprotz-Stil rund um den alten Dorfkern weit auslaufend aufgebläht. Es gibt ein breites touristisches Angebot, vor allem entlang der boulevardartig angelegten **Avenue Olympique** mit vielen Geschäften und eher teuren Hotels.

12. Etappe: Val-d'Isère – Bessans

22,7 km, 8 Std. 15 Min., ↑ 1.360 m, ↓ 1.483 m, ⇧ 1.702-2.764 m

0,0 km	⇧ 1.825 m	Val-d'Isère BANK
7,0 km	⇧ 2.764 m	Col de l'Iseran
22,7 km	⇧ 1.702 m	Bessans

Auf der heutigen anstrengenden und langen Etappe erklimmen Sie den höchsten Punkt der GTA, den Col de l'Iseran. Dann gehen Sie an der Grenze des Nationalparks Vanoise entlang und hoch über dem Arc-Tal weiter durch die Steilflanke, bis Sie nach Bessans absteigen. Eine kürzere Etappe lässt sich durch Wahl der GR-5-Variante nach Bonneval-sur-Arc und einem Zwischenstopp dort gestalten.

↳ Eine Variante des GR 5 folgt dem Flusslauf des Calabourdane nach Süden aus Val d'Isère hinaus zum **Refuge du Fond des Fours** hinauf und weiter über den **Col des Fours** (2.974 m). Der Abstieg erfolgt entlang des Gletschers Ancien Glacier de la Jave zur **Pont de la Neige**, wo die Hauptroute wieder erreicht wird. Somit vermeiden Sie die Landstraße D902, erreichen einen noch höheren Punkt als den höchsten Punkt auf der regulären GTA und besuchen einen Gletscher. Diese Hochtour ist allerdings nur bei wenig Schnee und für geübte Bergsteigerinnen und Bergsteiger zu empfehlen.

In der Ortsmitte, nach einem Kreisverkehr, verlassen Sie die D902 und folgen dem Weg an der Eglise Saint Bernard de Menthon vorbei aus dem Ort hinaus nach Laisinant. Von dort führt der GR 5 über einen steilen Waldpfad neben und über eine Skipiste. Er schlängelt sich nach rechts (Südosten) in Serpentinen rund 550 Hm hinauf aus dem Wald hinaus.

Nun trifft die Route auf die D902. Sie kreuzen die Bundesstraße und steigen im Iseran-Tal auf der orografisch linken Bachseite weiter entlang von Skipisten auf. Sie überqueren den Bach über eine Holzbrücke und bleiben im weiteren Verlauf auf der anderen Seite. Schließlich queren Sie den Iseran nochmals, kurz bevor Sie wieder auf die Straße stoßen.

Rund 250 Hm später kreuzt der GR 5 erneut die D902 und kürzt sie danach in einigen Serpentinen ab. Nach 5,8 schweißtreibenden Kilometern haben Sie die gut 900 Hm bewältigt und den höchsten Punkt der GTA, den **Col de l'Iseran** (⇧ 2.764 m) ❶, erreicht. Die fantastische Aussicht auf weite Teile des **Vanoise-Massivs** müssen Sie sich allerdings mit den Massen an Touristinnen und Touristen teilen, die mit Autos oder Motorrädern anreisen.

Restaurant/Bar/Imbiss/Souvenirladen L'Échoppe de l'Iséran, ☏ +33/(0)4 79/06 00 05, täglich 8:00-18:30

Ab hier durchschreiten Sie wieder ein Stück des **Nationalparks Vanoise**.

Auf der Passhöhe biegt der GR 5 hinter dem großen Hinweisschild aus Stein nach rechts und gleich wieder nach links an einem Steinturm vorbei Richtung Südwesten auf einen Pfad ab. Nach einem steilen Abstieg von rund 250 Hm parallel zur Straße erreichen Sie nach 1 km an einem Parkplatz die **Pont de la Neige** ❷, über welche die D902 führt.

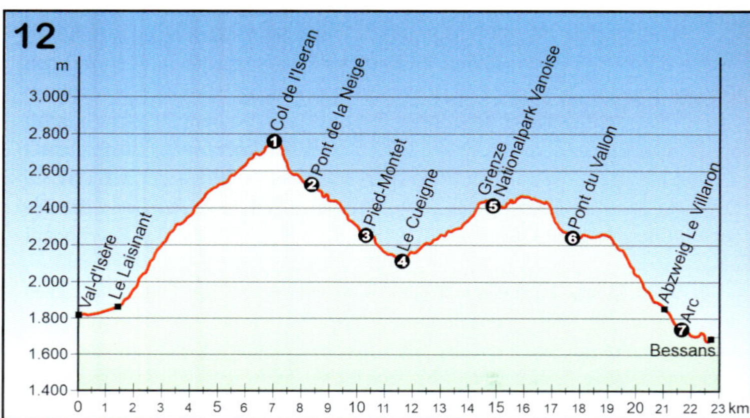

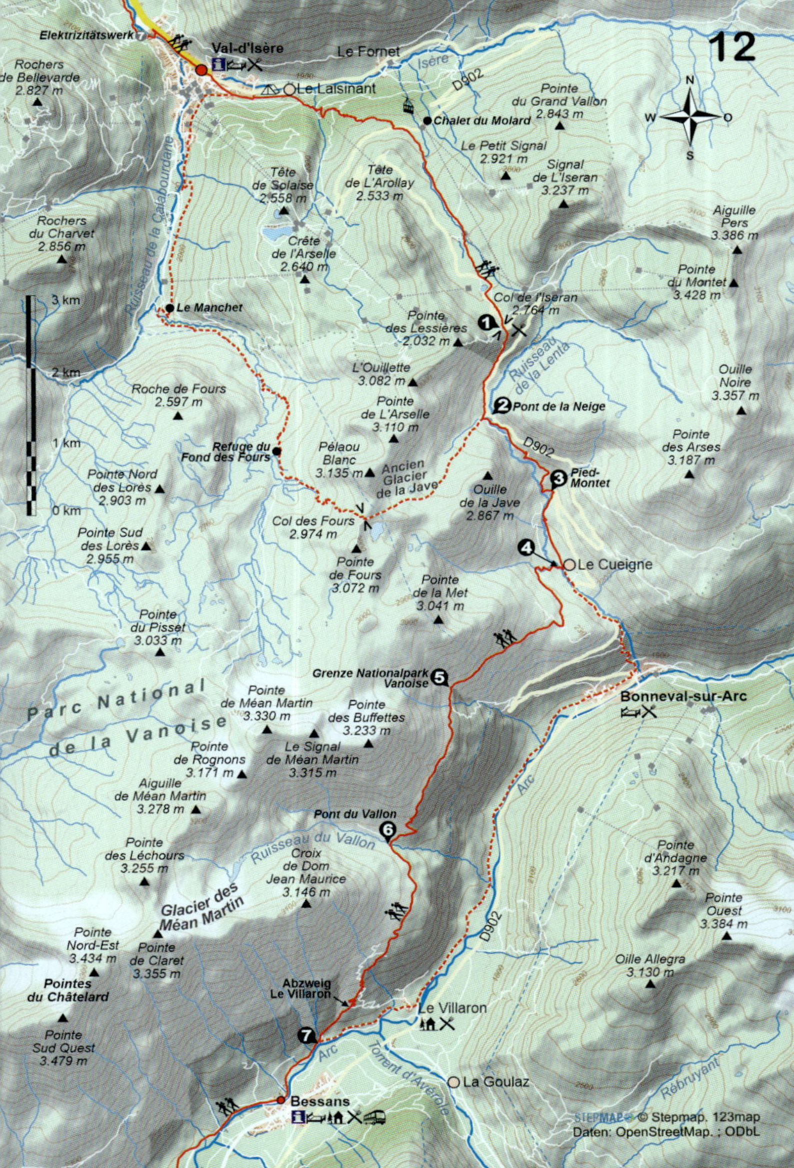

Elektrizitätswerk
Val-d'Isère
Le Fornet
Isère
Rochers de Bellevarde 2.827 m
Le Laisinant
D902
Pointe du Grand Vallon 2.843 m
Chalet du Molard
Le Petit Signal 2.921 m
Signal de L'Iseran 3.237 m
Tête de Solaise 2.558 m
Tête de L'Arollay 2.533 m
Rochers du Charvet 2.856 m
Crête de l'Arselle 2.640 m
Aiguille Pers 3.386 m
Pointe du Montet 3.428 m
Ruisseau de la Calabourdane
3 km
Le Manchet
Col de l'Iseran 2.764 m
Pointe des Lessières 2.032 m
1
Ruisseau de la Lenta
2 km
L'Ouillette 3.082 m
Ouille Noire 3.357 m
Roche de Fours 2.597 m
Pointe de L'Arselle 3.110 m
2 Pont de la Neige
1 km
Refuge du Fond des Fours
Pélaou Blanc 3.135 m
Pointe des Arses 3.187 m
D902
Ancien Glacier de la Jave
3 Pied-Montet
Pointe Nord des Lorès 2.903 m
Ouille de la Jave 2.867 m
0 km
Col des Fours 2.974 m
Pointe Sud des Lorès 2.955 m
Pointe de Fours 3.072 m
4
Le Cueigne
Pointe de la Met 3.041 m
Pointe du Pisset 3.033 m
Grenze Nationalpark Vanoise 5
Parc National de la Vanoise
Bonneval-sur-Arc
Pointe de Méan Martin 3.330 m
Pointe des Buffettes 3.233 m
Pointe de Rognons 3.171 m
Le Signal de Méan Martin 3.315 m
Aiguille de Méan Martin 3.278 m
Arc
Pont du Vallon
6
Ruisseau du Vallon
Pointe des Léchours 3.255 m
Croix de Dom Jean Maurice 3.146 m
Pointe d'Andagne 3.217 m
Glacier des Méan Martin
Pointe Ouest 3.384 m
Pointe Nord-Est 3.434 m
Pointe de Claret 3.355 m
D902
Oille Allegra 3.130 m
Pointes du Châtelard
Abzweig Le Villaron
Le Villaron
Pointe Sud Ouest 3.479 m
7
Arc
Torrent d'Averole
La Goulaz
Rébruyant
Bessans
STEPMAP © Stepmap, 123map
Daten: OpenStreetMap. ; ODbL

Sie überqueren den Wildbach Lenta etwas südlich davon und steigen parallel zum Bachlauf in der Schlucht ab, wo Sie eine Eisenkette unterstützt.

250 Hm tiefer erreichen Sie an einer Kehre der D902 das Maison Contonnière de Pied-Montet ❸. Der GR 5 führt direkt wieder ein Stück von der Bundesstraße weg und weiter in die Schlucht der Lenta hinein.

Nun führt ein Weg in Serpentinen nach Südwesten in Nähe des Ufers der Lenta und die Bundesstraße rückt endlich etwas in die Ferne. Außerdem bietet sich Ihnen ein tolles Panorama des Glacier des Évettes und seiner Nebengletscher. Bei den Chalets von Le Cueigne ❹ zweigen Sie nach rechts ab und überqueren die Lenta auf einer Brücke.

Vor der Überschreitung des Bachs zweigt links ein Pfad ab, der als GR-5-Variante dem Bachtal hinunter etwa 2,5 km nach **Bonneval-sur-Arc** führt. Das Dorf bietet mehrere Unterkünfte und Geschäfte und wird auf der Liste der aktuell 157 schönsten Dörfer Frankreichs genannt, eine kulturtouristische staatliche Auszeichnung. Hinter Bonneval-sur-Arc trifft die Variante wieder auf die Hauptroute.

Auf dem Fahrweg hinter der Brücke geht es etwas bergauf und nach einer Linkskurve mit weniger Steigung weiter. Schließlich zweigen Sie vom Fahrweg rechts auf einen Pfad über schöne Bergwiesen ab, der bald nach links abknickt und etwas Steigung hat.

Bald erreichen Sie wieder die Grenze des **Nationalparks Vanoise** ❺, die gelegentlich mit der französischen Flagge markiert ist.

Gleich darauf zweigt ein Pfad ab, über den Sie nochmals in etwa 2,5 km das östlich im Arc-Tal gelegene **Bonneval-sur-Arc** erreichen können.

Nun verläuft der GR 5 nach Südwesten an der Nationalparkgrenze entlang auf einem balkonartigen Vorsprung durch die Steilflanke hoch über der Arc und verliert dabei allmählich an Höhe. Dieser Abschnitt ist der sehr schöne Abschluss der Etappe, die bisher von Skipisten, Bundesstraße und Verkehrsgeräuschen dominiert wurde.

Auf diesem Wegstück bieten sich tolle Ausblicke nach links in das Arc-Tal und später nach Westen auf die Wasserfälle des Vallon, dem Ablauf des Gletschers von Méan Martin.

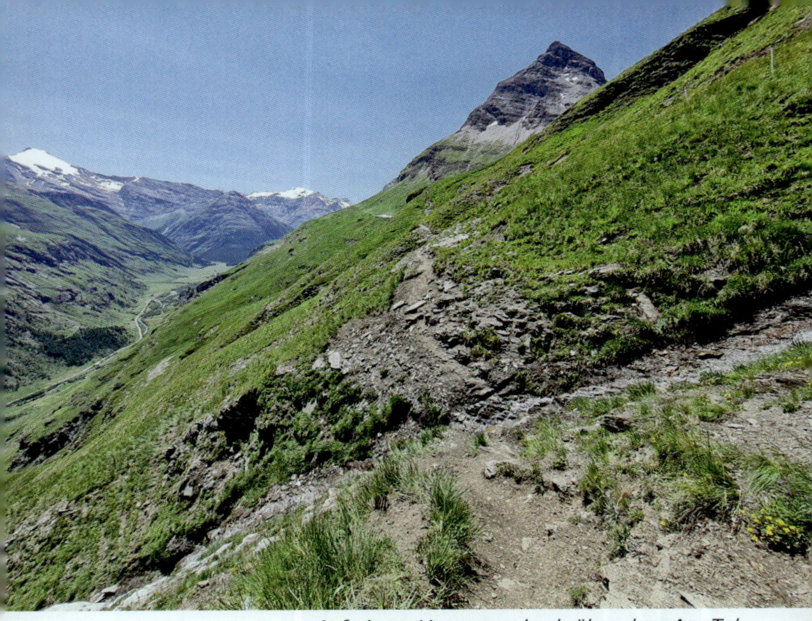

Auf einem Vorsprung hoch über dem Arc-Tal

Kurz bevor Sie an das Vallon-Ufer gelangen, stoßen Sie auf einen Fahrweg, auf dem es nun links weiter geht. Über die **Pont du Vallon** ❻ queren Sie den gleichnamigen Bergbach. Vorbei an alten Bergalmen erreichen Sie nach ungefähr 2,7 km eine Weggabelung.

An dieser Weggabelung zweigt links ein Weg in das Arc-Tal nach **Villaron** ab (1,5 km), wo Sie in einer Wanderherberge übernachten oder einkehren können.

Der GR 5 führt weiter nach Südwesten und verliert dabei immer mehr an Höhe. Der Fahrweg wird über Trampelpfade gekürzt, bis Sie die Arc ❼ erreicht haben. An deren rechtem Ufer geht es vorbei an einer Höhle bis auf die Höhe von Bessans.

Eine Brücke über die Arc führt direkt in die Ortschaft. Der GR 5 selber führt nicht nach Bessans hinein, sondern verläuft weiter am rechten Flussufer der Arc.

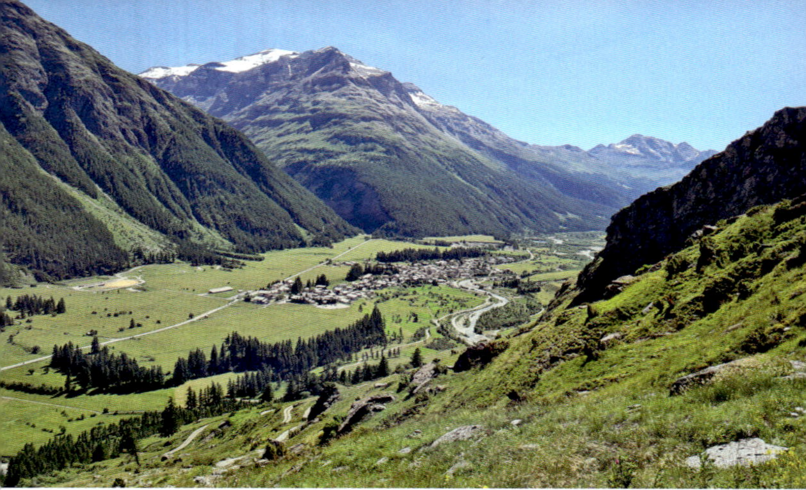

Bessans

Bessans

Office de Tourisme, Rue de la Maison Morte, ☏ +33/(0)4 79/05 96 52, www.bessans.com, täglich 9:00-12:00 und 14:00-18:30

Gîte d'étape Le Petit Bonheur, Sylvie und Bruno Bal-Fontaine, Rue des Conchettes, am nordöstlichen Ortsende an der D902, 600 m abseits des Weges, ☏ +33/(0)4 79/05 06 71, gitelepetitbonheur@orange.fr, www.lepetitbonheur-bessans.fr, Juni bis September ganztägig, 37 Plätze in Zwei- bis Siebenbettzimmern, bewirtschaftet, Restaurant, Ü ab € 26, HP ab € 50, Abendessen € 20, Mittagessen € 17, F € 9,50, € 11,50,

Camping Municipal de l'Illaz, 2 km außerhalb gelegen (dem GR 5 weiter folgen bis zum ausgeschilderten Abzweig), ☏ +33/(0)6 45/89 02 32, camping@bessans.com, www.camping-bessans.com, Anfang Juni bis Anfang September, schöner Platz am Fluss, Stellplatz für zwei Personen € 16,40, € 6, , € 6, @, Kartenzahlung möglich

Linie S53/M12 mehrmals täglich nach Modane Bahnhof und Bonneval-sur-Arc, Station beim Rathaus, www.cars-region-savoie.fr

Bessans ist zwar nur ein sehr kleines Dorf, aber aufgrund seiner Bedeutung für den Wintersport – vor allem Langlauf – wird mit ein paar Geschäften und Unterkünften eine kleine Infrastruktur geboten. An dem Place de la Mairie finden Sie Einkehrmöglichkeiten, dort kann es durchaus auch etwas belebter zugehen.

13. Etappe: Bessans – Refuge L'Auberge de Bellecombe

24 km, 8 Std. 25 Min., 1.336 m, 697 m, 1.675-2.483 m

0,0 km	1.702 m	Bessans
7,6 km	2.271 m	Refuge de Vallonbrun
13,2 km	2.170 m	Refuge du Cuchet
24,0 km	2.338 m	Refuge L'Auberge de Bellecombe

Ihnen steht aufgrund des spärlichen Beherbergungsangebots direkt am Weg nochmals eine lange Etappe bevor und es geht hauptsächlich hinauf. Am Ende wartet das Panorama der höchsten Berge des Vanoise-Massivs auf Sie. Eine kürzere Etappe lässt sich durch Abstieg ins Tal oder Übernachtung in einer unbewirtschafteten Schutzhütte (Refuge du Cuchet) realisieren – oder Sie legen einen Zwischenstopp ein und machen sich einen ganz gemütlichen Tag im Refuge de Vallonbrun, das Sie nach 7,6 km erreichen.

Sie gehen weiter am rechten Flussufer der Arc. Nach einem kurzen Wegstück trifft der GR 5 auf die D902 und verläuft durch eine Kurve auf der Bundesstraße. Noch im Scheitelpunkt der Kurve zweigt der GR 5 wieder von der Straße ab und führt nach Südwesten auf den Bach Refouderaz zu.

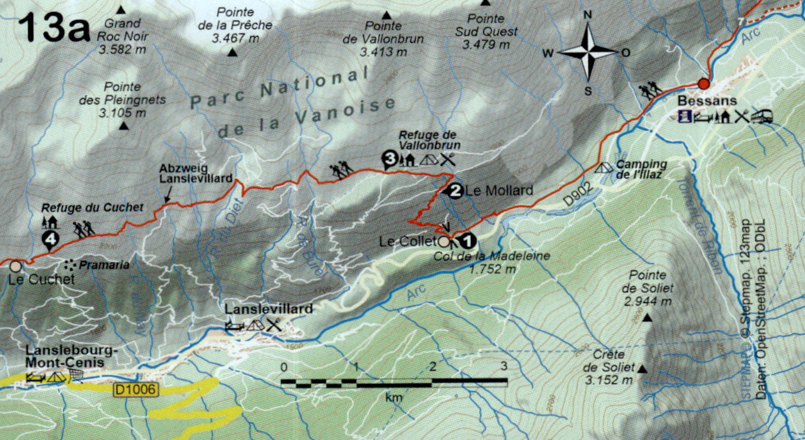

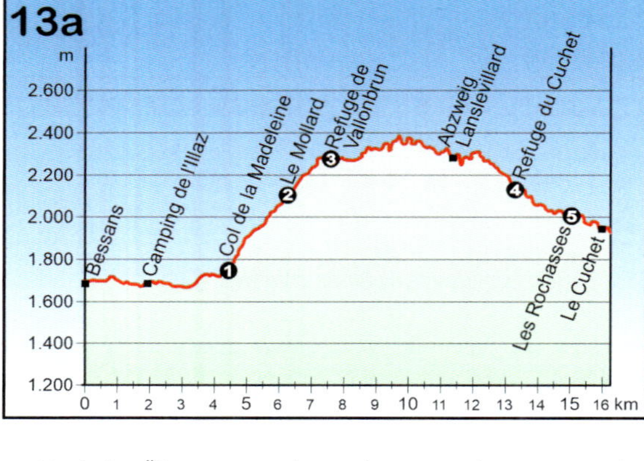

Nach der Überquerung des Baches steigt der GR 5 rund 100 Hm in Serpentinen auf den **Col de la Madelaine** (⇧ 1.752 m) ❶ und den dort auf dem Pass liegenden kleinen Ort **Le Collet** hinauf. In dieser Ortschaft zweigt der GR 5 rechts auf einen markierten Weg ab, dessen Hinweisschilder in Richtung Parc National de la Vanoise geleiten. In zahlreichen Serpentinen windet sich der GR 5 in felsigem Gelände 2 km hinauf zu den Chalets du Mollard ❷ auf ungefähr 2.130 m.

Dort oben wählen Sie an der Weggabelung den linken Weg. Auf ungefähr 2.300 m Höhe verläuft der GR 5 in einer scharfen Kurve nach Westen. Nun geht es wieder an der Grenze des **Nationalparks Vanoise** entlang (gelegentlich mit der französischen Flagge markiert). Der GR 5 kommt an den Häusern von Fesse-d'en-Haut sowie einem Kreuz vorbei und erreicht 7,6 km nach Bessans das **Refuge de Vallonbrun** ❸.

Refuge de Vallonbrun, direkt am Weg, ☏ +33/(0)4 79/05 93 93, ✉ refuge.vallonbrun@vanoise-parcnational.fr, 💻 refuge-vallonbrun.vanoise.com, Mitte Juni bis Mitte September ganztägig (sonst als Schutzraum geöffnet), 27 Plätze in Vierbettzimmern, bewirtschaftet, Restaurant mit Mittagstisch, ⛺ Zeltstellplätze € 5 pro Person, Ü € 17,50, HP € 47, für Camper € 34, Abendessen € 20, F € 10, 🍎 € 10, 🚿 € 3

Vom Refuge verläuft der GR 5 weiter nach Westen auf einem balkonartigen Vorsprung durch eine Flanke. Nach der Überquerung von zwei Gebirgsbächen trifft er auf eine befahrbare Straße.

Der GR 5 verläuft auf rund 2.300 m Höhe bleibend weiter nach Westen und knickt dabei mehrfach in kleine Seitentäler ab, die von Gebirgsbächen in die Bergflanke geschnitten wurden. Nach einiger Zeit überqueren Sie den Bach Donna und erreichen danach eine Weggabelung.

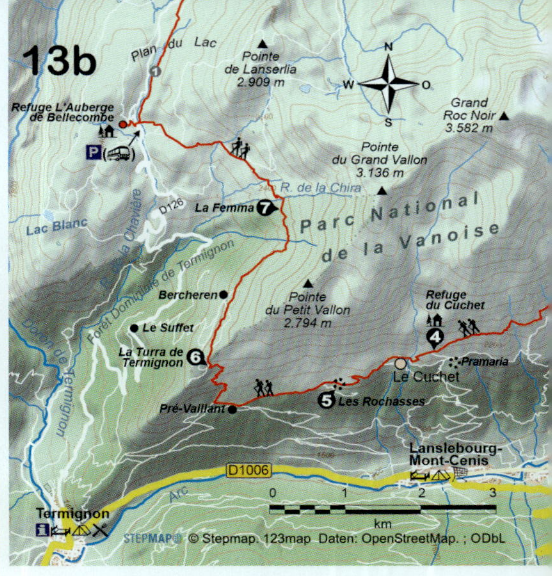

↳ An dieser Weggabelung zweigt links ein Weg in das Arc-Tal nach **Lanslevillard** ab (etwa 3,5 km).

Der GR 5 verläuft weiter auf dem Balkon nach Westen, überquert unter anderem den Bach Nay und erreicht nach 13,3 km das **Refuge du Cuchet** ❹.

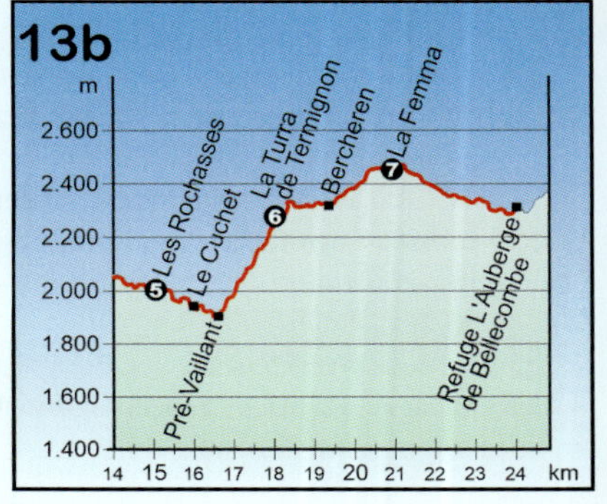

Refuge du Cuchet, direkt am Weg, ☏ +33/(0)479/62 30 54, ganzjährig als Schutzraum, 24 Plätze, unbewirtschaftet

↳ Am Refuge zweigt links ein Weg in das Arc-Tal ab, der an den Ruinen von Pramaria vorbei nach **Lanslebourg-Mont-Cenis** BANK führt (etwa 3 km). Dort gibt es Geschäfte, Restaurants, Unterkünfte und einen Campingplatz.

Kurz darauf treffen Sie wieder auf einen Fahrweg und folgen diesem.

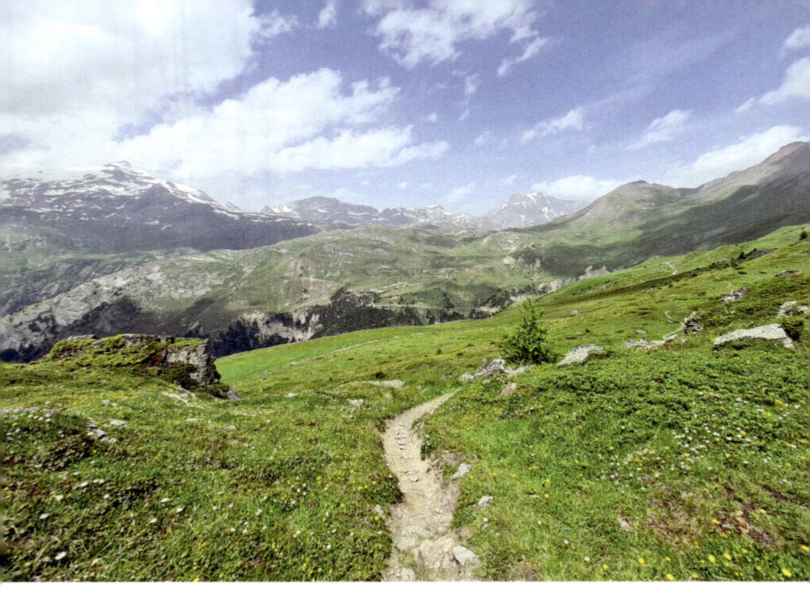

Plan Vert mit Blick auf das Vanoise-Zentralmassiv

Mittlerweile ist der **Dent Parrachée** mit ihren Gletschern ins Blickfeld gerückt, die als **Glaciers de la Vanoise** bezeichnet werden.

Der GR 5 verläuft weiter direkt auf der Grenze des Nationalparks nach Westen, vorbei an den Ruinen von Rochasses ❺, und verliert auf diesem Wegstück ungefähr 200 Hm.

An der Wegkreuzung von Pré-Vaillant besteht erneut die Möglichkeit nach links in das Arc-Tal nach **Lanslebourg-Mont-Cenis** BANK abzusteigen (etwa 3,5 km).

Der GR 5 zweigt in einem Wald nach Norden ab und steigt in zahlreichen Serpentinen an der Grenze des Nationalparks entlang steil auf 2.290 m zu den Chalets de la Turra de Termingon ❻ an.

Nun stehen Sie quasi direkt vor dem **Dent Parrachée** und können weite Teile des **Vanoise-Massivs** überblicken.

Sie wandern weiter oberhalb der Ostflanke der **Termignon-Schlucht** hoch über dem Fluss. Der GR 5 führt nahezu eben vorbei am Chalet Bercheren, erst nach Nordosten und dann in einer lang gezogenen Linksschleife zum Chalet Femma ❼ im Norden. Bei diesem Chalet folgen Sie auf dem letzten Stück wieder einem Fahrweg.

Der GR 5 führt nach Nordwesten zum **Parkplatz von Bellecombe**, der Endstation einer befestigten Straße von Termignon in den Nationalpark. Die Straße führt zwar weiter in den Nationalpark, ist aber nur für Versorgungszwecke nutzbar.

In den Ferien verkehrt der kostenlose Bus Nr. 6 zwischen dem Parkplatz Bellecombe und Termignon.

Das **Refuge L'Auberge de Bellecombe** befindet sich 150 m westlich oberhalb des Parkplatzes.

Von dieser Hütte aus bietet sich ein toller Blick auf die großen Gletscher und die höchsten Gipfel des Nationalparks Vanoise.

Refuge L'Auberge de Bellecombe, 150 m vom Weg entfernt, +33/(0)4 79/56 32 70, + 33/(0)6 82/24 18 17, www.aubergedebellecombe.com, Juni bis September, bewirtschaftet, 30 Plätze in Zwei- bis Sechsbettzimmern, Restaurant mit Mittagstisch, Ü ab € 26, HP ab € 52,

14. Etappe: Refuge L'auberge de Bellecombe – Refuge de l'Arpont ☆

15,8 km, 5 Std. 20 Min., ↑ 696 m, ↓ 729 m, ⇧ 2.012-2.572 m

0,0 km	⇧ 2.338 m	Refuge L'Auberge de Bellecombe
1,0 km	⇧ 2.366 m	Plan du Lac
2,3 km	⇧ 2.365 m	Refuge du Plan du Lac
3,1 km	⇧ 2.278 m	Chapelle Saint-Barthélémy
9,4 km	⇧ 2.459 m	Lacs des Lozières
11,1 km	⇧ 2.496 m	Pelve-Gletscher
15,8 km	⇧ 2.307 m	Refuge de l'Arpont

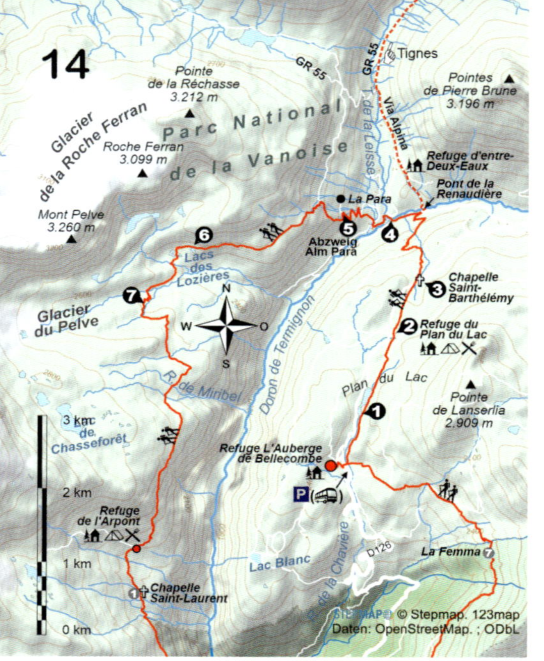

Nach den letzten langen Etappen ist die heutige Etappe wieder etwas kürzer und hat kaum Höhenmeter. Es ist eine herrliche Etappe im Nationalpark Vanoise, die an den Seen und der Moräne des Pelve-Gletschers entlang und durch die Westflanke der Termignon-Schlucht führt. Das Refuge de l'Arpont erwartet Sie mit seinem modernen Neubau, auf dem eine der schönsten Hüttendachterrassen thront. Es liegt quasi gegenüber Ihrem Startpunkt auf der Westflanke der Termignon-Schlucht.

Zurück am Parkplatz, betreten Sie wieder den **Nationalpark Vanoise**. Der GR 5 verläuft am linken Ufer des Baches Chavière entlang. Sie umgehen den Bergsee Plan du Lac ❶ am östlichen Ufer und erreichen schließlich das **Refuge du Plan du Lac ❷** mit tollem Panorama des vergletscherten **Vanoise-Zentralmassivs**.

Refuge du Plan du Lac, direkt am Weg, ☏ +33/(0)4 79/20 50 85, +33/(0)6 82/68 30 27, refuge.plandulac@vanoise-parcnational.fr, refuge-plandulac.vanoise.com, Juni bis September ganztägig (sonst als Schutzraum geöffnet), 42 Plätze, Ü ab € 17,50, F € 9, Abendessen € 20, HP ab € 47, Zeltstellplatz € 5, Mittagstisch, € 10, € 3

Hinter dem Refuge beginnt ein breit ausgetretener Weg, der zu der im Norden liegenden **Chapelle Saint-Barthélémy ❸** führt. Dort kreuzen Sie die Versorgungsstraße und wählen auf der gegenüberliegenden Straßenseite einen Pfad, der in Serpentinen in das ungefähr 250 Hm tiefer liegende Rocheure-Tal führt.

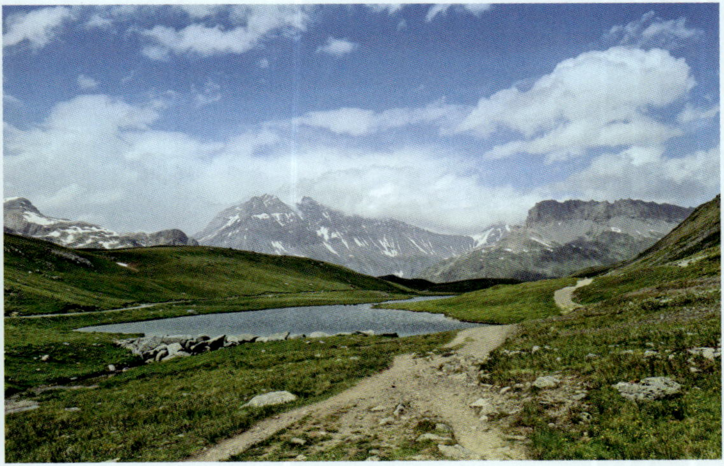

Plan du Lac

An der Weggabelung können Sie über den rechten Weg bei der ersten Brücke, die über den Fluss führt, in etwa 700 m zum **Refuge d'Entre-Deux-Eaux** gelangen (Anfang Juni bis Ende September).

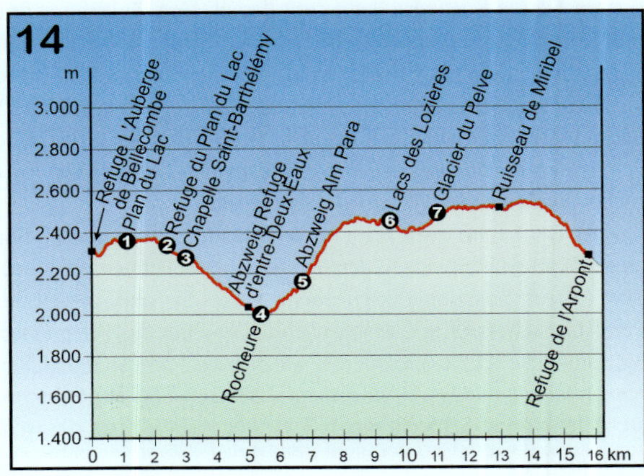

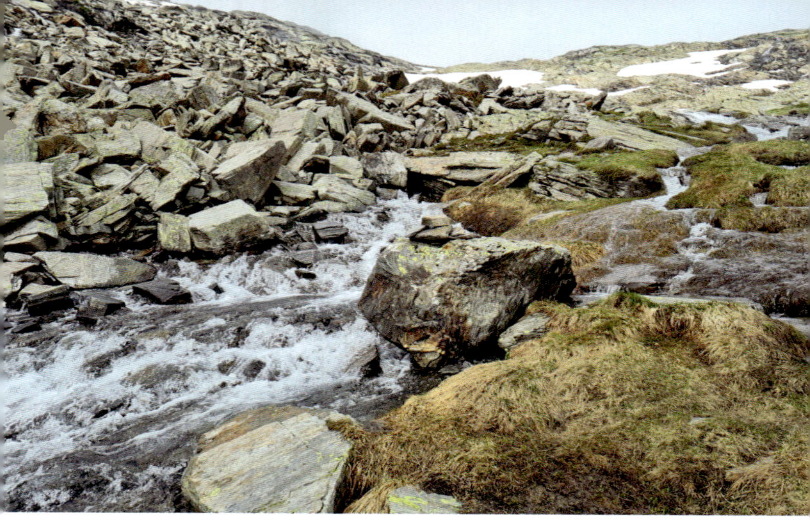

Abfluss des Pelve-Gletschers

☺ Hier trifft die Via Alpina wieder auf den GR 5, falls die Variante GR 55 – Via Alpina von Tignes gewählt wurde.

Der GR 5 überquert die Rocheure nicht hier, sondern verläuft ein kurzes Stück am linken Flussufer parallel zum Flusslauf. Mittels einer Fußgängerbrücke ❹ überqueren Sie die Rocheure dann kurz darauf. Den Zulauf zur Rocheure, den Torrent de la Leisse, überqueren Sie ebenfalls. Dann verläuft der GR 5 in zahlreichen Serpentinen auf einer befestigten Straße, die zur **Alm Para** hinaufführt ❺.

Diese Straße wird auf der Höhe der Alm verlassen, und ein Weg führt weiter nach Westen steil hinauf auf ungefähr 2.400 Hm. Sie erreichen ein schönes, östlich gelegenes Hochplateau mit den **Lacs des Lozières** ❻. Ein auf halber Höhe rechts abzweigender Weg wird dabei ignoriert.

Der GR 5 führt zwischen den Seen hindurch, knickt nach Süden ab und führt an zahlreichen vom Pelve-Gletscher glatt geschliffenen Felsen vorbei, die sich auf dem Plateau befinden. Anschließend gehen Sie über die große Endmoräne des **Pelve-Gletschers** ❼ und weiter nach Süden über das **Pelve-Plateau**. Dort müssen Sie zahlreiche Bäche überqueren, was teilweise etwas Geschick braucht, um keine nassen Füße zu kriegen. Auf diesem Wegstück führt der GR 5 immer weiter in die steile **Termignon-Schlucht** hinab. Der Weg zieht sich an der westlichen Schluchtwand entlang.

Im Frühsommer ist auf diesem Teilstück erhöhte Vorsicht gefordert, denn das Schmelzwasser des Pelve-Gletschers läuft in zahlreichen Rinnsalen über die Felsflanke und hinterlässt teilweise extrem rutschigen Untergrund.

Nachdem der steilste Teil der Termignon-Schlucht bewältigt ist, wird im Südwesten das **Refuge de l'Arpont** mit seinem Neubau und dessen fantastischer Dachterrasse erkennbar.

Refuge de l'Arpont, direkt am Weg, +33/(0)7 83/48 42 27, refuge.arpont@vanoise-parcnational.fr, refuge-arpont.vanoise.com, Mitte Juni bis Mitte September (sonst als Schutzraum geöffnet), sehr beliebt, deswegen unbedingt reservieren, 92 Plätze im Schlafsaal, Zwei- oder Vierbettzimmer, Restaurant mit Mittagstisch, Bar, Ü ab € 17,50, HP ab € 47, Zeltstellplatz € 5 pro Person, HP mit Zelt € 35,50, Abendessen € 19,50, F € 11, € 11, @

15. Etappe: Refuge de l'Arpont – Refuge de la Fournache

16,9 km, 5 Std. 55 Min., 767 m, 739 m, 2.070-2.468 m

0,0 km	2.307 m	Refuge de l'Arpont
0,9 km	2.200 m	Chapelle Saint-Laurent
2,8 km	2.108 m	Enfer-Schlucht
15,7 km	2.317 m	Refuge de Plan Sec
16,9 km	2.340 m	Refuge de la Fournache

Ein eher gemütlicher und schöner Tag im Gebiet des Vanoise Nationalparks führt Sie über ein Hochplateau und an den markanten Felsformationen des Roc de Corneilles vorbei zum Etappenziel am Bergsee Plan d'Amont.

Der GR 5 führt an der Bergflanke weiter nach Süden, an der **Chapelle Saint-Laurent** ❶ vorbei und erreicht die Chalets du Mont.

Dort besteht die Möglichkeit, links in das Arc-Tal nach **Termignon** abzusteigen (3 km).

Hinter dieser Abzweigung führt der GR 5 nach Westen in die **Enfer-Schlucht** ❷ hinein, die durch den Fluss Grand Pyx geformt wurde. Im hinteren Teil der Schlucht überqueren Sie den Bach. Anschließend führt der GR 5 wieder aus der Schlucht hinaus oberhalb der Chalets von Montafia.

Hier zweigt erneut ein Weg links ab, der in das Arc-Tal nach **Termignon** führt (2,5 km).

Fast eben verläuft der GR 5 weiter nach Südwesten auf einem Balkon. Er steigt auf rund 2.400 m Höhe an und zieht auf gleicher Höhe bleibend an der südöstlichen Flanke des Dent Parrachée entlang. Nach einiger Zeit trifft der GR 5 auf den Bach Bonne Nuit ❸. Nachdem Sie den Bach überquert haben, kommen Sie an eine Weggabelung.

Der dort links abzweigende Weg führt auf der rechten Bachseite hinab in das Arc-Tal nach **Sollières** (3 km).

Der GR 5 verläuft auf dem Hochplateau geradeaus weiter an den Chalets la Loza ❹ vorbei. Etwa 700 m danach geht es in einer großen Rechtsschleife weiter nach Südwesten zu den Chalets de la Turra ❺.

An den Chalets besteht die Möglichkeit, nach links in das Arc-Tal nach **Sardières** abzusteigen (2 km).

Der GR 5 bleibt auf der Höhe, verläuft weiter nach Südwesten, verlässt den Vanoise Nationalpark und umgeht dann westlich den **Roc de Corneilles**. Nun trifft der Weg auf Liftanlagen. Am Sessellift **Telesiège de l'Armoise** ❻ gibt es links einen Abzweig zur Talstation und zum **Chalet Le Montana**.

Chalet Le Montana, 200 m vom Weg entfernt, ☏ +33/(0)4 79/20 31 47, info@chalet-montana.com, www.chalet-montana.com, ganzjährig ganztägig, 47 Plätze in Zwei- bis Achtbettzimmern, bewirtschaftet, Restaurant, @, Kartenzahlung möglich

Sessellift **Telesiège du Grand Jeu** von Le Montana nach **Aussois** BANK, täglich außer samstags 9:15-11:45 und 14:00-17:00

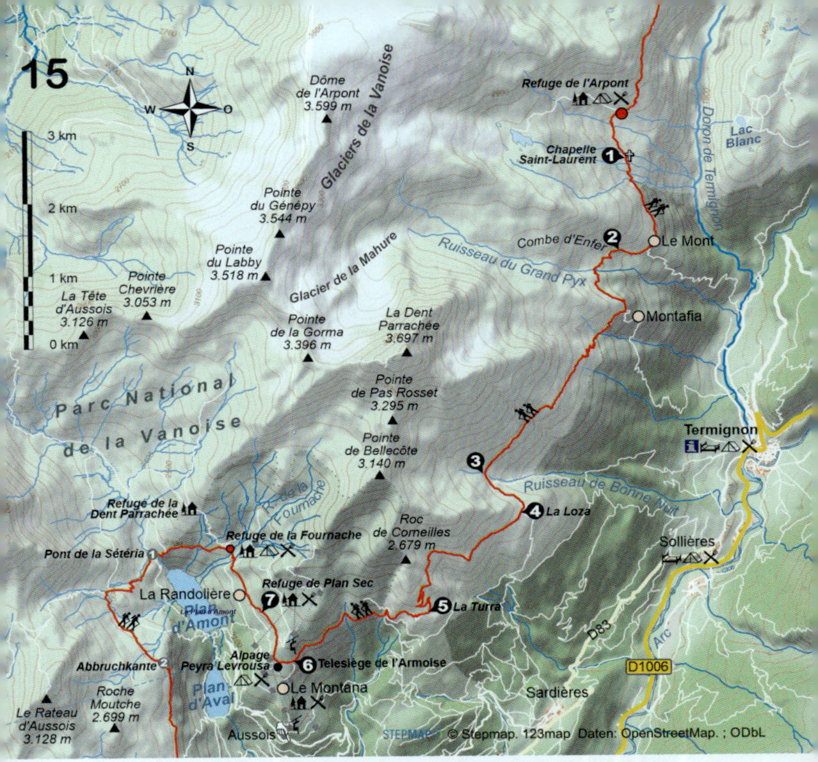

15

Dôme de l'Arpont 3.599 m
Glaciers de la Vanoise
Refuge de l'Arpont
Chapelle Saint-Laurent
Lac Blanc
Doron de Termignon
Pointe du Génépy 3.544 m
Pointe du Labby 3.518 m
Combe d'Enfer
Le Mont
Ruisseau du Grand Pyx
Glacier de la Mahure
La Tête d'Aussois 3.126 m
Pointe Chevrière 3.053 m
Pointe de la Gorma 3.396 m
La Dent Parrachée 3.697 m
Montafia
Parc National de la Vanoise
Pointe de Pas Rosset 3.295 m
Pointe de Bellecôte 3.140 m
Termignon
Ruisseau de Bonne Nuit
La Loza
Refuge de la Dent Parrachée
Roc de Corneilles 2.679 m
Refuge de la Fournache
Pont de la Sétéria
Sollières
Refuge de Plan Sec
La Randolière
Plan d'Amont
La Turra
D83
Abbruchkante
Alpage Peyra Levrousa
Telesiège de l'Armoise
D1006
Le Montana
Plan d'Aval
Roche Moutche 2.699 m
Le Rateau d'Aussois 3.128 m
Sardières
Aussois
Arc
3 km
2 km
1 km
0 km
N
S
W
O

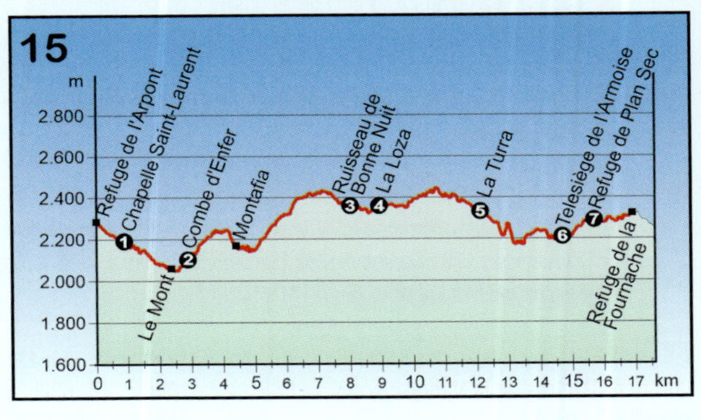

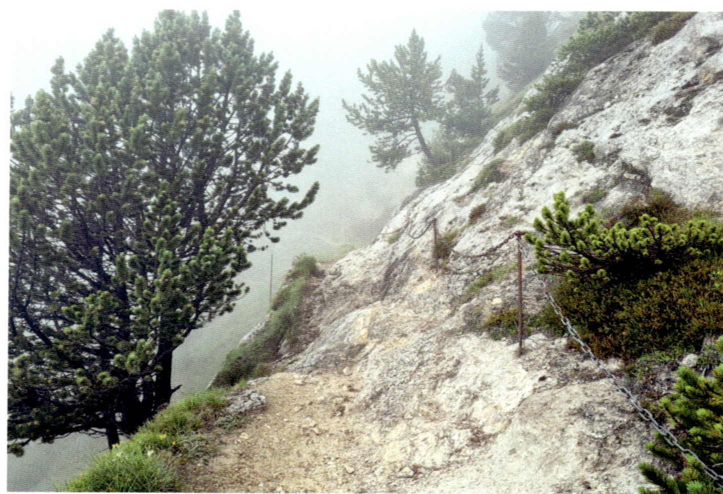

Seilversicherte Stelle beim Roc des Corneilles

Es geht unter den Skianlagen hindurch und Sie erreichen direkt die nächste Unterkunftsmöglichkeit.

✕ **Alpage Peyra Levrousa**, direkt am Weg, Restaurant mit ⛺ Zeltstellplätzen, ☎ +33/(0)7 62/66 50 29, Juni bis August

Nun wandern Sie oberhalb der westlich gelegenen Seen **Plan d'Aval** und **Plan d'Amont** vorbei. Der GR 5 knickt scharf nach Nordwesten ab und führt zum **Refuge de Plan Sec ❼.**

✕ **Refuge de Plan Sec**, direkt am Weg, ☎ +33/(0)4 79/20 31 31, refuge.plansec@orange.fr, www.facebook.com/refugeplansec, Mitte Juni bis Mitte September, 52 Plätze im Schlafsaal, bewirtschaftet, Restaurant mit Mittagstisch,

Hier öffnet sich der tolle Blick auf die Südwestseite des **Dent Parrachée** und der **Glaciers de la Vanoise** sowie auf die benachbarte, ebenfalls vergletscherte **Aiguille de Péclet**.

Der GR 5 führt weiter nach Nordwesten, an den Chalets von Randolière vorbei, am Amont-See entlang und erreicht schließlich den Bach Fournache. Nach Überquerung des Baches liegt das **Refuge de la Fournache** direkt vor Ihrer Nase.

Refuge de la Fournache, direkt am Weg, +33/(0)6 09/38 72 38, refuge.fournache@gmail.com, lafournache.free.fr, Mitte Juni bis Anfang September, 34 Plätze, bewirtschaftet, Restaurant mit Mittagstisch, Ü € 17, Zeltstellplatz € 5 pro Person, HP € 47, Abendessen € 20, F € 10,

Nur 700 m nördlich liegt das **Refuge de la Dent Parrachée**.

Refuge de la Dent Parrachée, Franck Buisson, +33/(0)479/20 32 87, refugeladentparrachee.ffcam.fr, Ende Mai bis Ende September (sonst als Schutzraum), 42 Plätze, bewirtschaftet, Ü € 24,80, F € 9, Abendessen € 20, € 9,

Vergletscherter Dent Parrachée

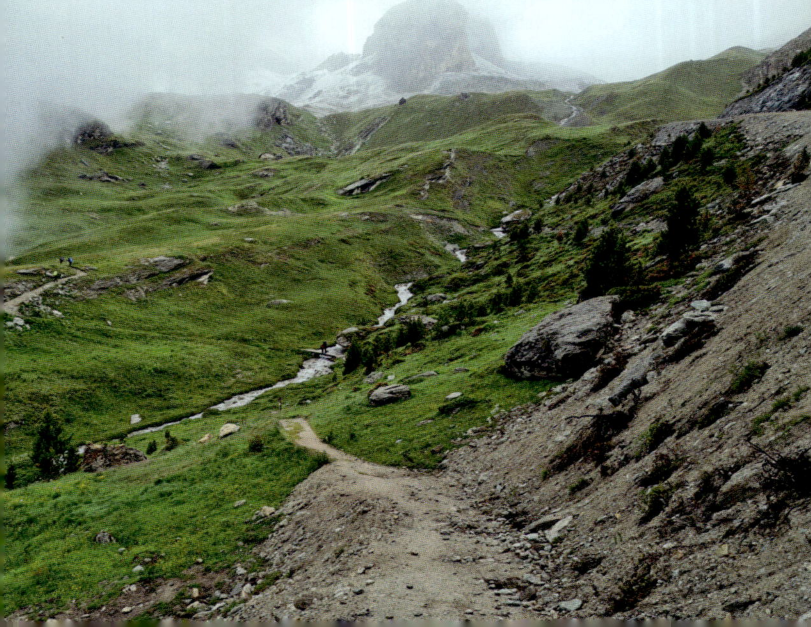

16. Etappe: Refuge de la Fournache – Modane

15,1 km, 5 Std. 20 Min., ↑ 407 m, ↓ 1.679 m, ⇧ 1.058-2.426 m

0,0 km	⇧ 2.340 m	Refuge de la Fournache
5,6 km	⇧ 2.295 m	Col du Barbier
6,6 km	⇧ 2.340 m	Barbier-Hochebene
15,1 km	⇧ 1.062 m	Modane Altstadt BANK

Der letzte Tag im Gebiet des Nationalparks Vanoise ist auch der letzte Tag auf dem Nordteil der GTA, denn Sie verlassen die französischen Nordalpen. Sie starten nochmals mit einer schönen Hochtour, dann geht es hauptsächlich abwärts ins Arc-Tal bis zu Ihrem Ziel, der Stadt Modane.

Der GR 5 knickt am **Refuge de la Fournache** nach Westen ab, trifft nach einiger Zeit auf einen Bergbach, der dem **Plan d'Amont** zufließt, und tritt an dieser Stelle wieder in den **Nationalpark Vanoise** ein.

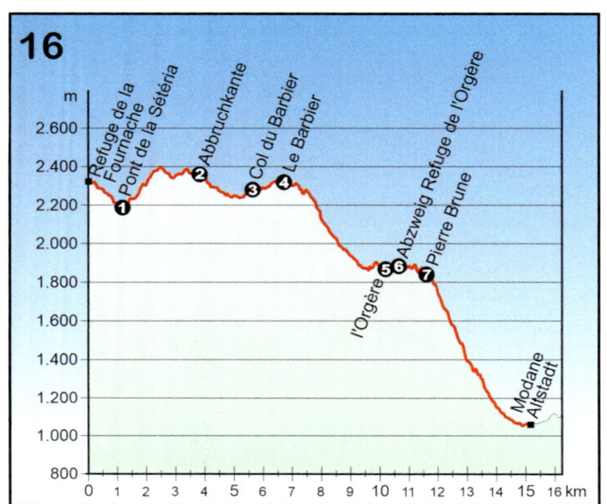

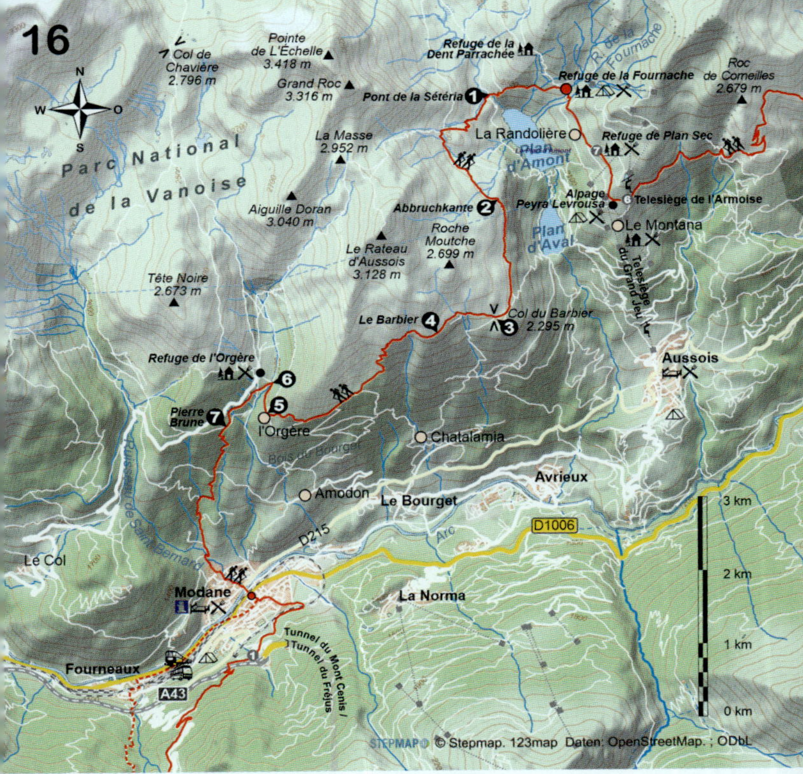

Sie überqueren den Bach auf der Brücke Pont de la Sétéria ❶. Danach knickt der GR 5 nach Südwesten ab und verläuft für einige Zeit auf einem schönen Hochplateau. Nach 2,5 km knickt er links ab und führt, nun in südöstlicher Richtung, auf den See **Plan d'Aval** zu.

An einer Abbruchkante ❷ angelangt können Sie die zwei im Tal liegenden Seen und die Staumauer des Aval-Sees gut überblicken. An dieser Abbruchkante biegt der GR 5 nach Süden ab und verläuft an ihr entlang, etwas an Höhe verlierend, in Richtung Col du Barbier.

Am **Col du Barbier** (⇧ 2.295 m) ❸ angelangt führt der GR 5 nach Westen.

Nach 1 km erreichen Sie die kleine **Barbier-Hochebene ❹**. Nun umgeht der GR 5, auf einer Höhe bleibend, einen Felsaufschwung und führt in südwestlicher Richtung durch eine Schlucht, die hinunter nach Le Bourget führt. Im Wald von Bourget, direkt auf der Grenze des Nationalparks, geht es weiter in südwestlicher Richtung, teilweise recht steil, hinunter zu den Chalets de l'Orgère ❺.

An den Chalets knickt der GR 5 nach rechts (Norden) in das Orgère-Tal ab und führt aus dem Nationalpark hinaus. Nach Überquerung des Flusses gelangen Sie zu einem Abzweig zum **Refuge de l'Orgère ❻**.

Refuge de l'Orgère, 200 m vom Weg entfernt, ☏ +33/(0)9 72/19 24 07, refuge.orgere@vanoise-parcnational.fr, refuge-orgere.vanoise.com, Anfang Juni bis Ende September ganztägig (sonst als Schutzraum), bewirtschaftet, Restaurant, Ü € 17,50, HP € 47, Abendessen € 21, F € 8,50, € 9,

Von der Hütte aus verläuft der GR 5 in einer scharfen Linkskurve auf einem Fahrweg und weiter in den Wald zur Alm Pierre Brune ❼. Hier verlassen Sie den Fahrweg wieder. An der Alm vorbei gehen Sie weiter nach Süden ins Arc-Tal hinab und recht steil durch den Wald, bis Sie die ersten Häuser von **Modane** erreichen.

Arc-Ufer beim Bahnhof Modane

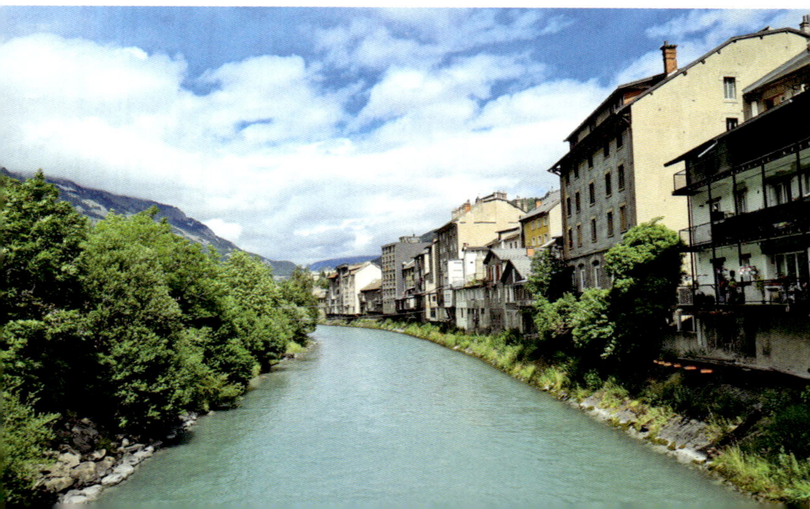

Um direkt in den Ortskern von Modane zu gelangen, gehen Sie geradeaus zur Arc hinunter. Die Straße führt direkt zu einer Brücke über die Arc. Auf der anderen Flussseite liegt die Altstadt.

Sie haben den Nordteil der GTA beendet! Denn Sie wechseln von den französischen Nordalpen in die **französischen Südalpen.** Hier verlassen Sie auch das Vanoise-Massiv und kommen ins Gebiet der **Thabor-Gruppe**.

Modane

Office de Tourisme, Maison Cantonale, 9, Place Sommeiller, +33/(0)4 79/05 90 78, info@cchmv.fr, www.cchautemaurienne.com, Mo-Sa 8:30-12:30 und 13:30-18:30

Hôtel de la Gare, 2 Avenue Jean Jaurès, direkt am Bahnhof, 2 km vom Weg entfernt, +33/(0)4 79/83 26 19, hoteldelagare-modane@outlook.fr, www.hoteldelagare-modane.com, ganzjährig ganztägig geöffnet, Restaurant, Ü ab € 54, HP + € 34, F € 8,50, @

Camping Les Combes, 830 Route de Bardonnèche, 1 km südwestlich vom Stadtzentrum und vom Weg, +33/(0)7 60/36 19 69, campingmodane@gmail.com, www.camping-modane.com, ganzjährig, Stellplatz für zwei Personen € 18, mit Stromanschluss € 22,

Linie S50 mehrmals täglich nach Valfréjus, S53 nach Bonnaval-sur-Arc und Bessans, großer Busbahnhof neben dem Bahnhof, www.cars-region-savoie.fr

Mont-Cenis-Bahn mehrmals täglich nach Chambéry und Bardonecchia (I), Schnellzüge nach Lyon, Paris und Mailand (I), www.sncf.com

Die etwas heruntergekommene Kleinstadt lebt von ihrer Bedeutung als wichtigem Grenzbahnhof am **Mont-Cenis-Tunnel** nach Italien, sowohl für den Personenverkehr mit Zug und Auto als auch für den Güterverkehr. Das wunderschöne Arc-Tal wurde im Stadtbild durch die riesigen Gleisanlagen verdrängt. Neben der kleinen Altstadt hat sich am Bahnhof das wichtigere Zentrum mit den meisten Unterkünften, Gastronomie und Geschäften entwickelt. Auf der durchführenden Bundesstraße herrscht Dauerbetrieb, während sich oberhalb der Stadt die Autobahn A43 durchs Gebirge windet, ehe sie im Tunnel verschwindet. Der Hubschrauberflughafen der Gendarmerie nationale, der hauptsächlich für die Bergrettung im Einsatz ist, leistet einen weiteren Beitrag für das Flair der Stadt.

☺ Tun Sie sich etwas Gutes und gehen Sie abends noch über eine der Brücken, um etwas am schönen Arc-Ufer in gefühlt großer Entfernung zur Stadt zu spazieren.

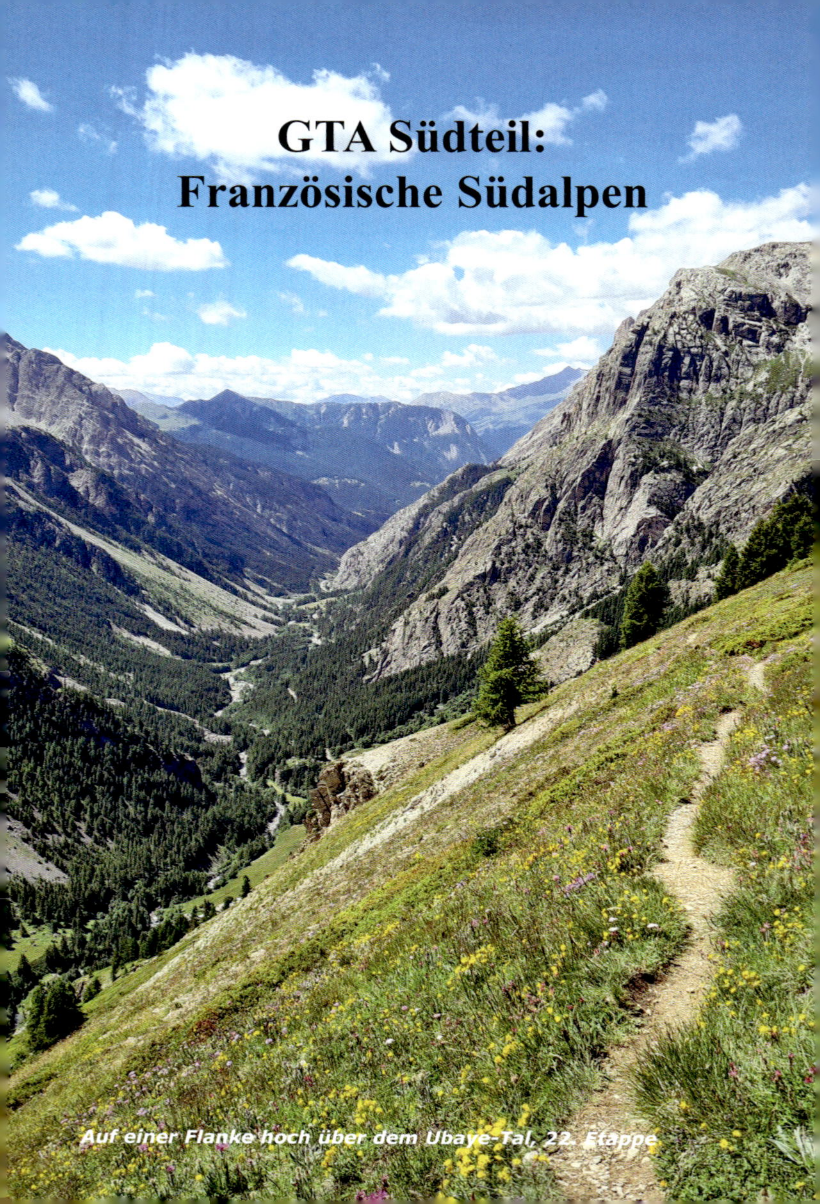

Auf einer Flanke hoch über dem Ubaye-Tal, 22. Etappe

17. Etappe: Modane – Les Granges de la Vallée Étroite

21,4 km, 7 Std. 35 Min., 1.415 m, 715 m, 1.062-2.436 m

0,0 km	1.062 m	Modane Altstadt
5,1 km	1.498 m	Notre Dame Du Charmaix
5,9 km	1.548 m	Valfréjus
14,6 km	2.436 m	Col de la Vallée Étroite
21,4 km	1.765 m	Les Granges de la Vallée Étroite

Auf der ersten Etappe des Südteils der GTA geht es hinauf ins Herz der Thabor-Gruppe über den Col de la Vallée Étroite. An diesem Pass wird der Hauptkamm der Thabor-Gruppe überschritten. Dann steigen Sie durch das Tavernette-Tal hinab bis Les Granges de la Vallée Étroite, wo Sie zwischen zwei Refuges wählen können.

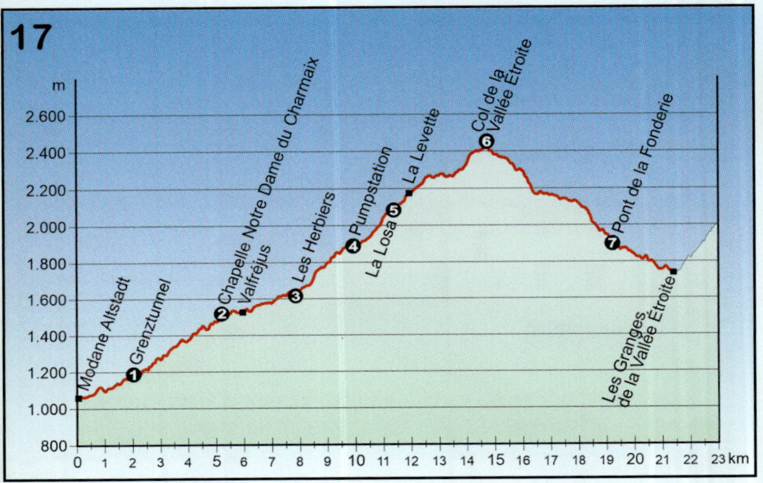

↳ Eine etwas schönere Variante des GR 5 führt vom Bahnhof in Modane nach Süden am Viadukt vorbei, das Charmaix-Flusstal hinauf bis nach **Valfréjus**. Am Ortsende trifft die Variante wieder auf die Hauptroute (☞ S. 138).

Der Südteil der GTA beginnt mit dem wohl unattraktivsten Abschnitt der gesamten Strecke. Vom Stadtzentrum von Modane gehen Sie durch die Rue du Charmaix, die im weiteren Verlauf zur Rue du Fréjus wird, aus dem Ort hinaus. Sie führt nach einer scharfen Rechtskurve oberhalb der Ortschaft entlang, an der Grenztunnelanlage ❶ vorbei, unter der Autobahn A43 durch einen Tunnel hindurch und auf einem Fahrweg mit vielen Kehren in die Berge nach Süden.

Sie erreichen die D216, der Sie eine Weile folgen und dabei mehrere Kehren auf Waldwegen abkürzen. Nach etwa 2,5 km wird bei der sehenswerten, kunstvoll in den Fels gebauten **Chapelle Notre Dame Du Charmaix** ❷ ein Bach überquert. Kurz darauf erreichen Sie Le Charmaix, besser bekannt unter dem Namen des hiesigen **Skigebiets Valfréjus**.

Chapelle Notre Dame Du Charmaix

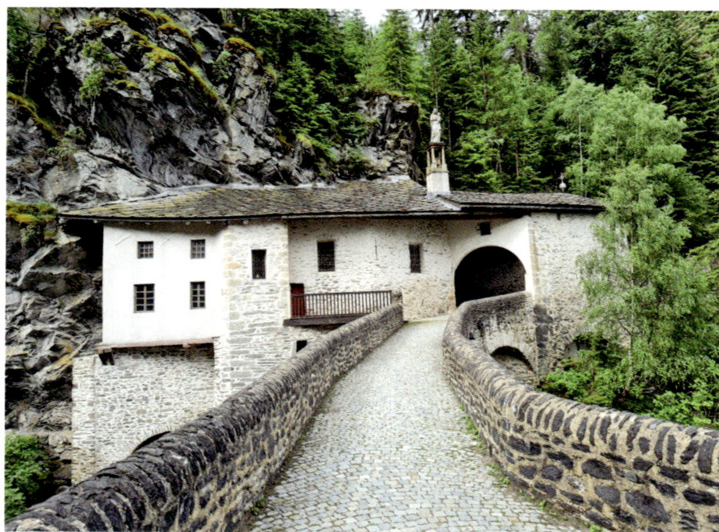

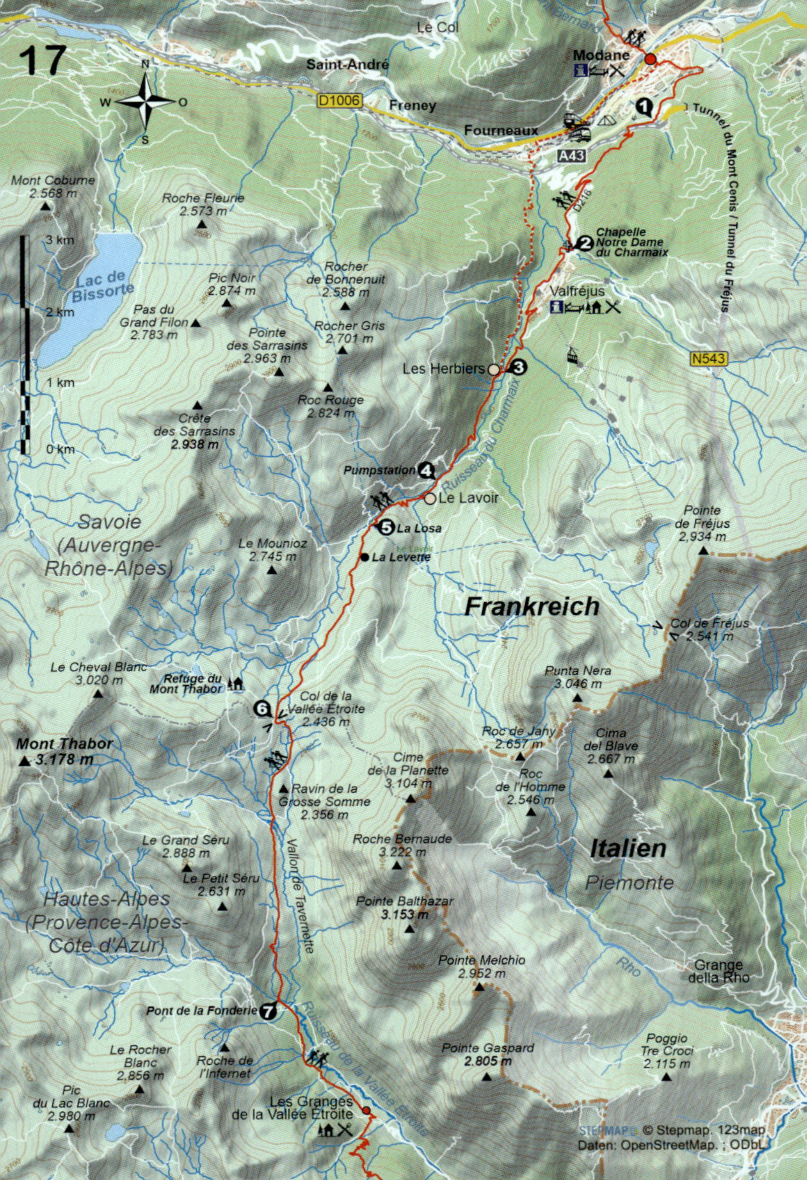

17
Le Col
Saint-André
Modane
D1006
Freney
Fourneaux
A43
Tunnel du Mont Cenis / Tunnel du Fréjus
D216
Chapelle Notre Dame du Charmaix
Valfréjus
N543
Mont Coburne 2.568 m
Roche Fleurie 2.573 m
Lac de Bissorte
Pic Noir 2.874 m
Rocher de Bonnenuit 2.588 m
Pas du Grand Filon 2.783 m
Rocher Gris 2.701 m
Pointe des Sarrasins 2.963 m
Les Herbiers
Roc Rouge 2.824 m
Crête des Sarrasins 2.938 m
3 km
2 km
1 km
0 km
Pumpstation
Ruisseau du Charmaix
Le Lavoir
La Losa
La Levette
Savoie (Auvergne-Rhône-Alpes)
Le Mounioz 2.745 m
Pointe de Fréjus 2.934 m
Frankreich
Col de Fréjus 2.541 m
Le Cheval Blanc 3.020 m
Refuge du Mont Thabor
Punta Nera 3.046 m
Col de la Vallée Étroite 2.436 m
Mont Thabor 3.178 m
Roc de Jany 2.657 m
Cima del Blave 2.667 m
Cime de la Planette 3.104 m
Roc de l'Homme 2.546 m
Ravin de la Grosse Somme 2.356 m
Le Grand Séru 2.888 m
Roche Bernaude 3.222 m
Italien
Piemonte
Le Petit Séru 2.631 m
Vallon de Tavernette
Hautes-Alpes (Provence-Alpes-Côte d'Azur)
Pointe Balthazar 3.153 m
Pointe Melchio 2.952 m
Rho
Grange della Rho
Pont de la Fonderie
Ruisseau de la Vallée Étroite
Le Rocher Blanc 2.856 m
Roche de l'Infernet
Pointe Gaspard 2.805 m
Poggio Tre Croci 2.115 m
Pic du Lac Blanc 2.980 m
Les Granges de la Vallée Étroite
STEPMAP © Stepmap. 123map
Daten: OpenStreetMap. ; ODbL

Valfréjus

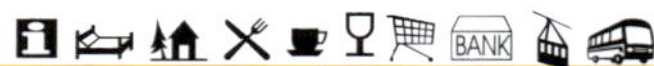

Office de Tourisme, Rue des Bettets, +33/(0)4 79/05 33 83, www.valfrejus.com, Mo-Fr 9:00-12:00 und 13:30-16:30

Gîte des Tavernes, 1555 Rue du cheval blanc, am südlichen Ortsende, 50 m vom Weg entfernt, +33/(0)6 75/69 42 70, www.gitedestavernes.fr, ganzjährig, 30 Plätze in Vier- bis Achtbettzimmern, bewirtschaftet, ÜF ab € 25, HP ab € 55, € 10,

Restaurant La Cordée, 60 Place du Thabor, direkt am Weg, +33/(0)4 79/05 22 39, www.lacordee-valfrejus.com, täglich 9:00-17:00

Linie S50 mehrmals täglich nach Bourg-Saint-Maurice, Station bei der Touristeninformation, www.cars-region-savoie.fr

Valfréjus ist ein typisches Skidorf mit sterilen Chalets zwischen Liftanlagen, die im Sommer für alle, die dort wandern oder mit dem Mountainbike fahren wollen, teilweise geöffnet sind. Eine kleine künstliche Flaniermeile bietet allerlei touristisches Angebot.

Col de la Vallée Étroite

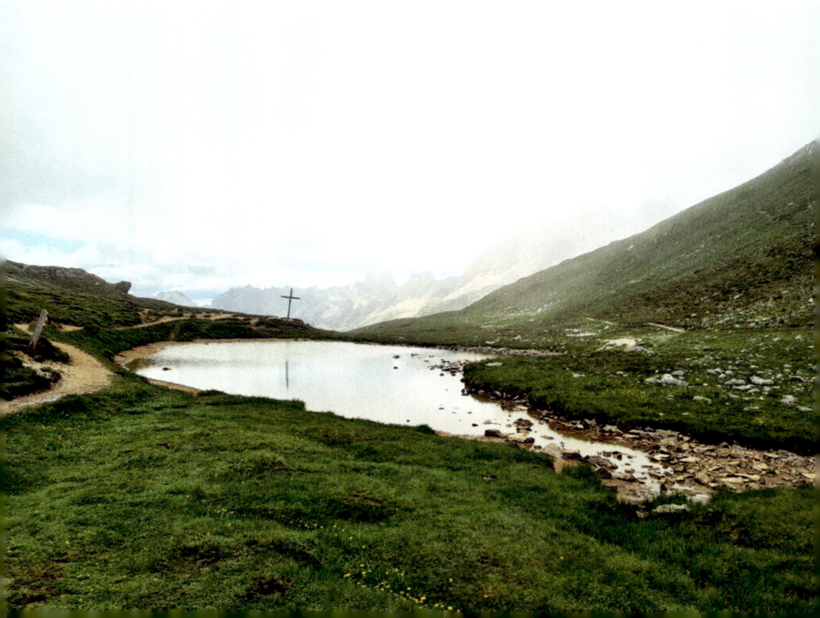

Am Ortsende vereinigen sich die Hauptroute und die Variante von Modane. Nun wird die Route endlich wieder wanderfreundlich. Der GR 5 führt über einen Fahrweg an der orografisch rechten Bachseite des Charmaix zum Weiler Les Tavernes, wo Sie einen anderen Bach, den Arrondaz, mittels Brücke überqueren. Sie gehen weiter zu den Häusern von **Les Herbiers** und dort über die Brücke über den Charmaix ❸. Auf der linken Bachseite wandern Sie weiter das Tal hinauf.

Bei einem alten Bunker überquert der GR 5 erneut den Bach. Auf der rechten Flussseite geht es dann auf der alten Militärstraße, die von Charmaix in die Berge hineinführt, weiter zu einer Weggabelung an einer alten Pumpstation ❹. Wählen Sie den rechten Weg, der geradeaus weiter im Charmaix-Tal hinaufführt.

Unterwegs passieren Sie die Chalets von Lavoir und gehen anschließend steil hinauf, bis Sie nach knapp 200 Hm die Chalets de la Losa ❺ auf 2.100 m Höhe erreichen. An der Weggabelung an diesen Chalets wählen Sie den linken Weg, der aus dem Charmaix-Tal herausführt.

Sie passieren die Chalets von Levette und folgen dem Weg weiter parallel zum Bach. Nach Überquerung eines Hochplateaus erreichen Sie dann auf 2.436 m den **Col de la Vallée Étroite** ❻. Dieser Pass ist für sein unbeständiges Wetter bekannt.

↬ Auf der Passhöhe angekommen haben Sie die Möglichkeit, rechts abzubiegen und nach einem knappen Kilometer das nordwestlich vom Pass gelegene Refuge du Mont Thabor auf 2.500 m Höhe zu erreichen.

Refuge du Mont Thabor (FFCAM), ☏ +33/(0)4 79/20 32 13, refugedumontthabor.ffcam.fr, Mitte Juni bis Mitte September ganztägig (sonst als Schutzraum), 46 Plätze, bewirtschaftet, Ü € 24,60, HP € 50,70, € 10

Soeben haben Sie das Département Savoie verlassen und sind im **Département Hautes-Alpes** angekommen. Auch die Region wechselt hier von Auvergne-Rhône-Alpes zu **Provence-Alpes-Côte d'Azur**, in der Sie sich im gesamten weiteren Verlauf der GTA aufhalten.

Auf der Passhöhe orientieren Sie sich leicht links. Vor allem bei Nebel müssen Sie am Col de la Vallée Étroite aufpassen, damit Sie den richtigen Weg wählen. In Richtung Süden verläuft der GR 5 linksseitig der Tavernette entlang. Erst führt er fast eben über magere Wiesen, dann geht es an der westlichen Flanke des Cime de la Planette entlang hinunter in das Tavernette-Tal.

Ab jetzt können Sie das schöne Panorama über den wild gezackten Hauptkamm der **Thabor-Gruppe** genießen.

Tavernette-Hochebene mit Blick über den Hautpkamm der Thabor-Gruppe

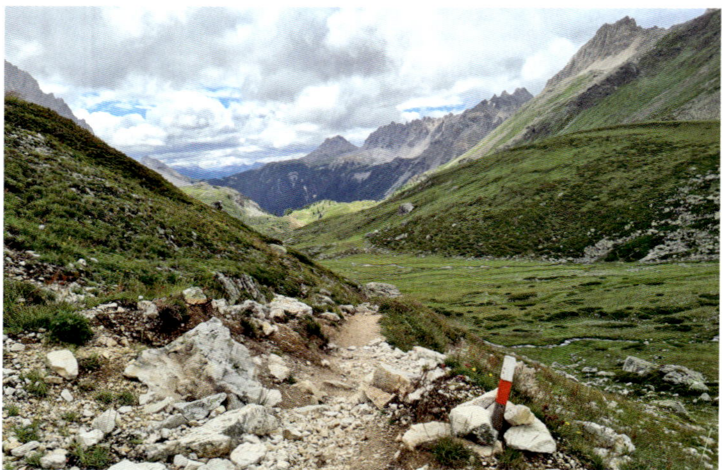

Im weiteren Verlauf bieten sich bis in das folgende bewaldete Gebiet hinein viele Möglichkeiten zum Wildcampen an einem der Wasserläufe. Wegen der zahlreichen Tagesausflüglerinnen und -ausflüger schlagen Sie Ihr Lager am besten erst in der Dämmerung auf.

In der Tavernette-Ebene auf ungefähr 2.200 m Höhe wird der Bach mittels eines Holzstegs überquert und der GR 5 verläuft von nun an rechtsseitig der Tavernette. Am Ende der Ebene umgehen Sie eine Felsformation rechts und steigen dabei weiter in das Tal und in bewaldetes Gebiet ab. Zwischen zwei Bächen gehen Sie weiter nach Süden bis zur **Pont de la Fonderie** ❼ auf ungefähr 1.900 m Höhe. Kurz unterhalb der Wasserfälle des Bachs Vallée Étroite wird dieser überquert.

Rechter Hand ist der lange Canyon der **Roche de l'Infernet** zu bewundern.

Der Weg trifft dort auf eine geschotterte Straße. Auf dieser Straße führt der GR 5 auf der rechten Flussseite etwas oberhalb des Flusses weiter nach Süden bis **Les Granges de la Vallée Étroite**. Hier befinden sich zwei Hütten, die vom italienischen Alpenverein (CAI) unterhalten werden, und die Bar Edelweiss.

Les Granges de la Vallée-Étroite,
im Hintergrund rechts der frei stehende Grand Séru

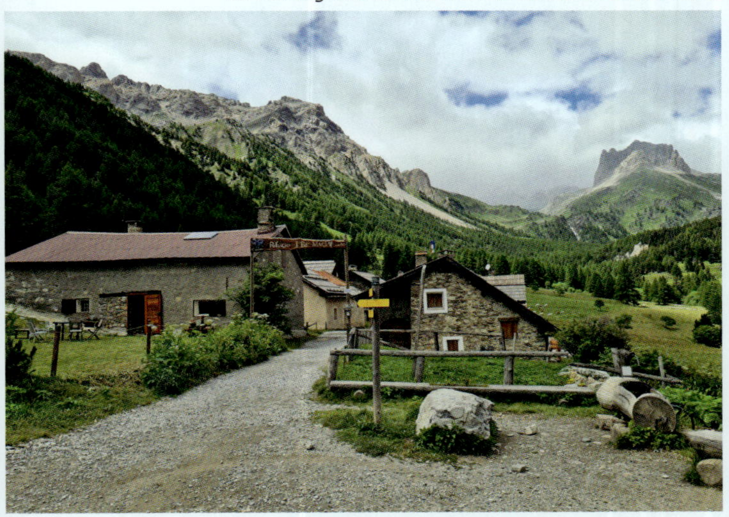

Refuge Terzo Alpini, direkt am Weg, ☎ +39/(0)1 22/90 20 71, +39/(0)3 35/6 17 91 82, terzoalpini@terzoalpini.com, www.terzoalpini.com, Mitte Juni bis Mitte September ganztägig, 34 Plätze im Zwei- bis Achtbettzimmer oder Schlafsaal, bewirtschaftet, HP € 44, € 11, € 1

Refuge I Re Magi, direkt am Weg, ☎ +39/(0)3 49/611 29 20, +39/(0)3 68/91 79 52, info@iremagi.it, www.rifugio.iremagi.it, Ende Juni bis Mitte September ganztägig, 35 Plätze im Zwei- bis Vierbettzimmer oder Schlafsaal, bewirtschaftet, Restaurant, HP ab € 42, € 10,

Bar Edelweiss, direkt am Weg, ☎ +39/(0)3 39/7 32 73 74, aktuelle Öffnungszeiten erfragen

18. Etappe: Les Granges de la Vallée Étroite – Plampinet

12,3 km, 4 Std., ↑ 446 m, ↓ 726 m, ⇧ 1.481-2.194 m

0,0 km	⇧ 1.765 m	Les Granges de la Vallée Étroite
3,3 km	⇧ 2.194 m	Lac Chavillon/Col des Thures
8,5 km	⇧ 1.609 m	Roubion (Névache)
12,3 km	⇧ 1.481 m	Plampinet

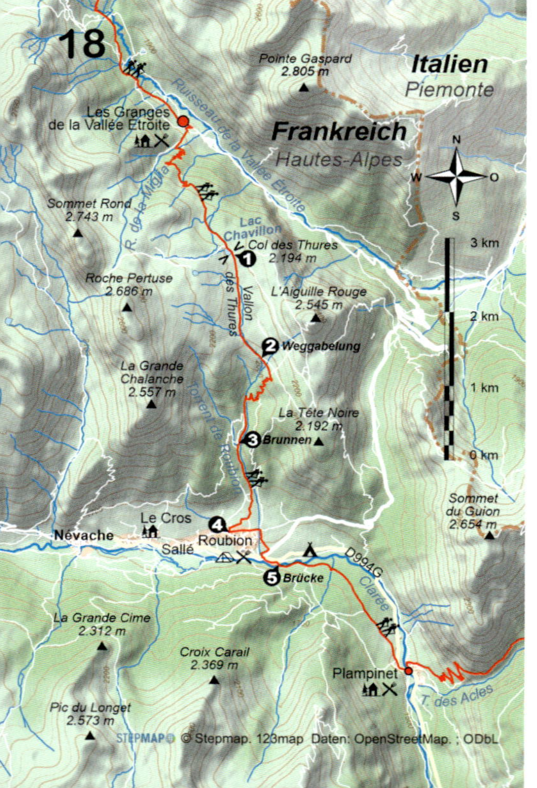

Weil hinter Plampinet lange keine Übernachtungsmöglichkeit kommt, fällt die heutige Etappe recht kurz aus. Über den aussichtsreichen Col de Thures und seine Hochebenen steigen Sie in das Vallon des Thures ab und übernachten in einer ehemaligen Kaserne.

Direkt vor dem Refuge Terzo Alpini zweigt der GR 5 rechts von der Schotterstraße ab und führt in zahlreichen Serpentinen im Wald steil nach Südwesten hinauf.

Beim Aufstieg können Sie die nach den Heiligen Drei Königen benannten Berge mit ihren Canyons, sowie links davon die beiden wie Monolithen frei stehenden Séru-Gipfel bewundern.

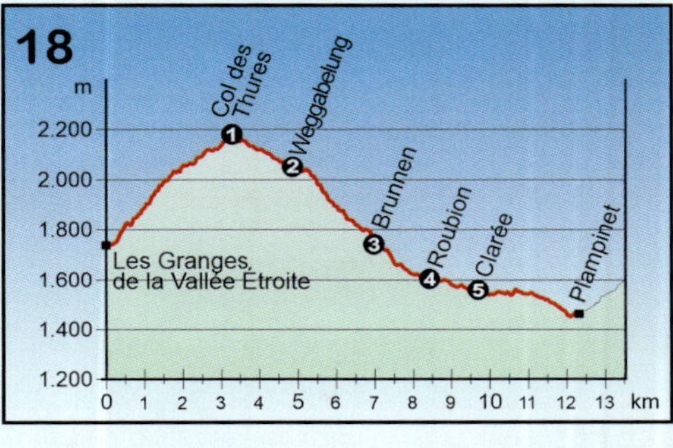

Auf rund 2.000 m Höhe biegt der GR 5 nach Süden ab und führt aus dem Tal des Baches Miglia heraus. Nach weiteren 100 Hm wird ein großes Plateau mit Wiesen erreicht. Der GR 5 verläuft in südöstlicher Richtung über dieses Plateau. Am Ende wird der auf 2.100 m Höhe traumhaft direkt am **Col des Thures** ❶ gelegene **Lac Chavillon** erreicht.

Von der Hochebene am Pass bietet sich ein toller Rundumblick auf die umliegende Gebirgslandschaft.

Auf einem Weg geht es rechtsseitig des Baches Thures nach Süden in das **Vallon des Thures**. Bei einer Weggabelung ❷ wählen Sie den rechts ins Tal hinabführenden Weg. In zahlreichen Serpentinen geht es jetzt steil weiter in die steinbruchartige Roubion-Schlucht mit einigen von Gletschereis geformten Felspyramiden.

Nach Überquerung des Baches bei einem Brunnen ❸ (im Sommer bleibt oftmals nur noch ein Rinnsal übrig oder der Bach ist gar ganz ausgetrocknet) verläuft der GR 5 an der rechten Seite des Baches Roubion entlang hinunter in das Tal. Am Ende der Schlucht führt ein Forstweg weiter nach Süden nach **Roubion** ❹, das zum etwa 1,5 km westlich davon gelegenen Ort **Névache** gehört.

Roubion (Névache)

Gîte la Découverte, Ville Basse, einen knappen Kilometer westlich des GR 5 im Weiler Le Cros gelegen, ☏ +33/(0)4 92/21 18 25, www.la-decouverte.com, Anfang Juni bis Ende Oktober, Ein- bis Sechsbettzimmer, HP ab € 49, € 10,

Camping Municipal de Névache (Camping de la Lame), D994g, Riou de Robion, einfacher Platz am Flussufer, 200 m vom Weg entfernt, ☏ +33/(0)4 92/20 51 91, camping.nevache@live.fr, www.nevache.fr/camping, Mitte Juni bis Mitte September, Stellplatz für zwei Personen € 7, € 1,50, € 5, Kartenzahlung möglich

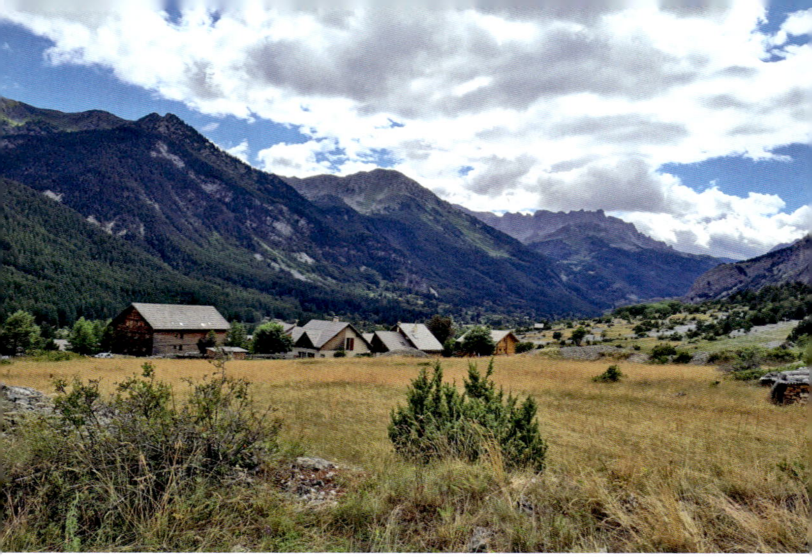

Roubion, Névache

⛺ **Aire Naturelle de Camping**, kostenloser Platz ohne Infrastruktur am Clarée-Ufer etwa 1 km östlich von Roubion und vom Weg entfernt

✕ **Restaurant La Coccinella**, Hameau de Roubion, 150 m vom Weg entfernt, ☏ +33/(0)4 92/21 20 14, ✉ lacoccinella.nevache@gmail.com, 💻 www.facebook.com/La-Coccinella-661871663869538, aktuelle Öffnungszeiten erfragen

Névache ist ein kleiner Ort mit den östlich davon gelegenen Weilern **Le Cros**, **Sallé** und **Roubion**, der etwas touristische Infrastruktur bietet. Das einige Kilometer südöstlich gelegene **Plampinet** gehört auch dazu, dort gibt es eine Post und eine Wanderherberge.

Direkt an der Kirche in Roubion zweigt der GR 5 links ab und führt an das Ufer der Clarée hinab und über eine Brücke ❺. Auf der linken Seite des Flusses geht es dann in der Flussebene auf einer alten Verbindungsstraße, dem Chemin des Arras, eine große Flussschleife abkürzend, nach **Plampinet**. Kurz vor Plampinet trifft die alte Verbindungsstraße auf die D994G. Der GR 5 verläuft ein kleines Stück auf dieser Nationalstraße, überquert die Clarée erneut und erreicht Plampinet. Hier befindet sich eine Wanderunterkunft in einer ehemaligen Kaserne.

Plampinet

Auberge La Cleida, direkt am Weg, +33/(0)4 92/21 32 48, martine.cleida@wanadoo.fr, www.auberge-lacleida-nevache.com, Juni bis September ganztägig, 17 Plätze im Zwei- bis Achtbettzimmer, bewirtschaftet, Restaurant, Ü ab € 25, HP ab € 50, F € 10, € 10, @

Le petit randonneur, direkt am Weg, +33/(0)6 32/13 04 30, Di-So 9:00-19:00

19. Etappe: Plampinet – La Vachette

21,6 km, 7 Std. 15 Min., 1.087 m, 1.157 m, 1.357-2.526 m

0,0 km	1.481 m	Plampinet
3,4 km	1.836 m	Chapelle Saint-Roch
8,8 km	2.445 m	Col de Dormillouse
10,0 km	2.526 m	Col de la Lauze
16,0 km	1.849 m	Montgenèvre BANK
21,6 km	1.357 m	La Vachette

Am letzten Tag in der Thabor-Gruppe wandern Sie über zwei hintereinander liegende Pässe – mit Écrins-Panorama – und ein langes Hochtal hinab nach Montgenèvre. Dort verlassen Sie die Thabor-Gruppe und erreichen die Cottischen Alpen.

In Plampinet zweigt der GR 5 links von der D994G ab. Er führt in einer Rechtsschleife durch die Ortschaft und an der Kirche vorbei. Oberhalb von Plampinet beginnt eine Schotterstraße, deren Durchfahrt verboten ist und an der ein Hinweisschild mit der Aufschrift „Les Acles 4 km" steht. Dieser Schotterstraße folgen Sie. Die Schotterstraße gewinnt in zahlreichen Serpentinen 400 m an Höhe und führt in einer Linksschleife an einer Felsnase der Crête de Guiau vorbei. Anschließend passieren Sie die Cabane de la Cléda und danach die **Chapelle Saint-Roch ❶** auf 1.836 m Höhe.

Kurz hinter der Kapelle erreicht die Schotterstraße das Niveau des Baches Acles. Fast eben gehen Sie auf der Schotterstraße weiter zu den **Chalets des Acles ❷**. Direkt hinter den Chalets überqueren Sie den Acles.

Der GR 5 verläuft ein kleines Stück an der linken Bachseite entlang und knickt dann, nachdem der kleine Bach Opon überquert wurde, nach Süden ab. Rechtsseitig des Opon verläuft der GR 5 durch einen Wald.

Gegen Ende des Waldes bieten sich am Opon ein paar schöne Gelegenheiten zum Wildcampen.

Nach Verlassen des Waldes behält der GR 5 die südliche Richtung bei und führt, anfangs über Wiesen mit zahlreichen Rhododendronbüschen und später in kargem Schottergelände, hinauf zum **Col de Dormillouse** (⇧ 2.445 m) ❸.

Ab jetzt können Sie bis zum Col de la Lauze rechter Hand die schneebedeckten Gipfel des Nationalparks Écrins überblicken.

Am Col de Dormillouse knickt der GR 5 nach Südosten ab, gewinnt nochmals gut 100 Hm und erreicht etwa einen Kilometer später den **Col de la Lauze** (⇧ 2.526 m) ❹. Vom Pass geht es nach Osten in das Hochtal Clot des Fonds hinab, das nur wenige Höhenmeter unterhalb des Col de la Lauze liegt. In diesem Hochtal trifft der GR 5 auf einen von Norden, vom Col des Trois Frères Mineurs, kommenden Weg, knickt rechts ab und verläuft auf diesem alten Pfad, dem Sentier du Clot des Fonts, nach Süden in das Tal hinunter.

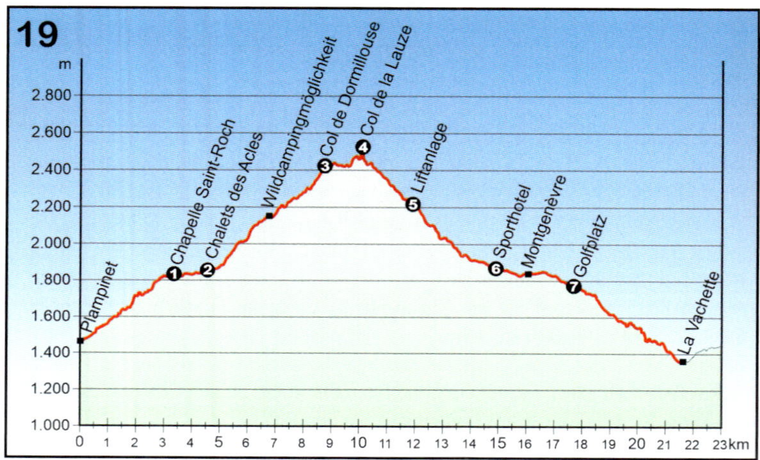

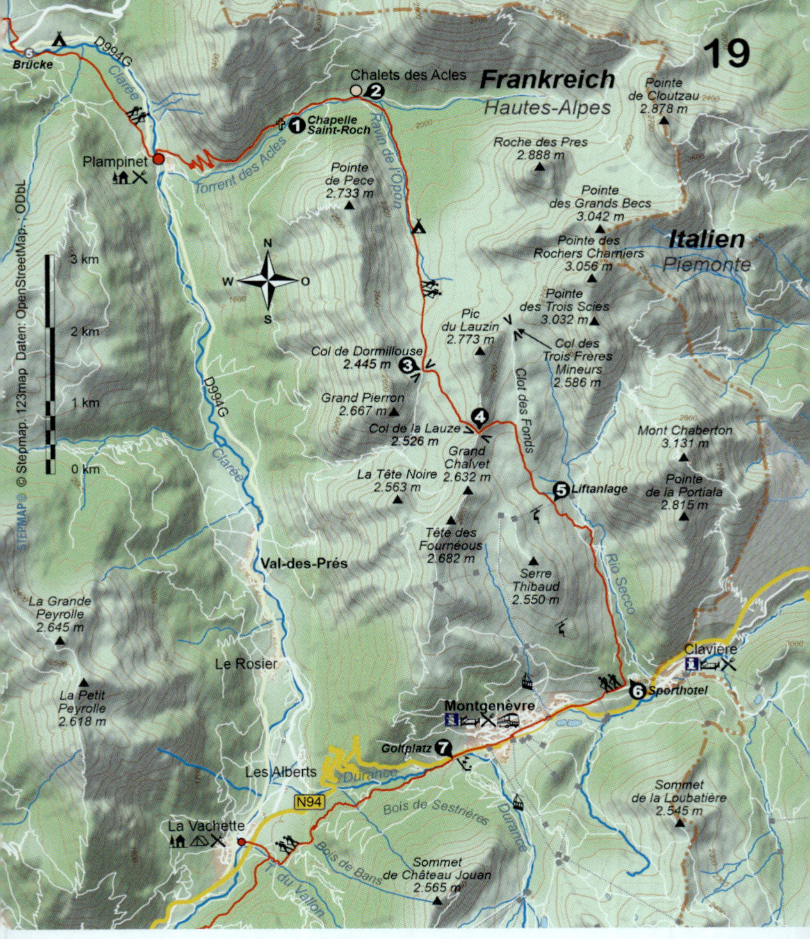

Rund 250 Hm tiefer kommt dieser Weg an einer Quelle vorbei und führt durch einen kleinen Lärchenwald und unter einer Liftanlage des **Skigebietes Montgenèvre** ❺ hindurch. Auf ungefähr 2.000 m Höhe trifft der Weg auf eine Schotterstraße. Der GR 5 führt auf ihr ins Tal rechtsseitig des Rio Secco, der entsprechend dem Namen arm an Wasser, dafür reich an Geröll ist.

Oberhalb des italienischen Grenzorts **Claviere** trifft der GR 5 auf weitere Liftanlagen und das große Sporthotel Village Club du Soleil Montgenèvre ❻ und biegt rechts ab, führt also nicht nach Claviere hinunter. Er verläuft erst ein kurzes Teilstück im Wald und dann über Wiesen. Nach 1 km trifft der GR 5 auf die N94. Auf dieser Nationalstraße verläuft der GR 5 bis nach **Montgenèvre**.

Hier haben Sie das Ende der Thabor-Gruppe erreicht und begeben sich in die **Cottischen Alpen**.

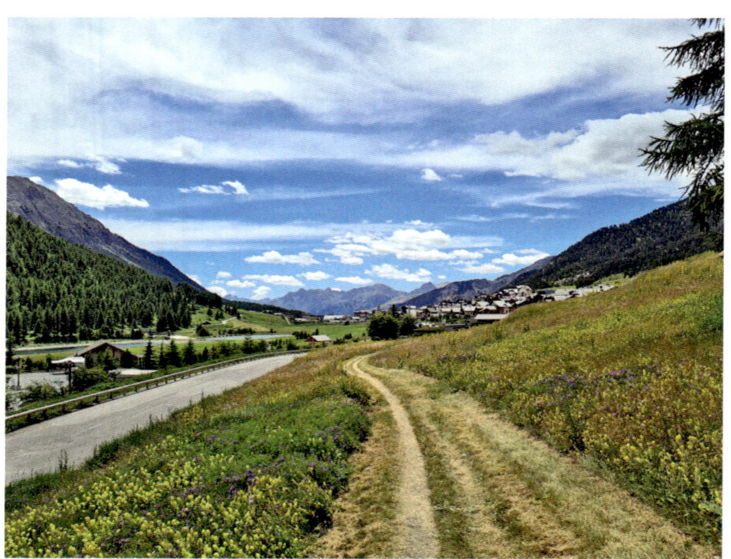

Montgenèvre

Montgenèvre

Office de Tourisme, Place du Bivouac Napoléon, ☎ +33/(0)4 92/21 52 52, accueil@montgenevre.com, www.montgenevre.com, täglich 9:00-18:00

Hôtel Valérie, Rue de l'église, direkt am Weg, ☎ +33/(0)4 92/21 90 02, info@hotel-montgenevre.com www.hotel-montgenevre.com, Anfang Juni bis Ende August, EZ ab € 39, DZ ab € 51, F € 12, € 12, @, Kartenzahlung möglich

Chalet Saint Bernard, Rue de l'église, direkt am Weg, +33/(0)7 86/14 66 11, chalet.saint.bernard@orange.fr, www.hotelchaletsaintbernard.com, ganzjährig, Zimmer mit F ab € 60, , @, Kartenzahlung möglich

Restaurant Pizzeria les Escartons, Place des Escartons, direkt am Weg, +33/(0)4 92/21 92 62, www.restaurant-montgenevre.fr, täglich 12:00-14:00 und 19:00-22:00

Linie I/G mehrmals täglich nach Briançon, zou.maregionsud.fr

Der kleine Bergsportort an der italienisch-französischen Grenze hat ein gleichnamiges Skigebiet. Entsprechend ist rund um das alte Dorf ein großes touristisches Angebot entstanden. Auch im Sommer herrscht reges Treiben. Die wichtige Nationalstraße N94 nach Italien verläuft südlich davon, aber wenigstens größtenteils hinter Schall- und Sichtschutz.

In Montgenèvre verläuft der GR 5 durch das alte Dorf, danach auf der N94. Gegen Ende des großen Golfplatzes ❼, hinter dem Ortsschild, verlässt der GR 5 sie aber zum Glück wieder an einem unauffälligen Abzweig über den Bach Durance und folgt weiter dem Wasserlauf. Allerdings müssen Sie der Bundesstraße noch bis nach Briançon weiter parallel folgen.

Der eingeschlagene Weg führt linksseitig der Durance erst im Wald von Sestrières, später im Wald von Bans in das Tal hinab. Nach ungefähr 1,5 km trifft der GR 5 auf einen von links kommenden Weg. Dort biegen Sie rechts ab und folgen diesem Weg. Kurz vor der Ortschaft **La Vachette** wird eine Kreuzung vor einer Holzbrücke erreicht.

Hier verlassen Sie den GR 5 nach rechts und gelangen in wenigen Hundert Metern nach Überquerung der N94 in die Ortschaft.

La Vachette

Gîte d'étape le Duranço, 18 grand rue, 800 m vom Weg entfernt, +33/(0)6 25/29 08 38, giteduranco@gmail.com, www.facebook.com/giteduranco, bewirtschaftet, Ü ab € 28, Abendessen € 20, F € 6,50, , @

Camping Montana, schöner Platz im Norden des Dorfs am Flussufer, 1,2 km vom Weg entfernt, +33/(0)7 86/64 30 77, info@campinglemontana.fr, www.campinglemontana.fr, ganzjährig ganztägig geöffnet, Stellplatz für zwei Personen € 20,50, Imbiss mit F und kleinen Gerichten, Laden, Pool, ,

Das kleine Dorf verfügt über eine Wanderherberge und einen Campingplatz. Es hat eine schöne Lage am Ufer der Durance und abseits des Trubels in den nahe gelegenen Skigebieten und der Großstadt Briançon.

20. Etappe: La Vachette – Camping de l'Izoard

23,4 km, 8 Std. 40 Min., ↑ 1.603 m, ↓ 1.125 m, ⇧ 1.204-2.477 m

0,0 km	⇧ 1.357 m	La Vachette
4,3 km	⇧ 1.300 m	Briançon BANK
19,2 km	⇧ 2.477 m	Col des Ayes
23,4 km	⇧ 1.835 m	Camping de l'Izoard

Die heutige Etappenaufteilung ist so gewählt, dass der Kontakt mit der einzigen Stadt auf der GTA, Briançon, und ihrem verkehrsreichen Tal am Anfang der Etappe möglichst gering gehalten wird. Hinter Briançon geht es das Ayes-Tal hinauf über den Col des Ayes in den Naturpark Queyras. Ziel ist ein abgelegener Campingplatz, der auch möblierte Mietzelte anbietet. Wer ein festes Dach über dem Kopf haben möchte, kann noch knapp 1,5 km weiter nach Brunissard gehen. Wem die Etappe dadurch zu lang wird, der sollte in Briançon einen Zwischenstopp einlegen, da es zwischen Briançon und Brunissard keine andere Übernachtungsmöglichkeit gibt.

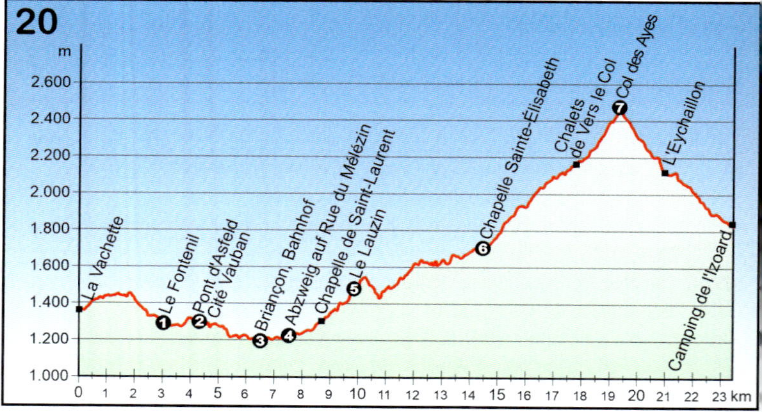

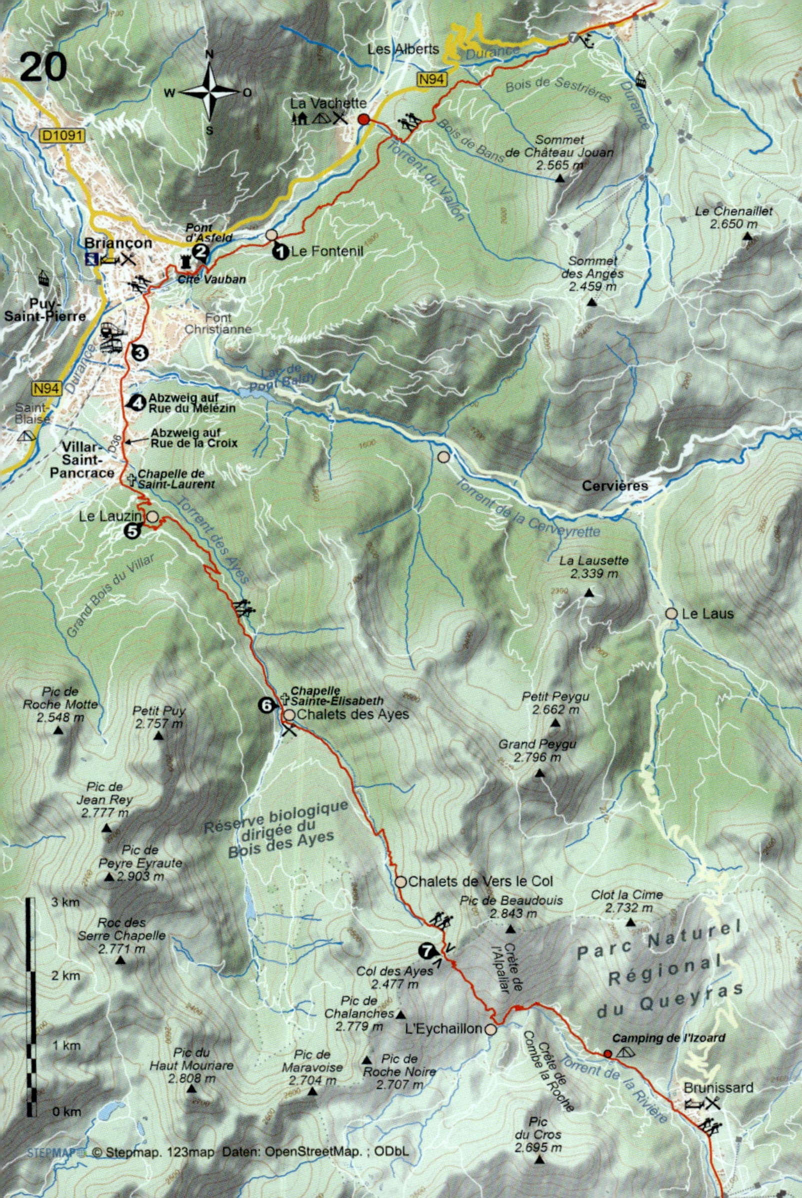
20
N
W
O
S
Les Alberts
Durance
N94
La Vachette
Bois de Sestrières
Bois de Bans
Torrent du Vallon
Sommet de Château Jouan 2.565 m
D1091
Pont d'Asfeld
Briançon
Le Fontenil
Le Chenaillet 2.650 m
Cité Vauban
Sommet des Anges 2.459 m
Puy-Saint-Pierre
Font Christianne
Lac de Pont Baldy
N94
Abzweig auf Rue du Mélezin
Saint-Blaise
Abzweig auf Rue de la Croix
Villar-Saint-Pancrace
D36
Chapelle de Saint-Laurent
Cervières
Torrent de la Cerveyrette
Le Lauzin
Torrent des Ayes
Grand Bois du Villar
La Lausette 2.339 m
Le Laus
Pic de Roche Motte 2.548 m
Petit Puy 2.757 m
Chapelle Sainte-Elisabeth
Chalets des Ayes
Petit Peygu 2.662 m
Grand Peygu 2.796 m
Pic de Jean Rey 2.777 m
Réserve biologique dirigée du Bois des Ayes
Pic de Peyre Eyraute 2.903 m
Chalets de Vers le Col
3 km
Pic de Beaudouis 2.843 m
Clot la Cime 2.732 m
Roc des Serre Chapelle 2.771 m
Crête de l'Alpaliar
Parc Naturel Régional du Queyras
2 km
Col des Ayes 2.477 m
Pic de Chalanches 2.779 m
L'Eychaillon
Crête de Combe la Roche
Camping de l'Izoard
1 km
Pic du Haut Mouriare 2.808 m
Pic de Maravoise 2.704 m
Pic de Roche Noire 2.707 m
Torrent de la Rivière
Brunissard
0 km
Pic du Cros 2.695 m
STEPMAP © Stepmap. 123map Daten: OpenStreetMap. ; ODbL

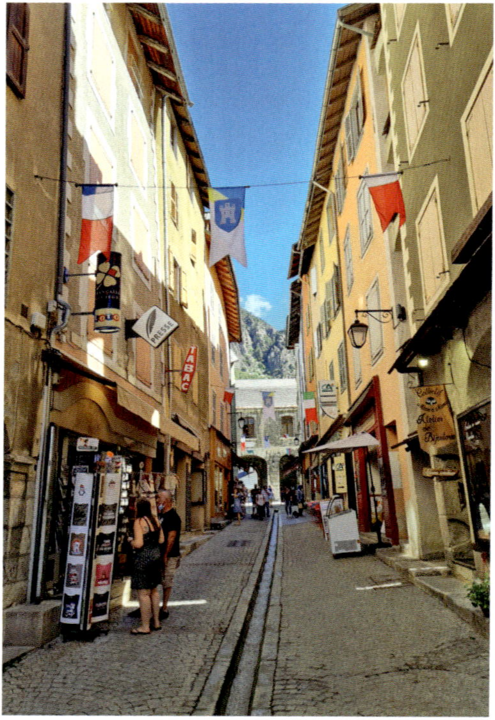

Cité Vauban, Grande Rue

Von Vachette gehen Sie zurück zur südlich gelegenen Kreuzung, wo Sie wieder auf den GR 5 treffen. Nun gehen Sie nach rechts über die Brücke und weiter auf der ungefähr 150 Hm ansteigenden, befestigten Straße. In einer leichten Rechtskurve zweigt der GR 5 rechts auf eine Forststraße in Richtung Le Fontenil ❶ ab.

Sie wandern in südwestlicher Richtung auf der Straße nach Briançon, das Sie nach etwa 4 km erreichen werden. Der GR 5 nähert sich dabei immer mehr der Durance und überquert schließlich den Fluss mittels der 1734 erbauten Brücke Pont d'Asfeld ❷, die bereits zu den Festungsanlagen der **Cité Vauban** gehört. Sie umfasst die Altstadt von Briançon, an welcher der GR 5 nun südlich entlangführt.

☺ Natürlich lassen Sie es sich nicht nehmen, einmal die Grande Rue hinauf durch die Cité Vauban zu bummeln.

Briançon

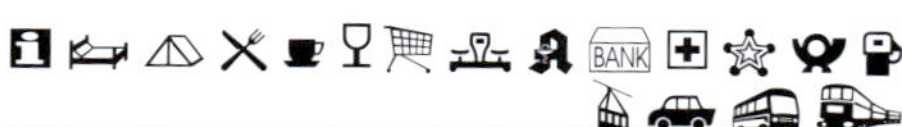

Office de Tourisme, 1 Place du Temple, ☏ +33/(0)4 92/24 98 98, www.serre-chevalier.com, Mo-Sa 9:00-12:00 und 14:00-18:00

Hôtel des Remparts,14, Avenue Vauban, am Nordende der Cité Vauban, 700 m vom Weg entfernt, +33/(0)4 92/21 08 73, pensiondesremparts@hotmail.fr, www.hoteldesremparts.eu, DZ ab € 37, F € 6, Bar,

Restaurant Le Rustique, 36 Rue du Pont d'Asfeld, 100 m vom Weg entfernt, +33/(0)4 92/21 00 10, www.restolerustique.fr, Mi-So 12:00-14:00 und 19:00-22:00

Linie I/G mehrmals täglich nach Montgenèvre, Linie F nach L'Argentière, LER 35 nach Grenoble, Station am Bahnhof, zou.maregionsud.fr

mehrmals täglich Regionalzüge nach Gap, Marseille, Nachtzug nach Paris, www.sncf.com

Dies ist die einzige richtige Stadt auf der GTA, abgesehen vom Zielort Nizza natürlich. Die äußerst sehenswerte, von Vauban nach einem Brand wiedererbaute Altstadt, die mit den anderen Festungsanlagen Vaubans zum UNESCO-Weltkulturerbe gehört, thront auf einem Hügel über der weit auslaufenden Stadt. Ansonsten findet sich hier eine umfassende Infrastruktur mit zahlreichen Einkaufs- und Einkehrmöglichkeiten. Über die Seilbahn können Sie mitten aus der Stadt in das nordwestlich gelegene Skigebiet Serre Chevalier Vallée bzw. in die Hochgebirgswelt der Crête du Rocher Blanc (Gipfelhöhe: 2.503 m) gelangen.

Nach der Cité Vauban gehen Sie weiter auf dem Chemin Vieux. Kurz darauf biegt der GR 5 links ab und führt Sie in einer Linksschleife durch den **Stadtpark de la Schappe** hinunter zur Durance. Die Durance wird erneut überquert und danach knickt der GR 5 erst rechts und dann an dem folgenden Kreisverkehr links in die Avenue du Col d'Izoard ab (dürftig markiert).

Nach einer kurzen Steigung (ohne Fußweg!) biegen Sie rechts ab und folgen der Résidence Les Toulouzannes bis zum Bahnhof. Etwa 1,6 km nach der Cité Vauban befindet sich rechts an einem weiteren Kreisverkehr der Bahnhof von Briançon ❸.

Hôtel Saint Antoine, 12 Rue Joseph Silvestre, direkt am GR 5 in Bahnhofsnähe, +33/(0)4 92/21 04 52, www.hotel-saint-antoine-briancon.fr, ganzjährig ganztägig, Restaurant, EZ ab € 52, DZ ab € 68, HP ab € 78, F € 9, , @

Camping des 5 Vallées, Hameau Saint-Blaise, +33/(0)492/21 06 27, www.camping5vallees.com, Juni bis September ganztägig, Stellplatz für zwei Personen ab € 16,90, Restaurant, Bar, Pool, , @, schöner Platz am Südende der Stadt, allerdings neben der lauten Landstraße N94, nach dem Bahnhof nicht dem GR 5 folgen, sondern etwa 2,4 km am Kreisverkehr geradeaus, dann der

Route des Maisons Blanches über die Durance und dann dem Hameau Chamandrin folgen, der Weg muss nicht komplett zurückgegangen werden, am nächsten Tag nach Überqueren der Durance der Rue de la Maisonette/Rue des Pierres Rouges südlich dem Ort entlang folgen

Vom Bahnhof aus folgen Sie am Kreisverkehr der D36 nach Süden. In einer Kurve halten Sie sich geradeaus und kürzen die D36 auf der Rue du Rencruel ab. Sie queren die D36 und folgen links (ohne Markierung) der Rue du Mélézin ❹. Dann gehen Sie links in die Rue de la Croix, die zur Rue des Ayes wird. Nach einem Bachlauf geht es links die Rue des Ayes hinauf. Sie treffen wieder auf eine geteerte Straße, die Sie aus der Ortschaft **Villard-St.-Pancrace** hinaus und an der **Chapelle de Saint-Laurent** vorbeiführt.

Schließlich kommt eine Schranke, hinter der die Straße zu einem Fahrweg wird. Nach einer Rechtskurve knickt der GR 5 scharf rechts ab und verlässt die befestigte Straße. Der Weg führt durch den Wald von Villard, an **Le Lauzin** ❺ vorbei, nach Süden. Kurz darauf biegen Sie links auf einen Trampelpfad ab, der zur Route Basse des Ayes hinabführt.

Auf der linken Seite des Ayes-Tals verläuft der GR 5 auf dieser Straße etwa 2,5 km nach Südosten. Eine Brücke führt über die Ayes. Kurz nachdem Sie die **Chapelle Sainte-Élisabeth** ❻ passiert haben, überqueren Sie den Fluss erneut und erreichen die **Chalets des Ayes**.

✕ 🍷 **Buvette des Ayes**, direkt am Weg, ☏ +33/(0)7 60/61 58 78,
aktuelle Öffnungszeiten erfragen

Hinter den Chalets zweigt der GR 5 auf einen Fußpfad ab, der nach Südosten direkt am orografisch linken Ufer der Ayes das Tal hinaufführt. Kurz darauf gelangen Sie in das **Réserve biologique dirigée du Bois des Ayes**.

Auf ungefähr 2.090 m Höhe erreichen Sie eine Brücke. Dort überqueren Sie die Ayes und verlassen das **Réserve biologique dirigée du Bois des Ayes** wieder.

Erst auf kleinem Weg, später auf einem Schotterweg, der den Bach quert, verläuft der GR 5 nun weiter nach Südosten. Auf 2.163 m Höhe geht es an den Chalets de Vers le Col vorbei. Dort endet der Schotterweg und auf einem Fußpfad geht es weiterhin auf der orografisch rechten Bachseite immer mehr Höhe gewinnend zum südöstlich gelegenen **Col des Ayes** (⇧ 2.477 m) ❼. Er ist die Hauptverbindung zwischen den Landschaftszonen Briançonnais und Queyras.

Hier gelangen Sie in den **Naturpark Queyras**.

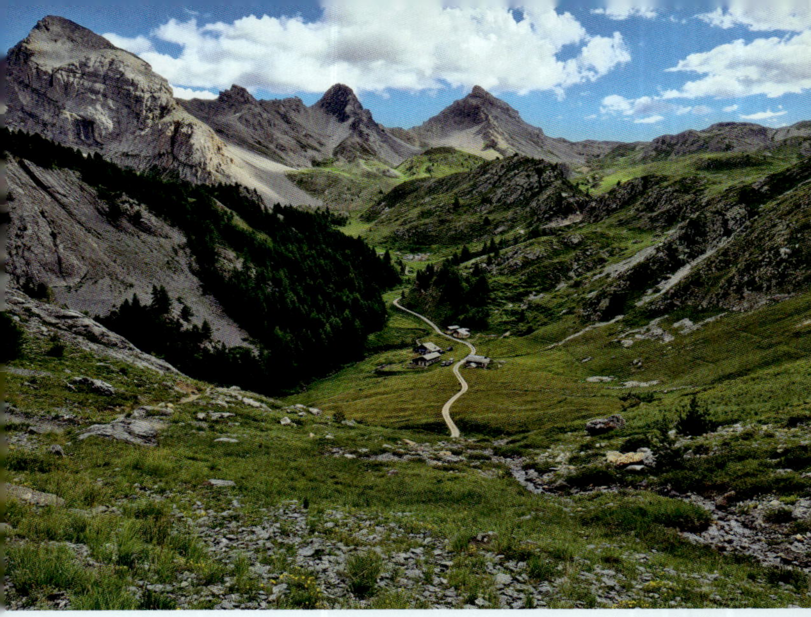

Abstieg nach l'Eychaillon

Der GR 5 führt in zahlreichen Serpentinen steil nach Südosten hinab zu den Chalets von Eychaillon am Oberlauf des Rivière. Auf dem Weg werden zahlreiche Wasserläufe überquert. Bei den Chalets trifft der GR 5 auf eine befahrbare Straße. Dieser folgt er nach Nordosten abknickend an der Steilwand der Crète de l'Alpaliar entlang. Dabei wird die gegenüberliegende Crête de Combe la Roche in einer großen Rechtsschleife umgangen.

Nach der Umgehung dieser Felskette verläuft der GR 5 nach Südosten am linken Ufer des Rivière entlang hinunter in das Tal. Dabei kürzt er mehrere Kehren der Straße ab. Kurz vor Brunissard wird der **Campingplatz Camping de l'Izoard** erreicht, dessen Parzellen weit verstreut im Wald liegen.

⛺ **Camping de l'Izoard**, Platz mit Bergblick an einem Fluss und einem kleinen Badesee mitten im Wald, direkt am Weg, ☏ +33/(0)6 33/33 98 12, 💻 www.campingdelizoard.com, 🚪 Anfang Juni bis Mitte September, Stellplatz für zwei Personen € 11, möblierte Mietzelte € 42/zwei Personen, F € 7, 🍎 € 9, 🏊, Hot Pool € 10, 🚿

21. Etappe: Camping de l'Izoard – Ceillac

23,9 km, 8 Std. 35 Min., 1.312 m, 1.514 m, 1.337-2.305 m

0,0 km	1.835 m	Camping de l'Izoard
7,1 km	1.847 m	Lac de Roue
10,3 km	1.390 m	Fort Queyras
19,5 km	2.301 m	Col Fromage
23,9 km	1.644 m	Ceillac

Auf der heutigen langen Etappe durchqueren Sie einen Großteil des Naturparks Queyras. Sie steigen beim beeindruckenden Fort Queyras ins Guil-Tal hinab. Es folgt der lange Anstieg zum Col Fromage mit Panoramablick auf die höchsten Berge der Cottischen Alpen. Danach steigen Sie nach Ceillac ab. Kürzer aufteilen lässt sich die Etappe mangels Unterkünften nur mit einem Zwischenstopp in Arvieux relativ am Anfang oder mit Wildcampen.

Der GR 5 führt direkt über den Campingplatz und weiter knapp 1,5 km bis nach **Brunissard**. In Brunissard folgen Sie einfach der Asphaltstraße, die am rechten Ortsrand entlangführt. Der Weiler gehört zu Arvieux und hat ein paar Unterkünfte und Einkehrmöglichkeiten zu bieten.

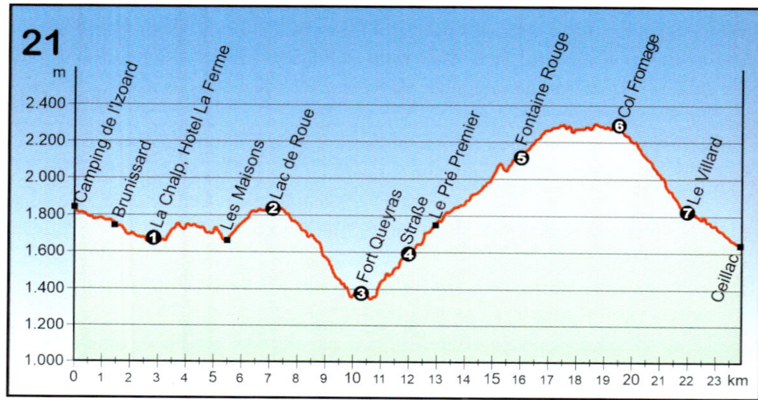

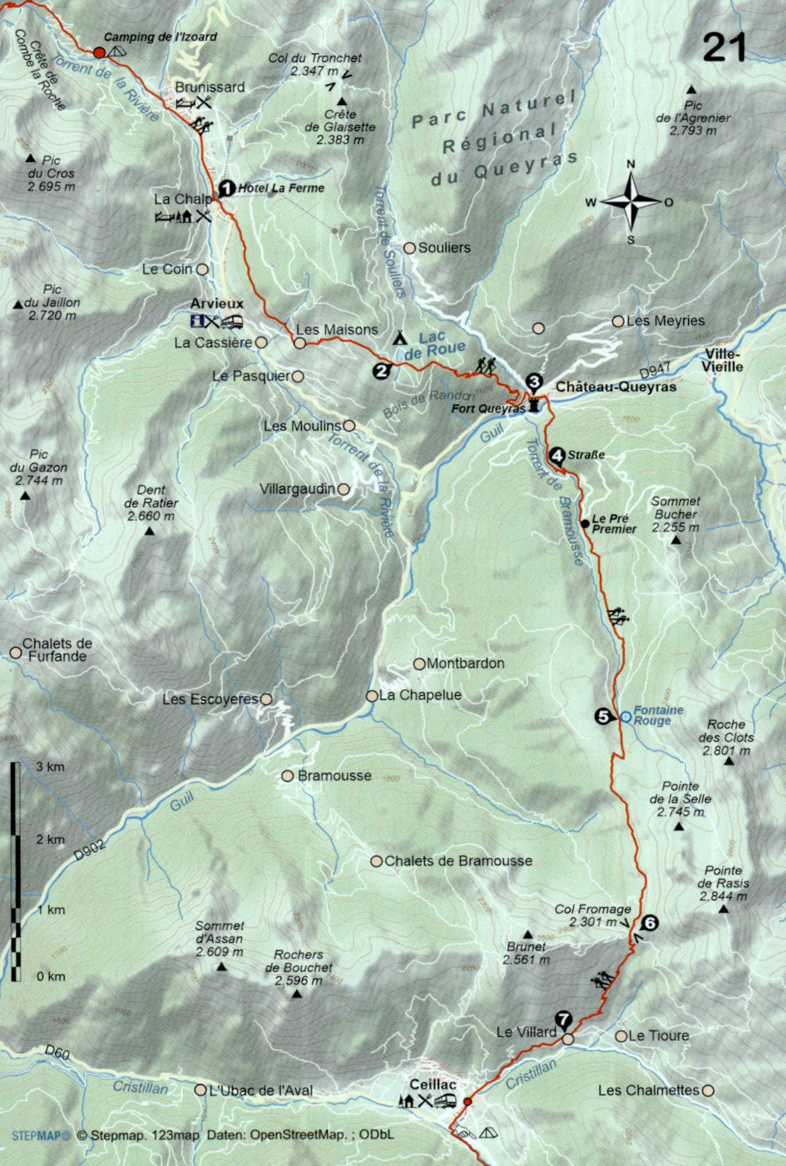
Camping de l'Izoard
Crête de Combe la Roche
Torrent de la Rivière
Brunissard
Col du Tronchet
2.347 m
Crête de Glaisette
2.383 m
Parc Naturel Régional du Queyras
Pic de l'Agrenier
2.793 m
Pic du Cros
2.695 m
Hotel La Ferme
La Chalp
Torrent de Souliers
Souliers
Le Coin
Pic du Jaillon
2.720 m
Arvieux
La Cassière
Les Maisons
Lac de Roue
Les Meyries
Ville-Vieille
Le Pasquier
Bois de Randon
D947
Château-Queyras
Fort Queyras
Les Moulins
Guil
Torrent de la Rivière
Straße
Torrent de Bramousse
Pic du Gazon
2.744 m
Dent de Ratier
2.660 m
Villargaudin
Le Pré Premier
Sommet Bucher
2.255 m
Chalets de Furfande
Montbardon
La Chapelue
Les Escoyeres
Fontaine Rouge
Roche des Clots
2.801 m
3 km
Bramousse
Guil
Pointe de la Selle
2.745 m
2 km
D902
Chalets de Bramousse
Pointe de Rasis
2.844 m
1 km
Col Fromage
2.301 m
Sommet d'Assan
2.609 m
Rochers de Bouchet
2.596 m
Brunet
2.561 m
0 km
Le Villard
Le Tioure
D60
Cristillan
Cristillan
L'Ubac de l'Aval
Ceillac
Les Chalmettes
STEPMAP © Stepmap. 123map Daten: OpenStreetMap. ; ODbL

Maison La Girandole, 34 Rue du Campanile, 150 m vom Weg entfernt, +33/(0)67/46 93 43, info@maisonlagirandole.fr, www.maisonlagirandole.fr, ganzjährig, DZ ab € 60, Abendessen € 26, F € 9, , Pool, @

Bar-Restaurant Chez Marius, 70 m vom Weg entfernt, +33/(0)4 92/46 87 82, contact@chezmariusenqueyras.fr, www.chezmariusenqueyras.com, Mo-Sa 10:00-15:00

Hinter Brunissard trifft die Asphaltstraße und damit der GR 5 auf die D902. Auf der Bundesstraße wird in knapp 2 km **La Chalp** erreicht, ein weiterer Weiler, der zu **Arvieux** gehört und über ein paar Unterkünfte und einen kleinen Lebensmittelladen verfügt.

Hôtel-Restaurant La Ferme, direkt am Weg, +33/(0)4 92/46 89 00, info@laferme.fr, www.laferme.fr, ganzjährig ganztägig geöffnet, Zimmer ab € 79, HP + € 39, F € 13, ab € 9, Restaurant, , Pool und Spa, @

Gîte d'étape La Teppio, direkt am Weg, +33/(0)4 92/46 73 90, contact@teppio.com, www.teppio.com, ganzjährig, 20 Plätze im Zwei- bis Fünfbettzimmer, bewirtschaftet, Ü ab € 20, HP ab € 39, € 9, , @

Le Chalet des Saveurs, direkt am Weg, +33/(0)4 92/53 14 38, täglich 9:15-18:15

Am Ortseingang von La Chalp, beim Hôtel La Ferme ❶, zweigt der GR 5 von der Bundesstraße nach links ab und führt in der Ortschaft nach Südosten hinauf. An der ersten Weggabelung folgt der GR 5 der rechten Straße in die Oberstadt von La Chalp. An der Kirche zweigt der GR 5 von der asphaltierten Straße ab und biegt, die südöstliche Richtung beibehaltend, auf einen Fußpfad ab. Auf der linken Flanke führt er nahezu eben im Wald nach Südsüdost. Nach ungefähr 2 km erreichen Sie die D502 oberhalb von **Arvieux**.

Von hier können Sie auf der D502 in knapp 2 km nach Arvieux absteigen.

Die D502 verbindet Arvieux im Rivière-Tal mit dem hoch an der Bergflanke gelegenen Dorf **Les Maisons**. Auf dieser Straße wird das südöstlich gelegene Bergdorf angesteuert. Der GR 5 führt durch das Bergdorf hindurch. Hinter dem Bergdorf, teilweise in Serpentinen Höhe gewinnend, gehen Sie auf einem Pfad nach Osten.

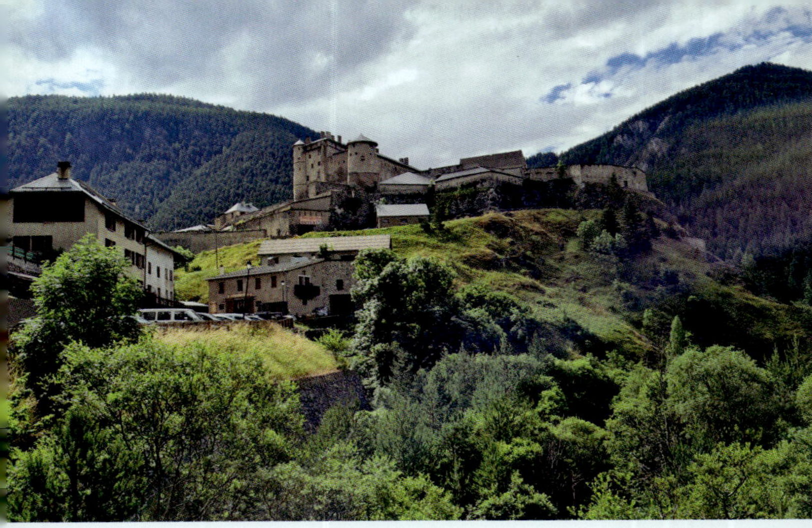

Fort Queyras

Nach etwa 1,5 km wird der Wald von Rondon erreicht, der Schatten spendet. Direkt hinter der Waldgrenze verläuft der GR 5 am Südufer des auf 1.847 m Höhe gelegenen **Lac de Roue ❷** vorbei.

⛺ Dieser schöne See mit Wasserlauf und Blick auf das Massiv des **Col du Tronchet** ist ein traumhaftes Plätzchen zum Wildcampen.

Im Wald geht es weiter in östlicher Richtung. Anfangs verliert der GR 5 nur leicht an Höhe, dann geht es in zahlreichen Serpentinen steil in das Guil-Tal hinunter. Etwas westlich von Château-Queyras trifft der GR 5 auf die D947. Links, also in östlicher Richtung, geht es auf der Bundesstraße hinein nach **Château-Queyras**, ein kleines Dorf rings um das beeindruckende **Fort Queyras ❸**, das Teil der Festungsanlagen Vaubans in dieser Region ist.

Direkt vor dem Hügel, auf dem das Fort Queyras steht, überqueren Sie den Bach Torrent de Souliers. Am Fort angelangt verlassen Sie die D947 und folgen geradeaus einer Dorfstraße. Nach 200 m biegen Sie rechts in die Gasse Montée du Colonel, die zum Ufer des Guil hinabführt. Dort nehmen Sie die Brücke über den Fluss. Am anderen Flussufer verläuft eine Straße. Diese kreuzen Sie und nun es geht auf einem Fußweg steil nach Süden hinauf. Im weiteren Verlauf führt der Weg am rechten Bachufer der Bramosse entlang.

Es folgt der anstrengende und etwas eintönige Aufstieg durch den Wald. Nach ungefähr 500 m trifft der GR 5 auf knapp 1.600 m Höhe auf eine Straße ❹, die zum Sommet Bucher hinaufführt. Der GR 5 verläuft einige Meter auf dieser Straße und kürzt dann eine Kehre der Straße ab. In der darauffolgenden Kehre bei Le Pré Premier trifft der GR 5 erneut auf diese Straße, verlässt sie allerdings nach dieser Kehre wieder.

Nun wird es wieder interessanter, weil sich der Blick immer mehr öffnet. Der GR 5 führt ungefähr 50 Hm höher an der Flanke parallel zum Bach. Auf ungefähr 2.070 m Höhe überqueren Sie den Bach, dann trifft der Weg auf einen von links vom Sommet Bucher kommenden Fahrweg. Wenn Sie der ersten Kehre dieses Fahrwegs folgen und den Bach wieder überqueren, können Sie an der auf 2.125 m Höhe gelegene Quelle **Fontaine Rouge** ❺ Ihre Wasservorräte auffüllen. Die Quelle ist an einer Umzäunung zu erkennen.

Hier begrüßen Sie die Zinnen der **Pointe de Rasis**.

Im Scheitelpunkt der Kehre verlassen Sie den Fahrweg wieder und gehen weiter nach Süden. An einer Wegkreuzung auf ungefähr 2.250 m Höhe knickt der GR 5 scharf nach rechts ab und führt ein kleines Stück nach Nordwesten, um Sie auf einen aus dem Tal kommenden Weg zu geleiten.

Nun haben Sie einen schönen Blick zurück auf weite Teile der Cottischen Alpen mit dem überragenden **Pic de Rochebrune**.

Der Weg führt, nunmehr kaum noch an Höhe gewinnend, wieder nach Süden hinauf auf den **Col Fromage** (⇧ 2.301 m) ❻.

Vor Ihnen erstreckt sich das höchste Massiv der Cottischen Alpen entlang der französisch-italienischen Grenze mit ihrem höchsten Berg, dem **Monviso**.

Hinter dem Col Fromage gehen Sie in Serpentinen steil hinab nach Süden in die Rasis-Schlucht. Auf der rechten Flanke der Schlucht geht es weiter hinunter bis nach **Le Villard** ❼ auf 1.825 m Höhe. In der kleinen Ortschaft trifft der GR 5 auf eine Straße und knickt rechts ab. Auf dieser Straße gehen Sie in westlicher Richtung weiter und auf der rechten Flussseite des Cristillan entlang hinunter nach **Ceillac**.

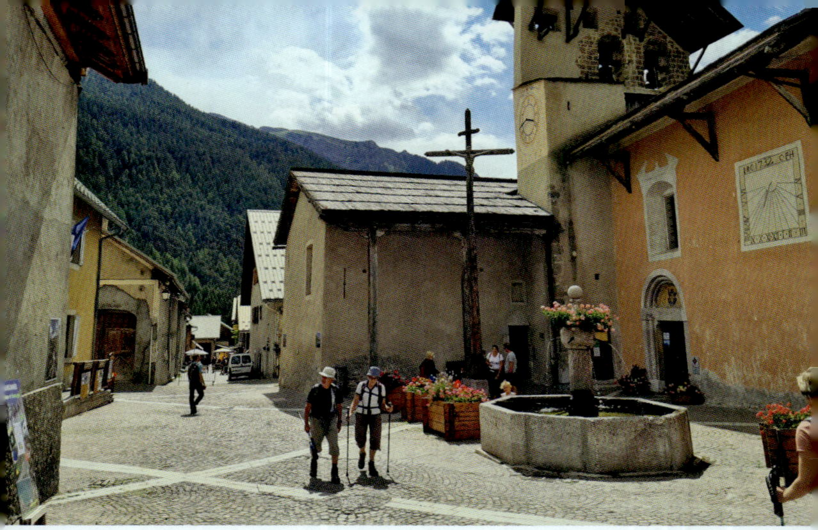

Ceillac

Ceillac

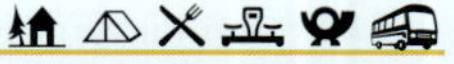

Gîte d'etape Les Baladins, Rue du Claus, direkt am Weg, +33/(0)4 92/45 00 23, info@lesbaladins.com, www.lesbaladins.com, Juni bis September, Ein- bis Achtbettzimmer, Ü ab € 21, HP ab € 42,

Camping Municipal des Moutets, einfacher Platz am Flussufer, 700 m vom Weg entfernt, +33/(0)4 92/45 17 89, campingceillac@orange.fr, www.ceillac.com/campings.htm, Juli bis September, Stellplatz für zwei Personen € 8,30, € 1, @

Restaurant Le Mantefaim, 50 m vom Weg entfernt, +33/(0)6 64/80 02 16, www.lematefaim.com, aktuelle Öffnungszeiten erfragen

Linie S24 mehrmals täglich nach Montdauphin Bahnhof (nur während der Hochsaison), zou.maregionsud.fr

Weitere Unterkünfte außerhalb von Ceillac befinden sich am Anfang der 22. Etappe, S. 163.

Ceillac ist ein kleines, hübsches Dorf mit ein paar einfachen Unterkünften, Restaurants und Geschäften und fungiert als wichtiger Stützpunkt für den Sommerbergsport und für den Langlauf.

22. Etappe: Ceillac – Maljasset ☆

15,3 km, 5 Std. 30 Min., ↑ 1.162 m, ↓ 918 m, ⇧ 1.629-2.699 m

0,0 km	⇧ 1.644 m	Ceillac
2,8 km	⇧ 1.686 m	Cascade de la Pisse
5,6 km	⇧ 2.217 m	Lac Miroir
8,3 km	⇧ 2.415 m	Chapelle Sainte-Anne/Lac Sainte-Anne
10,2 km	⇧ 2.699 m	Col Girardin
15,3 km	⇧ 1.906 m	Maljasset

Nach den zwei langen letzten Etappen ist der heutige Wandertag wieder kürzer, aber voller Highlights. Er führt Sie am letzten Tag im Naturpark Queyras an einigen Bergseen vorbei über den Col de Girardin mit tollem Panorama. Nach dem zum Ende hin steilen, aber kurzen Abstieg erreichen Sie La Barge und von dort das Refuge de Maljasset etwas abseits der GTA.

Links vom Bürgermeisteramt von Ceillac verläuft der GR 5 durch eine kleine Gasse, die zum Fluss Cristillan führt. Nach Überquerung des Flusses verläuft er in südöstlicher Richtung auf der D60 hinunter zum Fluss Mélezet und überquert diesen bei der ersten Brücke.

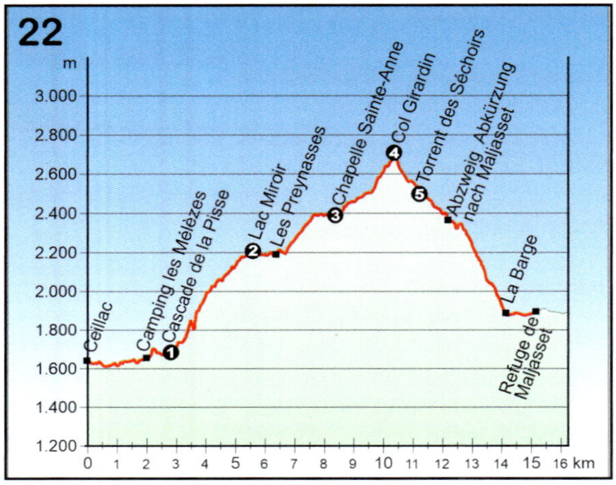

↳ Wer zum **Campingplatz les Mélèzes** möchte, der nach 2,2 km erreicht wird, bleibt auf der D60.

Camping les Mélèzes, schöner, abgelegener Platz am Flussufer, ☎ +33/(0)4 92/45 21 93, contact@campingdeceillac.com, www.campingdeceillac.com, Juni bis Anfang September, Stellplatz für zwei Personen € 21,70, Imbiss, € 5

Nach einem knappen Kilometer erreichen Sie eine Weggabelung bei der **Cascade de la Pisse ❶**. Der GR 5 führt nicht direkt zu den Wasserfällen, sondern zweigt an der Weggabelung rechts nach Nordwesten ab. Der Weg geradeaus führt in 100 m zu einem Aussichtspunkt mit Blick auf den Wasserfall. Der linke Weg führt zu einer Holzbrücke über die Mélezet und zu einem etwa 150 m entfernten Hotel.

Hôtel la Cascade, 100 m vom Weg entfernt, ☎ +33/(0)4 92/45 05 92, www.logishotels.com, Juni bis Ende September ganztägig, Restaurant, Ü ab € 80, F € 9,50, @, Kartenzahlung möglich

↳ Wenn Sie dem Weg neben dem Fluss etwa 2 km folgen, gelangen Sie zum **Refuge de la Cime**.

Refuge de la Cime, ☎ +33/(0)6 32/00 09 56, refuge@ceillac.com, www.refugeceillac.com, Anfang Juni bis Ende Oktober, Ü € 20, HP € 44, Abendessen € 20, F € 10, € 10,

Der GR 5 umgeht orografisch links von den Wasserfällen die Steilstufe, über welche die Wassermassen stürzen. Hierzu führt er in zahlreichen Serpentinen neben den Wasserfällen steil in die Höhe.

☺ ↳ Beim nächsten Abzweig führt ein Weg links in etwa 200 m direkt zu einem Aussichtspunkt auf die Cascade de la Pisse.

Nachdem die Höhe des Plateaus erreicht ist, aus dem das Wasser in das Tal stürzt, biegt der GR 5 wieder nach links ab. In einem Wald, in dem Sie in südlicher Richtung weitergehen, gewinnt er weiter an Höhe.

Nach einiger Zeit ist links vom Weg erneut das Rauschen eines Wasserfalls zu hören. Orografisch links davon führt der GR 5 auf ein Hochplateau.

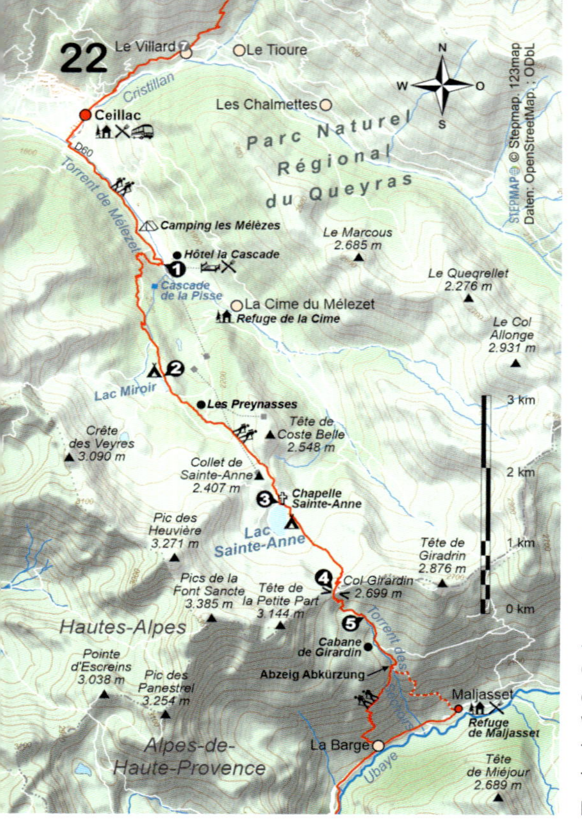

Dort oben liegt auf ungefähr 2.217 m Höhe vor der traumhaften Bergkulisse der Crête des Veyres der Lac des Prés-Soubeyrand, auch **Lac Miroir** (Spiegelsee) ❷ genannt.

In diesem See spiegeln sich die 600 m hohen Wände der steil zum See hin abfallenden 3.000 m hohen Gebirgskette **Pics de la Font Sancte**. Diese hat ein paar Dauerschneefelder.

⛺ Ein Traumplatz für das Wildcamping, allerdings ohne Wasserlauf. Wegen der großen Anzahl Tagestouristinnen und Tagestouristen erst in der Dämmerung aufsuchen.

Am nordöstlichen Ufer des Sees führt ein Pfad weiter zu der Preynasses-Alm. An der Alm vorbei gehen Sie ein kleines Wegstück in östlicher Richtung, bevor dann der GR 5 unter den Liftanlagen von Sainte-Anne rechts abknickt und auf den Skipisten weiter in die Höhe führt.

Auf ungefähr 2.400 m Höhe wird eine Hochebene erreicht, auf der die Liftanlagen enden (Collet de Sainte-Anne). Der GR 5 verläuft nun nahezu eben weiter in südöstlicher Richtung. Etwa 700 m nach der Hochebene erreichen Sie die **Chapelle Sainte-Anne** ❸ und den wunderschönen, türkisfarbenen **Lac Sainte-Anne** auf 2.415 m Höhe.

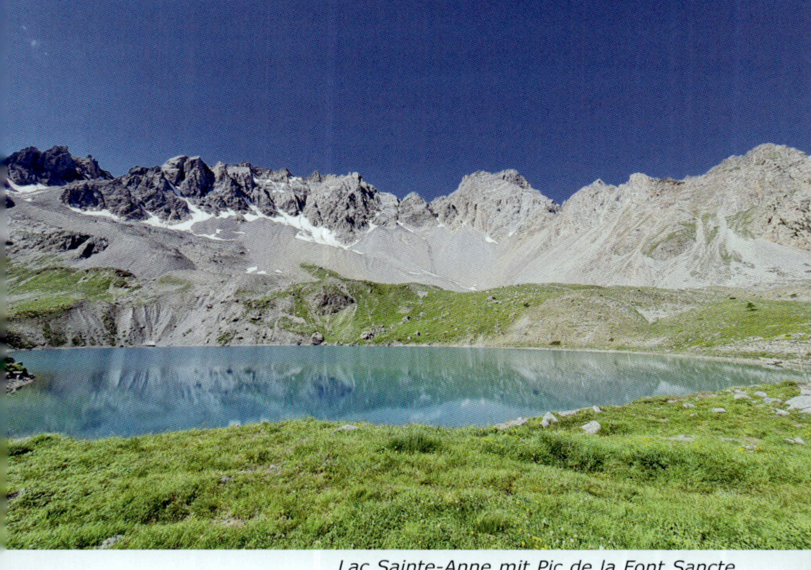

Lac Sainte-Anne mit Pic de la Font Sancte

Die **Pics de la Font Sancte** und ihre Schneefelder können Sie nun aus nächster Nähe bewundern.

Ein weiterer Traumplatz für das Wildcamping, allerdings auch ohne Wasserlauf. Wegen der großen Anzahl Tagestouristinnen und Tagestouristen erst in der Dämmerung aufsuchen.

Im Geröll führt der GR 5 weiter nach Südosten. Anfangs ist die Steigung noch moderat. Zum **Col Girardin** hin nimmt sie allerdings immer mehr zu. Die letzten Höhenmeter geht es in Serpentinen steil auf den Pass hinauf (⇧ 2.699 m) ❹.

Dies ist der zweithöchste Punkt auf der GTA! Der Ausblick entlohnt die Mühen. Er stellt die Grenze zwischen dem Département Haute-Alpes und dem **Département Alpes-de-Haute-Provence** in der Region Provence-Alpes-Côte d'Azur dar. Hier endet auch das Gebiet des **Naturparks Queyras**.

Hinter dem Pass geht es in Serpentinen wieder steil über losen Schotter nach Südosten hinab. Ungefähr 200 Hm tiefer trifft der GR 5 auf den Bach Séchoirs ❺.

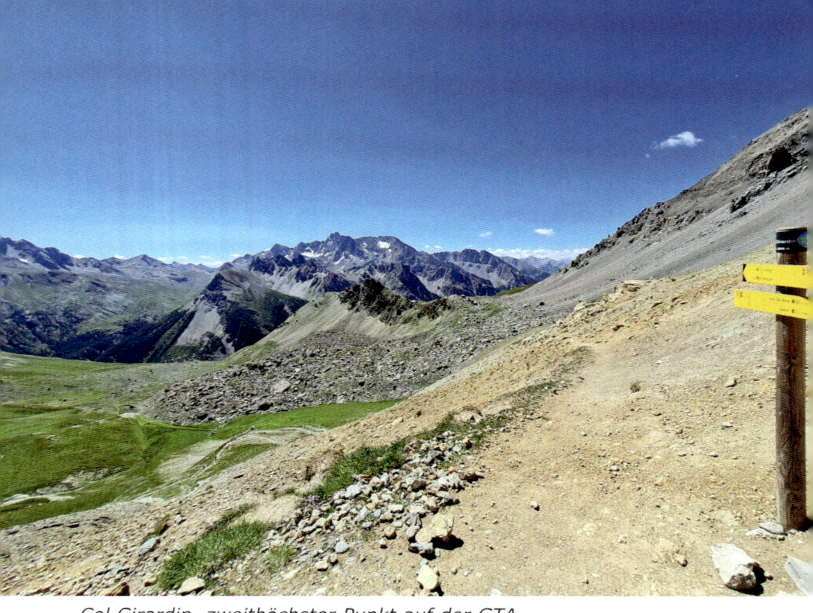

Col Girardin, zweithöchster Punkt auf der GTA

An dessen linkem Ufer geht es weiter in das Tal hinab, vorbei an der Girardin-Alm auf der gegenüberliegenden Bachseite.

↳ Auf 2.368 m Höhe wird ein Abzweig erreicht. Von hier können Sie geradeaus nach Südosten direkt zum Etappenziel **Refuge de Maljasset** abzweigen (1,5 km). Der Weg führt allerdings über teilweise losen Schiefer in steilen Serpentinen die 450 Hm ins Ubaye-Tal hinab. Empfehlenswerter ist es, dem GR 5 zu folgen und im Tal die Straße 1 km hochzugehen.

Der GR 5 zweigt rechts vom Bach ab und führt in der Flanke hoch oberhalb der Ubaye auf teilweise losem Untergrund nach Südwesten. Auf diesem kurzen Teilstück ist absolute Trittsicherheit erforderlich. In zahlreichen Serpentinen verliert der GR 5 nun an Höhe und trifft schließlich, nach ungefähr 2 km, bei der kleinen Ortschaft **La Barge** auf die D25.

An der D25 angelangt besteht die Möglichkeit, den GR 5 verlassend auf einfachem Weg links zum **Refuge de Maljasset** zu gelangen (➲ 1 km).

Refuge de Maljasset, ☏ +33/(0)4 92/31 55 42, caf.maljasset@gmail.com, www.maljasset-refuge.fr, Juni bis Oktober ganztägig, 39 Plätze, bewirtschaftet, Restaurant, HP € 43,30, F € 6, € 10,

23. Etappe: Maljasset – Larche

25,3 km, 8 Std. 25 Min., ↑ 1.325 m, ↓ 1.529 m, ⇧ 1.539-2.552 m

0,0 km	⇧ 1.885 m	Maljasset
10,6 km	⇧ 1.884 m	Fouillouse
15,9 km	⇧ 2.524 m	Col du Vallonet/Lac du Vallonet Supérieur
16,9 km	⇧ 2.439 m	Lac du Vallonet Inférieur
19,9 km	⇧ 2.552 m	Col de Mallemort
25,3 km	⇧ 1.680 m	Larche

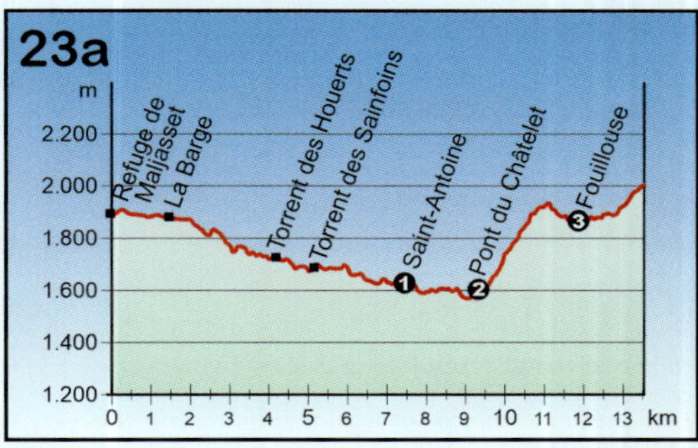

Der letzte Tag in den Cottischen Alpen führt Sie bis zur Grenze des Nationalparks Mercantour. Zunächst gehen Sie das Ubaye-Tal nicht ganz so spannend auf der Fahrstraße hinab. Hinter Fouillouse und nach dem Aufstieg zum Col du Vallonet wartet dafür ein traumhaftes Hochtal mit vielen Wasserläufen. Von dort steigen Sie nach Larche ab. Die lange Etappe kann mit Zwischenstopp in Fouillouse nach knapp der Hälfte der Strecke aufgeteilt werden.

Auf der D25 geht es am rechten Ufer der Ubaye ungefähr 9 km nach Südwesten. Dabei wird die D25 stellenweise durch Uferweg gekürzt.

Nachdem Sie den Weiler **St. Antoine** ❶ und die dortige Kapelle passiert haben, überqueren Sie nach 7,2 km den Bach Châtelet. 300 m weiter ist eine Weggabelung, wo Sie nach links in Richtung Südosten gehen und die D25 verlassen.

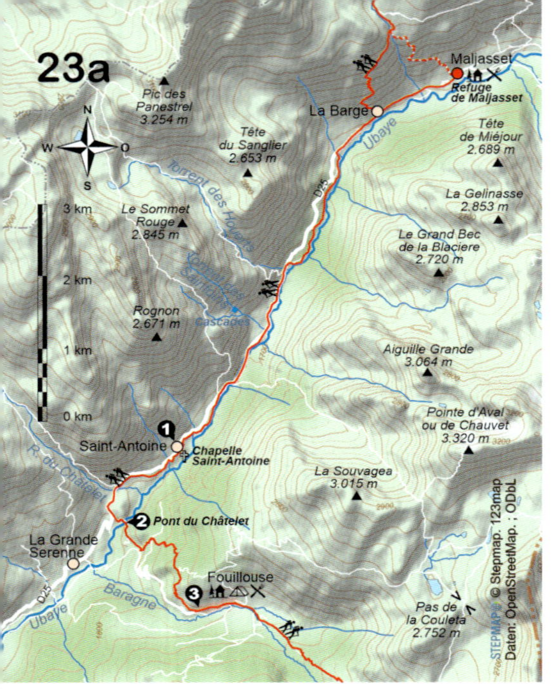

Nur wenige Meter nach der Abzweigung überqueren Sie auf der alten Steinbrücke Pont du Châtelet ❷ die 97 m tiefer durch eine extrem enge Schlucht brausende Ubaye.

Direkt hinter der Brücke gehen Sie durch einen Tunnel und 400 m hinter dem Tunnel biegen Sie links von der Asphaltstraße ab. In steilen Serpentinen windet sich ein Weg rund 400 Hm in einem Wald hinauf und knickt dann nach Südosten ab, um auf der Bergflanke nahezu eben nach **Fouillouse** ❸ zu führen.

Etwas kürzer, aber die ganze Zeit auf Asphalt laufen Sie, wenn Sie einfach weiter der Landstraße folgen.

Fouillouse

Gîte Les Granges, direkt am Weg, ☏ +33/(0)4 92/84 31 16, gite.fouillouse@gmail.com, www.gite-les-granges.com, ganzjährig ganztägig, Schlafsaal oder Ein- bis Vierbettzimmer, bewirtschaftet, Restaurant, Bar, HP ab € 44,50, € 8, Kartenzahlung möglich

Épicerie Chez Bourillon, direkt am Weg, ☏ +33/(0)492/84 34 74, kleiner Lebensmittelladen mit Restaurant und, Campingmöglichkeit kann im Laden erfragt werden, € 4, aktuelle Öffnungszeiten erfragen, Kartenzahlung möglich

Das kleine, urige Dorf hat einen Dorfladen und eine Unterkunft sowie einen riesigen Parkplatz, denn es ist Ausgangspunkt für viele bekannte Wandertouren der Region. Seine weite Abgelegenheit macht sich in den Preisen bemerkbar.

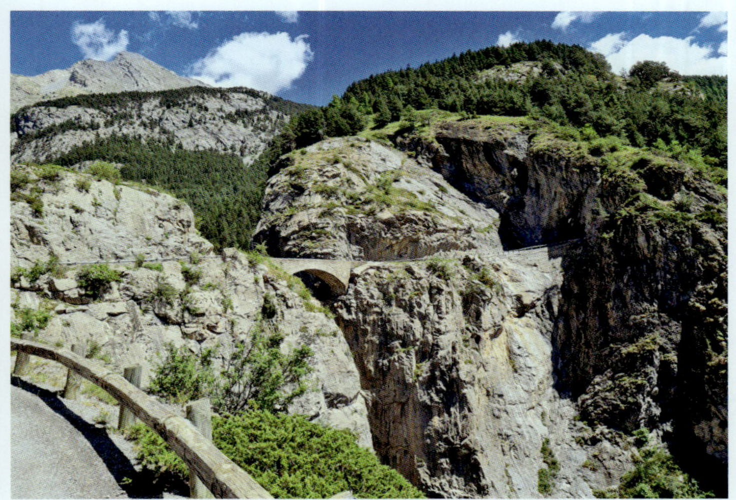

Die Steinbrücke Pont du Châtelet überspannt abenteuerlich eine tiefe Schlucht

Vorbei an der der Kirche geht es durch die Ortschaft hindurch. Kurz hinter Fouillouse endet die asphaltierte Straße. Auf einem befahrbaren Weg führt der GR 5 rechtsseitig der Fouillouse entlang nach Südosten in die Berge. Nach einiger Zeit führt er vom Bach weg, um in zahlreichen Serpentinen auf der rechten Flanke des Tals an Höhe zu gewinnen. Dann erreichen Sie die Ruinen des **Fort de Plate Lombarde ❹**.

Hinter den Ruinen, an einer Weggabelung, an der ein Weg links in die Berge zum Pas de la Coulette abzweigt, behält der GR 5 seinen südöstlichen Verlauf bei. Sie überqueren erst den Aoupets und später auf ungefähr 2.200 m Höhe den Vallon. Am linken Ufer des Vallon geht es ein ebenes Hochtal entlang. Am Ende des Hochtals führen einige Schleifen einen Hang hinauf. Rechts unterhalb des Weges liegt der **Lac de Plate Lombarde** (⇧ 2.434 m). Dieser und der folgende See können im Juli schon ausgetrocknet sein.

Der GR 5 verläuft einige Höhenmeter über dem See und es fehlen nur noch wenige Höhenmeter bis zum **Col du Vallonet** (⇧ 2.524 m) ❺. Durch ein traumhaftes Hochtal mit schönen Wasserläufen geht es an dem auf 2.514 m Höhe links vom Pass liegenden **Lac du Vallonet Supérieur** entlang.

Bei den Wasserläufen zu Beginn des Hochtals lässt sich ein wunderbares Plätzchen zum Wildcampen finden.

Das Hochtal windet sich in einigen Kurven nach Süden. Auf dem Weg nach Süden überqueren Sie mehrmals einen Bach. Auf Höhe des rechts liegenden **Lac du Vallonet Inférieur ❻** zweigt links ein Weg ab, der zum Col de la Portiolette führt. Der GR 5 bleibt allerdings weiter im Hochtal und verläuft am östlichen Ufer des Sees entlang nach Süden.

Nach der Überquerung eines weiteren Baches, dem Pinet, trifft der GR 5 auf eine alte, geschotterte Militärstraße, die von Saint-Ours in die Berge zu dem unter dem Col de Mallonet bereits sichtbaren Fort von Viraysse hinaufführt. Der GR 5 folgt dieser Straße nach links leicht ansteigend durch das Hochplateau.

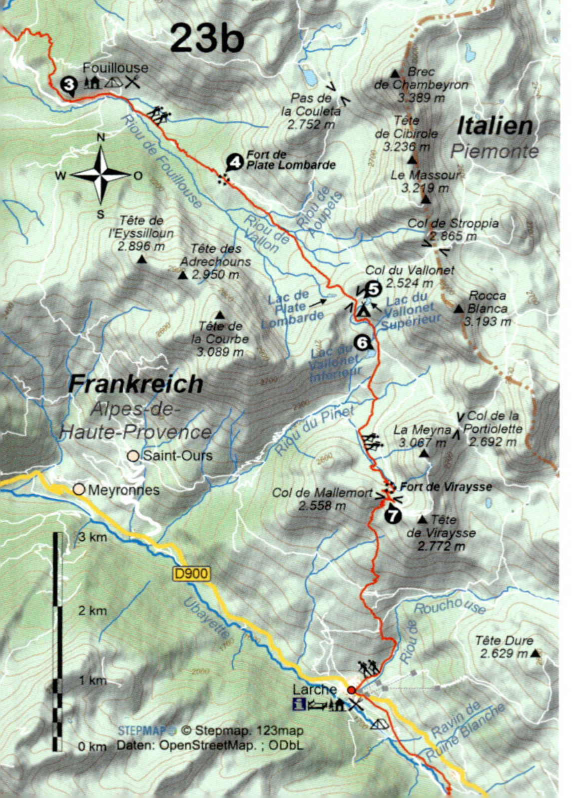

Nochmals wird ein Bach überquert und es führen einige Serpentinen hinauf zum **Fort de Viraysse**, von dem nur noch Ruinen übrig geblieben sind. Hinter dem Fort geht es in Serpentinen hinauf auf 2.552 m Höhe zum **Col de Mallemort** (Passhöhe: 2.558 m) ❼. Links oberhalb des Passes sind auf der 2.772 m hohen Tête de Viraysse die Ruinen einer weiteren Wehranlage zu sehen.

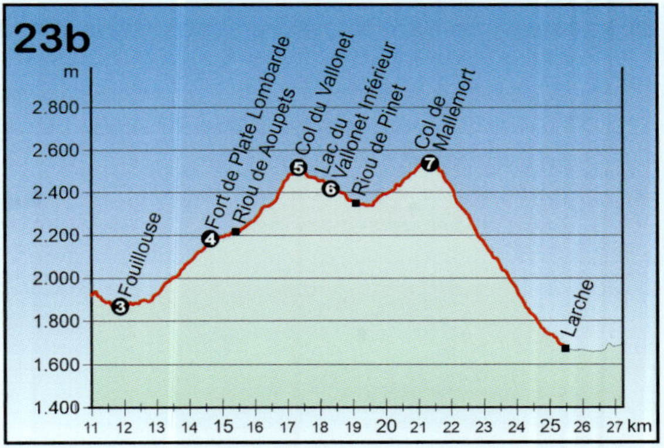

Nach dem Pass führt der Weg in Serpentinen steil hinunter nach Süden. Auf 1.890 m Höhe führt der GR 5 an einer Weggabelung nach links steil und in engen Kurven in die Rouchouse-Schlucht hinein. Am rechten Bachufer angekommen geht es die letzten 200 Hm hinunter nach **Larche**.

Sie haben das Ende der Cottischen Alpen erreicht und kommen in die letzte Gebirgsgruppe der GTA, die **Seealpen**.

Larche (Val d'Oronaye)

Office de Tourisme, Rue de la Clavette, ☏ +33/(0)4 92/84 33 58, larche@haute-ubaye.com, www.haute-ubaye.com, in der Hauptsaison täglich 9:00-18:30

Hôtel-Restaurant Au Relais d'Italie, direkt am Weg, ☏ +33/(0)4 92/84 31 32, provence-alpes-cotedazur.com/offres/au-relais-ditalie-val-doronaye-fr-2878336, 15. Juni bis 30. September, Restaurant mit Abendessen, DZ ab € 63, F € 9,50, Abendmenü € 21

Gîte Auberge du Lauzanier, direkt am Weg, ☏ +33/(0)4 92/84 35 93, aubergedulauzanier@orange.fr, www.gite-le-lauzanier-larche.com, Dezember bis Mitte Oktober ganztägig, 24 Plätze in Zwei- bis Fünfbettzimmern, bewirtschaftet, Restaurant, HP € 57, € 9,

Gîte d'étape Refuge de Larche, direkt am Weg, ☏ +33/(0)4 92/84 30 80, refugedelarche@hotmail.fr, www.gite-etape-larche.com, ganzjährig, 51 Plätze im Schlafsaal oder Zwei- bis Vierbettzimmer, bewirtschaftet, Ü ab € 15,28, Abendessen € 20, F € 8, HP ab € 40,28, € 9,

⛺ ✕ **Camping des Marmottes**, schöner, familiengeführter Platz südöstlich von Larche direkt am Flussufer (dem GR 5 weiter folgen), ☏ +33/(0)9 88/18 46 40, ✉ g.durand@camping-marmottes.fr, 💻 www.camping-marmottes.fr, 🚪 Juni bis September ganztägig, Restaurant und 🛒 kleiner Laden, Stellplatz für zwei Personen € 18, 🧺 € 6, F € 7,50, 🚿

🛒 **Épicerie de Larche**, kleiner Laden an der D900, 💻 www.valdoronaye.fr/lepicerie-larche, 🚪 in der Hauptsaison 8:00-18:00

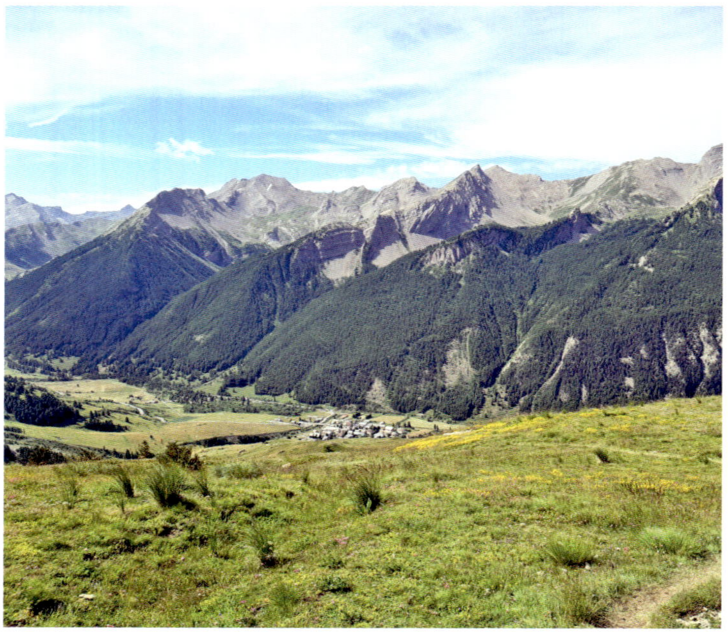

Abstieg nach Larche

Der kleine Weiler bildet mit dem einige Kilometer nordöstlich und ebenfalls an der D900 gelegenen Meyronnes die Gemeinde **Val d'Oronaye**. In Larche befinden sich einige einfache Unterkünfte.

24. Etappe: Larche – Bousiéyas ☆

20,3 km, 7 Std. 10 Min., ↑ 1.247 m, ↓ 1.042 m, ⇧ 1.677-2.672 m

0,0 km	⇧ 1.680 m	Larche
10,2 km	⇧ 2.288 m	Lac du Lauzanier
11,8 km	⇧ 2.436 m	Lac de derrière la Croix
13,5 km	⇧ 2.672 m	Pas de la Cavale
16,1 km	⇧ 2.105 m	Salse Morene
17,6 km	⇧ 2.262 m	Col des Fourches
20,3 km	⇧ 1.881 m	Bousiéyas

Der erste Tag in den Seealpen führt Sie in die herrliche Hochgebirgslandschaft des Nationalparks Mercantour an mehreren Seen vorbei auf den Pas de la Cavale. Von dort steigen Sie zum Weiler Bousiéyas ab, wo Sie zwischen zwei Unterkünften wählen können.

In Larche biegen Sie links auf die D900 ab und gehen ungefähr 200 m in Richtung der italienischen Grenze. Am Ortsende zweigt von der D900 eine asphaltierte Straße nach Südosten ab, die am rechten Ufer der Ubayette und am Campingplatz vorbei führt.

Kurz nachdem Sie die Straße verlassen haben, überqueren Sie den Fluss. Linksseitig der Ubayette geht es weiter nach Südosten. An einem Friedhof überqueren Sie den Fluss wieder und kommen auch wieder auf die Straße.

Nach gut 5 km erreichen Sie einen Parkplatz ❶ auf 1.907 m Höhe bei der Brücke **Pont Rouge**. Sie wechseln die Flussseite jedoch nicht. An diesem Punkt ist die Straße für Fahrzeuge gesperrt und Sie betreten den **Parc National du Mercantour**.

Dem Weg über die Brücke folgend können Sie nach etwa 1,5 km zum Grenzpass **Col de la Larche/Colle Maddalena** gelangen, wo sich das **Rifugio della Pace** befindet.

Rifugio della Pace, ☏ +39/(0)3 45/960 70 67, rifugiodellapace@gmail.com, www.rifugivallestura.iti-rifugi/rifugio-della-pace, ganzjährig ganztägig, 24 Plätze, bewirtschaftet, Restaurant,

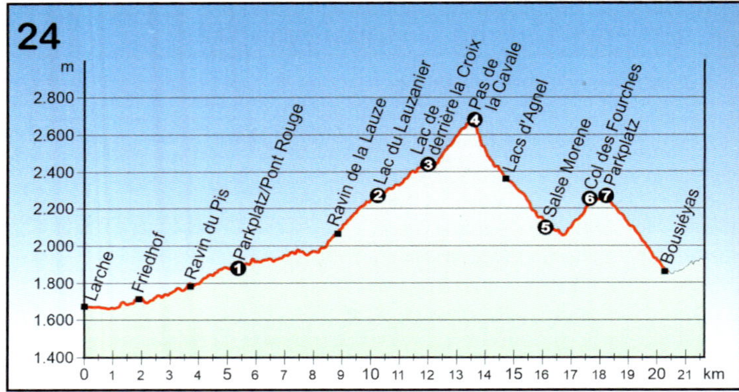

Der GR 5 führt weiterhin linksseitig der Ubayette nahezu eben nach Süden in das Fourane-Tal hinein.

⛺ Am Flussufer lässt sich gut ein Wildcamping-Lager aufschlagen (mindestens eine Gehstunde hinter der Nationalparkgrenze). Wegen der vielen Tagestouristinnen und Tagestouristen erst in der Dämmerung aufsuchen.

Leicht nach rechts (Südwesten) abbiegend steigt der GR 5 an und führt linksseitig der Lauze und weiter hinauf. Der Weg überquert auf 2.204 m Höhe die Pardon und erreicht schließlich das Lauzanier-Tal mit dem sehr schön in einem Hochplateau gelegenen **Lac du Lauzanier** (⇧ 2.288 m) ❷.

⛺ In der Nähe des Zulaufs lässt sich gut ein Lager zum Wildcampen aufschlagen. Wegen der vielen Tagestouristinnen und Tagestouristen erst in der Dämmerung aufsuchen.

Am westlichen Ufer des Sees führt der GR 5 weiter nach Süden, gewinnt dabei immer mehr an Höhe, überschreitet einen weiteren Gebirgsbach und erreicht auf 2.436 m Höhe den **Lac de derrière la Croix** ❸.

⛺ Auch hier lässt sich gut ein Wildcamping-Lager aufschlagen, allerdings gibt es keinen Wasserlauf. Wegen der vielen Tagestouristinnen und Tagestouristen erst in der Dämmerung aufsuchen.

Der GR 5 verläuft direkt am nordöstlichen Ufer entlang nach Osten.

Nicht den geradeaus führenden Weg wählen. Er endet im groben Schotter im Steilaufschwung unterhalb des Pas de la Cavale. Stattdessen links halten.

Im folgenden Aufstieg zum Pass besteht Steinschlaggefahr!

Kurz danach wird ein kleinerer See südlich passiert und dann geht es steil auf losem Schotter, erst in südöstlicher, später in südlicher Richtung auf den **Pas de la Cavale** (⇧ 2.672 m) ❹.

Vom Pass haben Sie nach vorn und zurück einen tollen Blick über weite Teile des **Nationalparks Mercantour**.

Hier verlassen Sie das Département Alpes-de-Haute-Provence und erreichen das **Département Alpes-Maritimes** in der Region Provence-Alpes-Côte d'Azur als letztes Département auf der GTA.

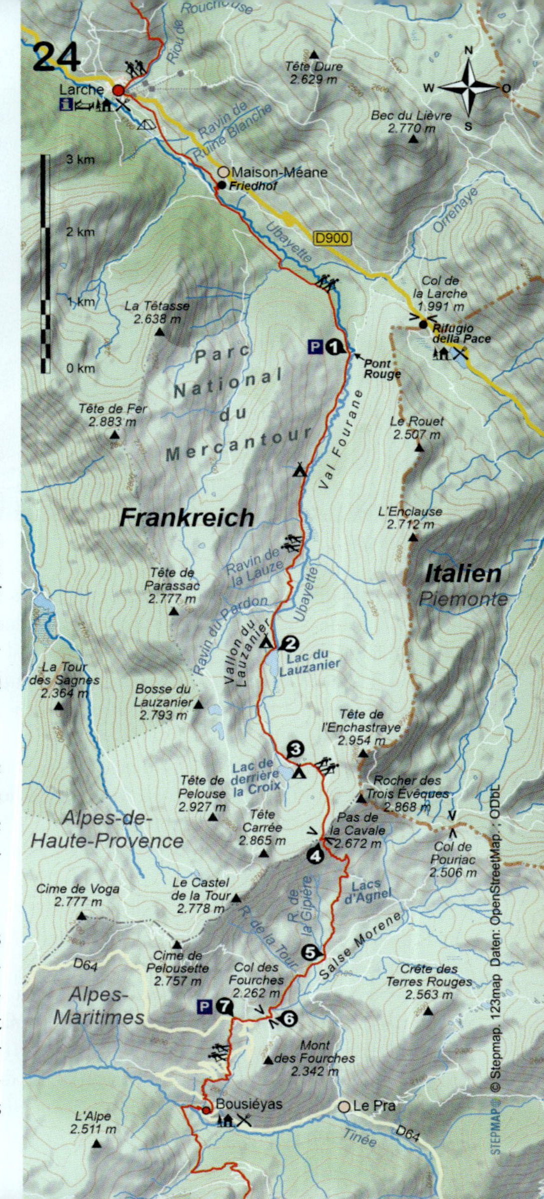

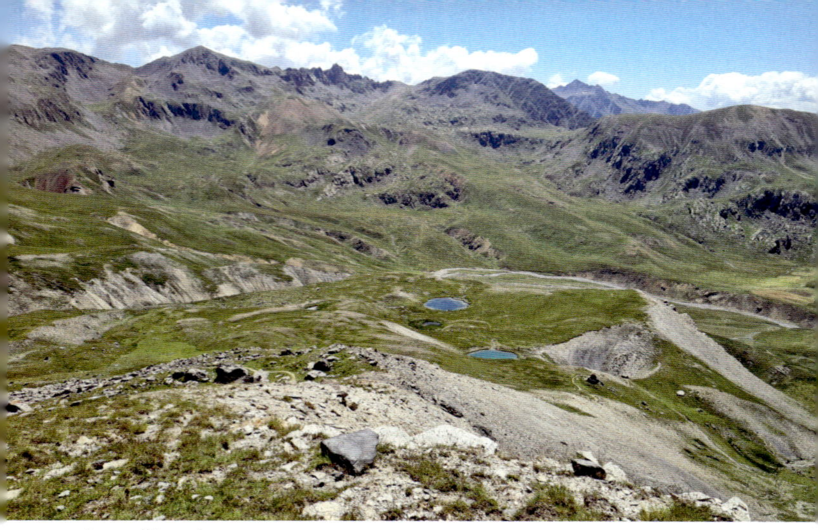

Lacs d'Agnel

Der GR 5 führt auf dem Pass durch eine markante, schroffe Felsbarriere hindurch. Hinter dem Pass führt der Weg in Serpentinen steil zu den kleinen **Lacs d'Agnel** hinunter, die westlich passiert werden.

Linksseitig der Gypière führt der GR 5 weiter in das schöne Tal **Salse Morene** ❺ hinab. Dieses Tal hat durch urzeitliche Gletscheraktivitäten seinen typischen Charakter erhalten.

Auf ungefähr 2.095 m Höhe wird eine Weggabelung erreicht, an der links ein Weg abbiegt, der durch das Tal Salse Morene auf den Col de Pouriac führt. Der GR 5 verläuft allerdings waagerecht weiter nach Süden und erreicht kurz danach eine weitere Weggabelung.

⇘ Hier haben Sie die Möglichkeit, in etwa 1 km hinaufzusteigen zum **Mont des Fourches** (2.342 m) und dem gleichnamigen „Blockhaus", einer in den Berg gebauten Militäranlage.

An dieser Weggabelung biegt der GR 5 rechts nach Westen ab. Sie überqueren die Gipière und erreichen dann auf ungefähr 2.100 m Höhe eine Alm. Dahinter geht es durch das Tour-Tal. Schließlich knickt der GR 5 hinter diesem Einschnitt nach Südwesten ab und steigt in Serpentinen zum **Col des Fourches** (⇧ 2.262 m) ❻ hinauf.

Oben am Pass angelangt steigen Sie Richtung Westen hinunter zur D64 und zu einem Parkplatz mit einer Geistersiedlung ❼. Von oben kommend beginnt links am Parkplatz ein Pfad, der in direkter Falllinie in einer Rinne steil in das Tal hinunterführt. Dabei werden zahlreiche Kehren der Straße abgekürzt.

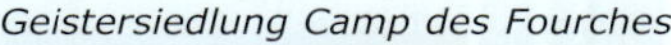
Geistersiedlung Camp des Fourches

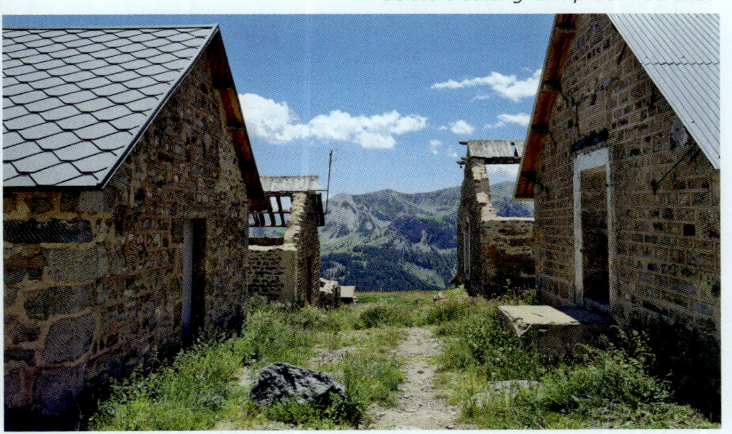

Wenige Höhenmeter oberhalb des Weilers **Bousiéyas** führt der GR 5 aus der einen Rinne heraus in eine zweite, etwas weiter westlich gelegene Rinne des Baches Morande hinein. Der GR 5 verläuft ungefähr 50 m auf der D64 nach Südosten und kürzt dann die letzte Kehre vor der Ortschaft nochmals ab. Sie haben das Etappenziel Bousiéyas erreicht.

Gîte d'étape de Bousiéyas, direkt am Weg, +33/(0)4 93/02 69 73, mbousieyas@gmail.com, www.gitedebousieyas.com, Mai bis Mitte September ganztägig, 16 Plätze, bewirtschaftet, Restaurant, Ü € 19, F € 9, HP € 43, € 10, @

Chambre d'hôte Le Café à Marius, direkt am Weg, +33/(0)4 93/03 53 30, le.cafe.a.marius@gmail.com, www.chambres-d-hotes-bousieyas.fr, Juni bis September ganztägig, 16 Plätze im Zwei- oder Sechsbettzimmer, bewirtschaftet, Ü ab € 16, HP ab € 45, Abendessen € 20, F € 9, Zeltstellplatz € 6, HP für Camper € 35, € 10,

25. Etappe: Bousiéyas – Saint-Étienne-de-Tinée

16,6 km, 5 Std. 50 Min., 675 m, 1.387 m, 1.156-2.235 m

0,0 km	1.881 m	Bousiéyas
4,1 km	2.235 m	Col de la Colombière
9,1 km	1.503 m	Saint-Dalmas-le-Selvage
12,2 km	1.734 m	Col d'Anelle
16,6 km	1.156 m	Saint-Étienne-de-Tinée BANK

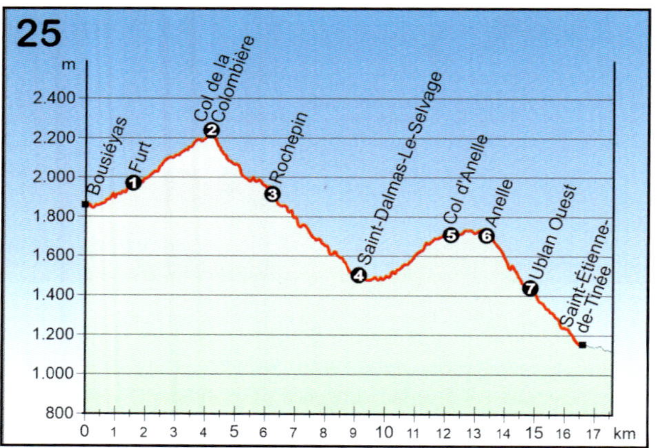

Der zweite Tag in der Region des Nationalparks Mercantour führt Sie erst im kurzen Anstieg auf den Col de la Colombière und dann aus dem Nationalpark hinaus, hauptsächlich abwärts in die schöne Stadt Saint-Étienne-de-Tinée. Die Übernachtung dort ist empfehlenswerter als im nahegelegenen nächsten Ort Auron, weil sich der Aufenthalt mehr lohnt und die Unterkunftssituation viel besser ist.

Der GR 5 führt in westlicher Richtung auf der D64 aus Bousiéyas heraus. Im Scheitelpunkt der ersten Linkskehre verlässt er die Bundesstraße. Auf einem Schotterweg überqueren Sie die Tinée und steigen anschließend auf der Flanke des Tals rechtsseitig der Tinée bis auf ungefähr 2.000 m Höhe auf.

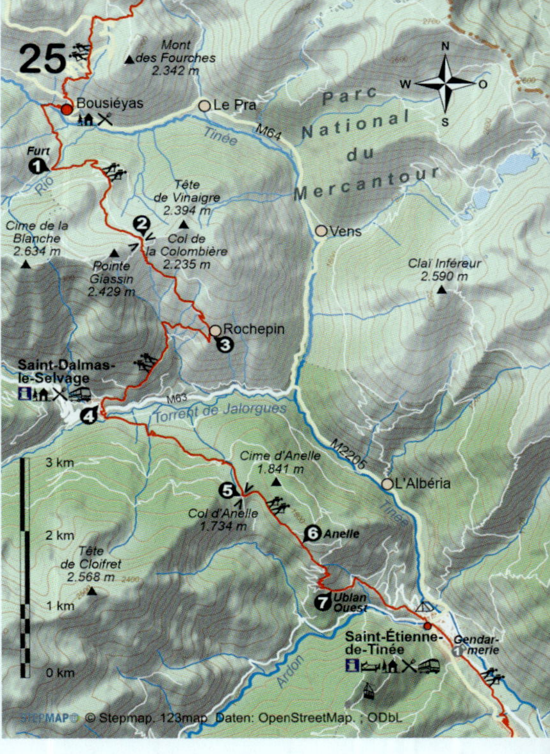

Der GR 5 geleitet durch die Furt des Baches Rio ❶ und erreicht ein kleines Plateau, auf dem die Forststraße in einem lang gezogenen Linksbogen verläuft. Auf diesem Plateau zweigt der GR 5 rechts von der Forststraße auf einen kleinen Pfad ab, der in Serpentinen hinaufführt, um eine große Linksschleife der Forststraße abzukürzen.

Immer wieder die Forststraße kreuzend, führt der GR 5 auf diesem kleinen Pfad steil hinauf nach Südosten. Die letzten Höhenmeter werden in Kehren bewältigt und schließlich trifft der GR 5 wieder auf die Schotterstraße, bevor er den **Col de la Colombière** (⇧ 2.235 m) ❷ erreicht.

↳ Von hier können Sie rasch auf dem Pfad nach Osten die **Tête de Vinaigre** (2.394 m) besteigen, die eine gute Aussicht bietet (➲ 800 m).

Direkt hinter dem Col de la Colombière verlässt der GR 5 erneut die Schotterstraße und führt mittig in einer Rinne, nahezu in Falllinie, in unzähligen kleinen Serpentinen weiter nach Südosten. Der GR 5 quert nochmals in eine östlich gelegene Rinne. Dann führt er an der südwestlich ausgerichteten Bergflanke an der Ruine einer alten Alm und an der Rochepin-Alm ❸ auf ungefähr 1.950 m Höhe vorbei. Kurz nach der Alm knickt der GR 5 rechts ab und führt, weiter an Höhe verlierend, durch mehrere Rinnen hinunter und aus dem **Nationalpark Mercantour** hinaus. Ungefähr 150 Hm tiefer knickt der GR 5 nochmals links ab, um dann steil hinunter nach **Saint-Dalmas-le-Selvage** ❹ zu führen.

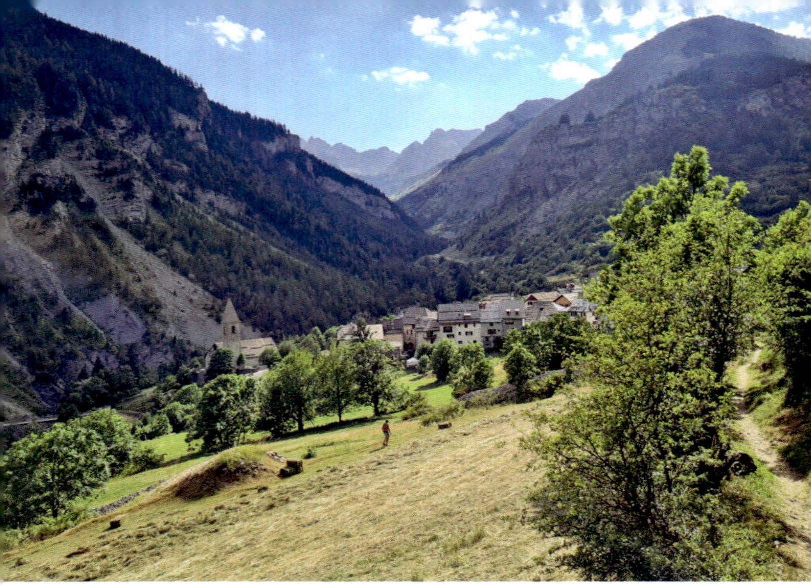

Abstieg nach Saint-Dalmas-le-Selvage

Saint-Dalmas-le-Selvage

Office de Tourisme, Maison de Pays, ☏ +33/(0)4 93/02 46 40, contact@otstationsdumercantour.com, www.saintdalmasleselvage.fr, Fr-Di 9:00-12:00 und 14:00-18:00

Gîte d'Étape Chez Philippe, direkt am Weg, ☏ +33/(0)4 93/02 44 61, +33/(0)6 89/30 57 75, www.gite-chez-philippe-06.fr, ganzjährig, 40 Plätze in zwei Häusern, bewirtschaftet, Gemeinschaftsküche, Ü € 20, HP € 42, € 8,

♦ **La Petite Étoile d'Hôtes En Mercantour**, 500 m vom Weg entfernt, ☏ +33/(0)6 95/74 09 63, maisondeletoile@gmail.com, www.la-petite-etoile-dhotes-en-mercantour.fr, ganzjährig, DZ mit HP ab € 70, € 12,50, , @

Restaurant Les 3 Marmottes, direkt am Weg, ☏ +33/(0)4 93/03 28 34, Di-So 19:00-21:00

Rufbus nach Saint-Étienne-de-Tinée, Fr 9:00 und So 11.00, ☏ +33/(0)80 0/00 60 07, www.lignesdazur.com

Saint-Dalmas-le-Selvage ist ein sehr schönes altes Bergdorf mit verwinkelten Gassen und Kopfsteinpflaster. Hier gibt es ein paar Unterkünfte und Restaurants.

Im Ortskern geht es rechts an der Kirche vorbei und weiter nach Süden in das Jalorgues-Tal. Nach Überquerung eines Baches verläuft der GR 5 an der Flanke rechtsseitig des Baches entlang nach Südosten. Sie gehen immer an der Waldgrenze entlang, unter einer Liftanlage hindurch, bis Sie nach etwa 4 km den 1.739 m hohen **Col d'Anelle ❺** erreichen.

Oben am Col gibt es eine Weggabelung. Sie wählen den linken, nach Osten verlaufenden Schotterweg. Er gewinnt noch etwas an Höhe, um dann nach rechts abzubiegen und die Cime d'Anelle zu umgehen. Hinter der Cime d'Anelle verläuft der GR 5 ein längeres Wegstück gerade nach Südosten. Dabei wird die Anelle-Alm ❻ passiert.

An einer Wegkreuzung wählen Sie den rechten Weg, der nach Ublan Ouest führt. In einer großen Linksschleife geht es vorbei an den Häusern von Ublan Ouest ❼. Direkt dahinter zweigt der GR 5 nach rechts ab, um in direkter Linie an Ublan vorbei nach Südosten in das Ardon-Tal abzusteigen. Linksseitig des Flusses geht es hinunter nach **Saint-Étienne-de-Tinée**. Kurz vor der Altstadt wird der Ardon überquert.

Saint-Étienne-de-Tinée

Office de Tourisme, Rue des Communes de France, ☏ +33/(0)4 93/02 41 96, info.saintetiennedetinee@nicecotedazurtourisme.com, www.saintetiennedetinee.fr

Hôtel-Restaurant Lou Ben Manja, 2 Boulevard Paul Ollié, 150 m vom Weg entfernt, ☏ +33/(0)9 70/35 74 50, www.loubenmanja.com, ganzjährig ganztägig, DZ ab € 55, F € 8, HP + € 30, Kartenzahlung möglich

Gîte d'étape Le Corborant, 41 Rue Droite, südlich des Zentrums, direkt am Weg, ☏ +33/(0)4 93/03 45 77, +33/(0)6 12/28 37 33, corborant06@orange.fr, www.gite-tinee-mercantour.com, Dezember bis Oktober, 20 Plätze, bewirtschaftet, Ü € 22, F € 6, HP € 43, € 10, @

Camping du Plan d'Eau, nördlich des Zentrums, 400 m vom Weg entfernt, ☏ +33/(0)4 93/02 41 57, www.campingduplandeau.com, Juni bis September, familienfreundlicher Platz mit Badesee am Flussufer, Stellplatz für zwei Personen € 15, € 2,50, , Imbiss, , @

Linie 91 mehrmals täglich nach Auron und Nizza, www.lignesdazur.com

Saint-Étienne-de-Tinée ist ein größerer Ort mit schöner Altstadt und gutem touristischem Angebot. Er ist Teil des Skigebiets Auron.

26. Etappe: Saint-Étienne-de-Tinée – Roya

14,1 km, 5 Std. 15 Min., 1.012 m, 664 m, 1.116-2.008 m

0,0 km	1.156 m	Saint-Étienne-de-Tinée
5,0 km	1.675 m	Auron
8,9 km	1.793 m	Belvedère des Chamois
10,1 km	2.008 m	Col du Blainon
14,1 km	1.508 m	Roya

Die heutige Etappe fällt wegen der im weiteren Verlauf spärlichen Unterkünfte wieder etwas kürzer aus und Sie bewegen sich außerhalb des Nationalparks Mercantour. Durch das Skigebiet und die Retortenstadt Auron geht es auf den Col du Blanion. Nach dem Abstieg gelangen Sie in Roya wieder an die Grenze des Nationalparks.

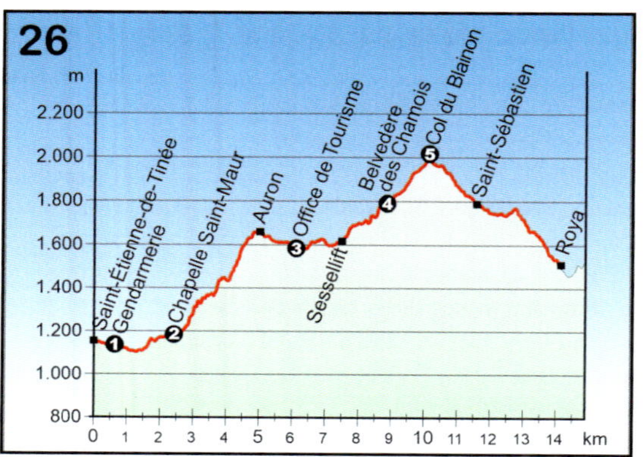

Der GR 5 verläuft direkt durch die sehenswerte Altstadt von Saint-Étienne-de-Tinée. An der Gendarmerie ❶ vorbei geht es aus der Stadt heraus und dann zwischen der Bundesstraße und der Tinée in der Ebene weiter nach Südosten. An der **Chapelle Saint-Maur** ❷, wo die M39 nach Auron von der im Tinée-Tal verlaufenden M2205 abzweigt, überquert der GR 5 die Bundesstraße.

Ungefähr 200 m verläuft der GR 5 auf der D39 nach Süden. Dann zweigt er rechts von der Straße auf einen kleinen Pfad ab, der im Wald in Serpentinen steil hinauf nach Südwesten verläuft. Nach gut 2 km erreichen Sie das rund 450 m höher gelegene Auron-Plateau. In Richtung Südwesten geht es nach **Auron** hinein.

Auron

Office de Tourisme, Grange Cossa, ☎ +33/(0)4 93/23 02 66, info.auron@nicecotedazurtourisme.com, www.aouron.com, täglich 9:00-12:00 und 14:00-18:00

Hôtel Edelweiss, Place centrale, 150 m vom Weg entfernt, ☎ +33/(0)4 93/03 40 48, accueil@edelweissauron.com, www.edelweissauron.com, ganzjährig ganztägig, DZ ab € 80, F € 13, HP + € 75, Restaurant, @

Linie 91 mehrmals täglich nach Nizza, www.lignesdazur.com

Der wichtigste Wintersportort der Seealpen mit dem gleichnamigen Skigebiet, das sich zwischen Auron und **Saint-Étienne-de-Tinée** erstreckt, ist aus einer Alm hervorgegangen und heute eine Retortenstadt. Er ist auch im Sommer ein beliebter Ferienort mit touristischem Angebot, Hotels und Restaurants.

Nun müssen Sie erst mal durch das Skigebiet. Der GR 5 führt auf dem Chemin Puy d'Auron durch den Ort hindurch, nach einem Kreisverkehr rechts am Office de Tourisme ❸ vorbei (dem fast einzigen historischen Gebäude), dann über den Fluss Auron zu den Liftanlagen südwestlich des Ortes. Es geht unter den Seilen der Gondelanlage Las Donnas, später unter den Seilen des Sessellifts Blainon hindurch in den Wald, über einen Bach und zum Aussichtspunkt **Belvédère des Chamois ❹**.

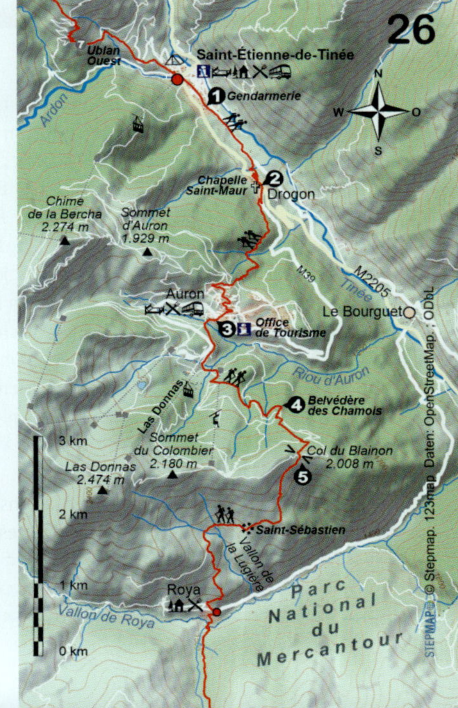

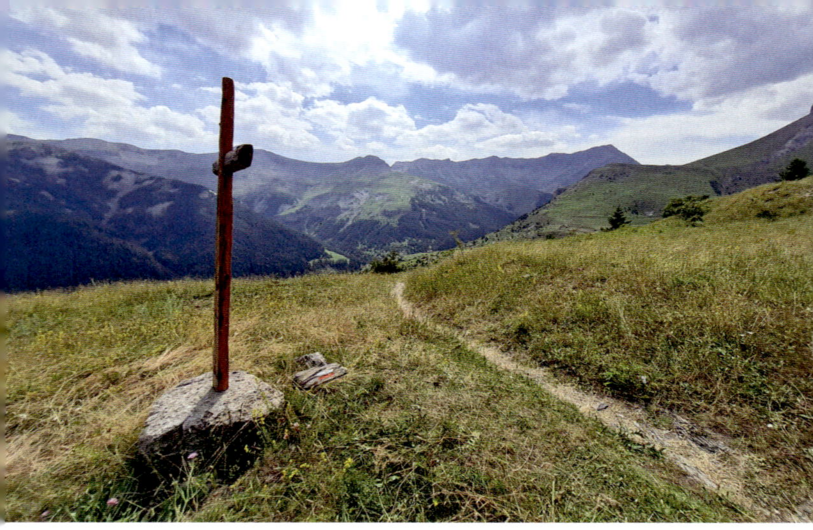

Col du Blainon

Der GR 5 führt weiter hinauf und verläuft dann in zahlreichen Kehren steil bergan zum **Col du Blainon** ❺ auf 2.008 m Höhe. Endlich haben Sie das Skigebiet hinter sich gelassen und es folgt der recht schöne Abstieg nach Roya.

Auf der Passhöhe knickt der GR 5 rechts nach Süden ab. Sie passieren erst eine Alm auf 1.922 m Höhe und dann die Ruinen der Kapelle von Saint-Sébastien. Hinter den Ruinen führt der GR 5 in das Lugière-Tal hinein und überquert den Bach. Nach Überquerung des Baches knickt der Weg links nach Süden ab und führt die rechte Talflanke hinauf zu den Almen. Eine Wegmarkierung an den Almen weist nach Roya. Der GR 5 lässt sich kaum übersehen, da er auf diesem Teilstück tief ausgewaschen und fast ein Hohlweg ist.

Während des weiteren Abstieges werden zahlreiche Almhütten passiert, bis Sie schließlich kurz vor Roya einen Kalvarienberg erreichen. An diesem Kalvarienberg und einer Quelle vorbei geht es in den Weiler **Roya** direkt an der Grenze des Nationalparks Mercantour.

Gîte d'étape de Roya, Hameau de Roya, gegenüber der Kirche, direkt am Weg, ☏ +33/(0)4 93/03 43 05, 📱 +33/(0)6 64/53 57 13, ✉ gite.etape.roya@gmail.com, 💻 www.gitederoya-tinee.fr, Juni bis September ganztägig, 23 Plätze im Zwei- bis Achtbettzimmer, bewirtschaftet, Restaurant mit Mittagstisch, ☕, HP € 47, kleine Selbstversorgerküche

27. Etappe: Roya – Refuge de Longon ☆

19,7 km, 7 Std. 25 Min., ↑ 1.387 m, ↓ 1.002 m, ⇧ 1.460-2.592 m

0,0 km	⇧ 1.508 m	Roya
1,9 km	⇧ 1.687 m	Barres de Roya
5,4 km	⇧ 2.235 m	Barre de Sallevieille
7,4 km	⇧ 2.474 m	Col de Crousette
12,3 km	⇧ 2.068 m	Col du Refuge
13,0 km	⇧ 1.977 m	Col des Moulinés
17,5 km	⇧ 1.945 m	Portes de Longon
19,7 km	⇧ 1.887 m	Refuge de Longon

Heute wartet noch mal ein Tag im Nationalpark Mercantour und eine herrliche Hochtour auf Sie. Anfangs steigen Sie zu traumhaften Hochtälern auf. Über Hochplateaus und drei Pässe geht es im langen Abstieg zum Refuge de Longon an der Nationalparkgrenze.

Der GR 5 führt rechts an der Kirche von Roya vorbei in das Tal des gleichnamigen Baches. Mit der Überquerung des Baches wird wieder der **Parc National du Mercantour** betreten. Rechtsseitig eines anderen Baches geht es im Wald in Serpentinen das Vallon de la Maïris hinauf und in die Berge hinein.

Achtung Steinschlaggefahr!

Das Tal verengt sich immer mehr bis zu den **Barres de Roya ❶**, einer eindrucksvollen senkrechten Felswand. Hier fließt ein Zulauf des Baches über eine Steilstufe herab. Kurz nach dem Wasserfall überqueren Sie den Bach und gehen das Vallon de Sallevieille hinauf.

Am oberen Ende des Tals, wo Sie zum Wasserlauf gelangen, lässt sich gut ein Lager zum Wildcampen aufschlagen.

Der GR 5 verläuft von nun an linksseitig des Bachlaufes und in einer lang gezogenen Linksschleife auf die östlichen Ausläufer der steilen **Barre de Sallevieille ❷** zu. Im Quellgebiet wird der Bach nochmals gequert und danach geht es in Serpentinen, teilweise durch große Felsbrocken windend, östlich der Steilstufe in die Höhe.

Jetzt durchschreiten Sie das schöne Hochtal **Les Laces**. Auf ungefähr 2.280 m Höhe knickt der GR 5 rechts ab und führt oberhalb des nächsten Hochtals, der **Combe de Crousette**, über reichlich Schotter. Er gewinnt dann in Serpentinen in Richtung **Col de Crousette** (⇧ 2.474 m, Passhöhe: 2.480 m) ❸ an Höhe. Halten Sie winddichte Kleidung parat, denn dort oben kann es vor allem am Nachmittag sehr starke Höhenwinde geben.

Col de Crousette

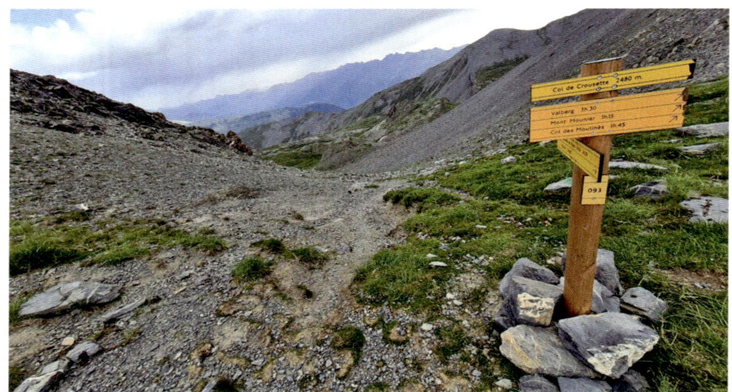

Nun wird ein Kamm mit dem dort stehenden alten, verfallenden Denkmal **Stèle de Valette** (⇧ 2.562 m) erreicht. In einer scharfen Linkskurve geht es von dort fast gerade auf dem Kamm weiter. Der GR 5 verläuft kurz darauf nach 200 m in einer scharfen Rechtskurve nach Süden und Südwesten weiter.

Nach der 2.438 m hohen Baisse du Démant führt der Weg wieder durch reichlich Schotter auf ein Hochplateau zwischen dem Mont Démant (rechts) und der Barre du Démant (links) hinunter. Auf der Höhe der Barre du Démant gehen Sie dann 300 Hm in Serpentinen steil hinunter auf ein weiteres Hochplateau.

Es geht über Bergwiesen gemächlich weiter bergab. Fast unbemerkt überqueren Sie den **Col du Refuge** (⇧ 2.068 m) ❺ und den **Col des Moulinés** (⇧ 1.977 m) ❻. Nun knickt der GR 5 nach links ab, verläuft ein kurzes Wegstück nach Nordwesten und steigt dann in engen Serpentinen gut 100 Hm in das Démant-Tal hinab.

⛺ Das Hochtal ist eine gute Option zum Wildcampen.

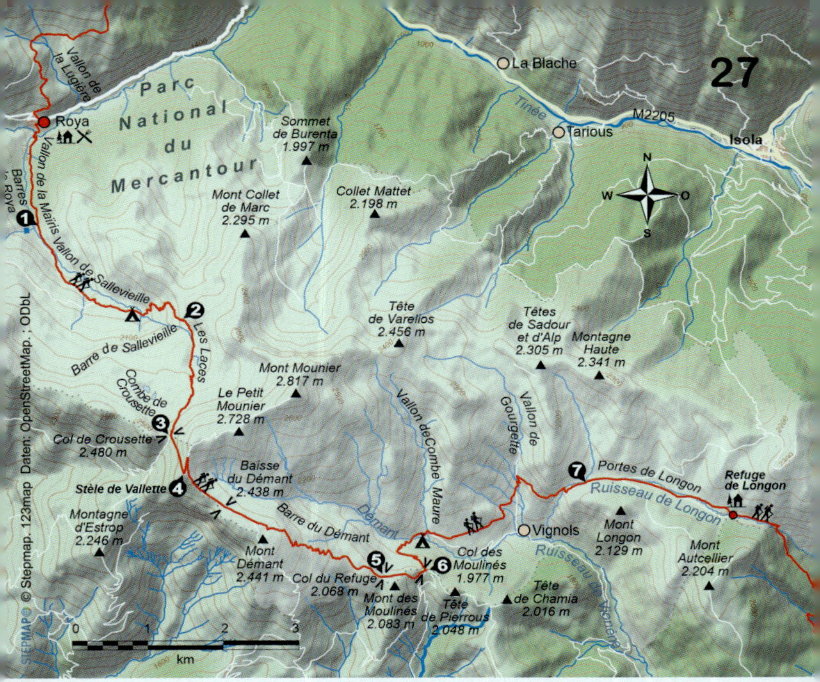

27

Parc National du Mercantour

Vallon de la Lugière
Roya
Barres de Roya
Vallon de la Mairis
Vallon de Sallevieille
Barre de Sallevieille
Les Laces
Combe de Crousette
Col de Crousette 2.480 m
Stèle de Vallette
Montagne d'Estrop 2.246 m
Sommet de Burenta 1.997 m
Mont Collet de Marc 2.295 m
Collet Mattet 2.198 m
La Blache
Tinée
Tarious
M2205
Isola
N
W
O
S
Tête de Varelios 2.456 m
Têtes de Sadour et d'Alp 2.305 m
Montagne Haute 2.341 m
Mont Mounier 2.817 m
Le Petit Mounier 2.728 m
Baisse du Démant 2.438 m
Barre du Démant
Mont Démant 2.441 m
Vallon de Combe Maure
Vallon de Gourgette
Démant
Portes de Longon
Ruisseau de Longon
Refuge de Longon
Vignols
Mont Longon 2.129 m
Mont Autcellier 2.204 m
Col des Moulinés 1.977 m
Ruisseau de Vionnène
Col du Refuge 2.068 m
Mont des Moulinés 2.083 m
Tête de Pierrous 2.048 m
Tête de Chamia 2.016 m
0 1 2 3 km

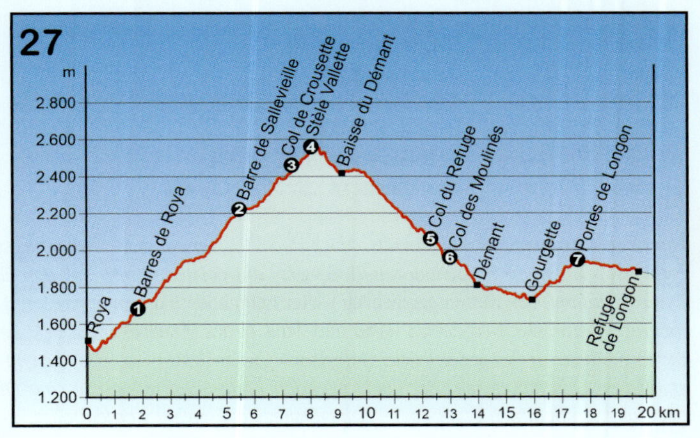

Sie überqueren den Bach und gehen am linken Ufer auf einer befahrbaren Straße nach Osten. Sie überqueren den von links aus den Bergen herabfließenden Bach Maure gleich darauf ebenfalls und gehen weiter linksseitig des Baches entlang der Flanke. In einem lang gezogenen Linksbogen führt der GR 5 auf der Flanke oberhalb des Bergdorfes Vignols nach Nordosten in das Gourgette-Tal hinein. Nachdem der Bach überquert wurde, führt der GR 5 nach Osten wieder aus dem Gourgette-Tal hinaus.

Das folgende Wegstück ist etwas ausgesetzt, aber unschwer. Der GR 5 windet sich durch eine Felsstufe und erreicht auf ungefähr 1.900 m das Plateau oberhalb der Felsstufe. Er verläuft am rechten Ufer des Baches Longon an der Abbruchkante entlang nach Osten, passiert das schöne Hochtal **Portes de Longon** ❼ und erreicht ungefähr 2 km später das **Refuge de Longon**. An der Hütte ist das Ende des **Parc National du Mercantour** erreicht.

Refuge de Longon, direkt am Weg, ☏ +33/(0)4 93/02 83 99, refugelongon@gmail.com, www.refugedelongon.fr, Juni bis Anfang Oktober, 40 Plätze, bewirtschaftet, Ü € 22, Abendessen € 24, F € 12, HP € 58,

28. Etappe: Refuge de Longon – Saint-Dalmas

24,1 km, 8 Std. 40 Min., ↑ 1.056 m, ↓ 1.657 m, ⇧ 483-1.888 m

0,0 km	⇧ 1.887 m	Refuge de Longon
8,6 km	⇧ 1.094 m	Roure
12,1 km	⇧ 510 m	Saint-Sauveur-sur-Tinée
16,9 km	⇧ 1.000 m	Rimplas
20,7 km	⇧ 984 m	La Bolline
24,1 km	⇧ 1.286 m	Saint-Dalmas

Heute geht es zunächst viel abwärts. Nach dem Abstieg aus der Hochgebirgswelt erreichen Sie in Saint-Sauveur-sur-Tinée den dritttiefsten Punkt auf der GTA. Danach kommt ein zivilisationsreicher Abschnitt, aber immerhin passieren Sie mehrere pittoreske Bergdörfer. Wer nicht die ganze Etappe am Stück gehen möchte, findet in fast jedem eine Unterkunft. Zu beachten ist, dass wegen der spärlichen Unterkünfte auf der nachfolgenden Etappe auf jeden Fall eine Übernachtung am heutigen Etappenziel Saint-Dalmas eingeplant werden muss.

Kurz hinter dem Refuge de Longon fällt der Longon nach Süden über eine Staustufe in das Tal hinab. An dieser Stelle überquert der GR 5 mittels eines Stegs den Bach, um dann in Serpentinen im Wald nach Südosten in das Tal hinunterzuführen.

Auf ungefähr 1.500 m Höhe knickt der GR 5 scharf nach rechts, nach Nordwesten, ab, führt durch die Crête Autcellier hindurch und weiter in das Tal des Baches Arcane. Nach Überquerung des Bachs knickt der GR 5 scharf links ab und geleitet in einer ausgeprägten Rinne hinunter nach Südosten in den Weiler **Rougios** (⇧ 1.467 m) ❶. Sie gehen zwischen schönen, aus Holz und groben Steinen erbauten Almhütten hindurch nach Südwesten in den Wald hinein. Auf der Schotterstraße, die Rougios mit dem Tal verbindet, geht es etwas eintönig weiter nach Südwesten hinunter.

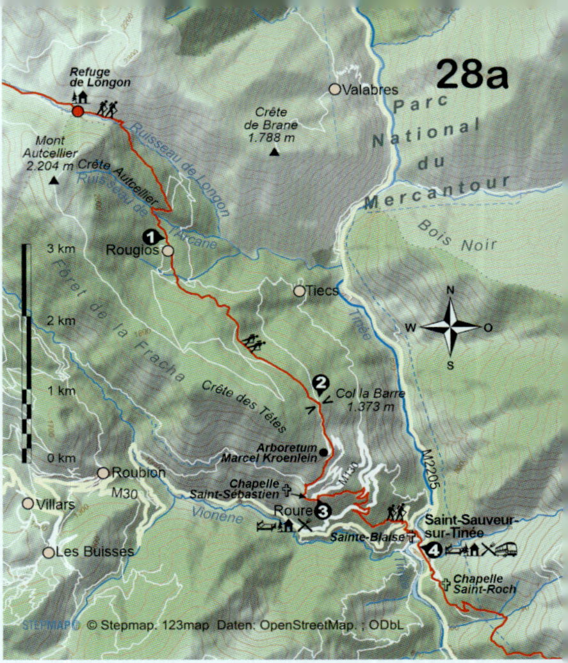

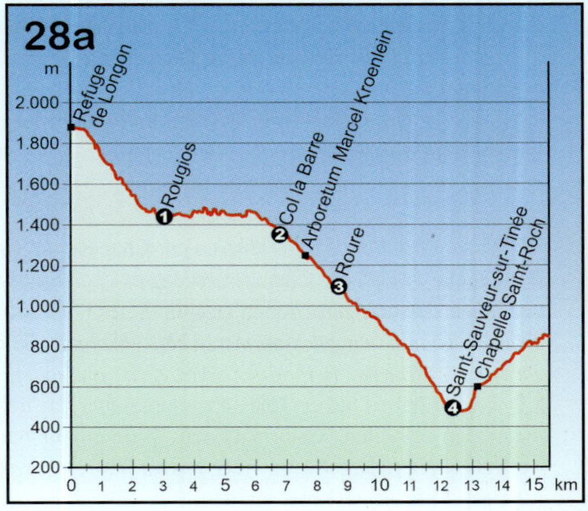

Gelegentlich bietet sich ein beeindruckender Blick nach links auf die 800 m tiefer im Tal fließende Tinée. Die Schotterstraße verläuft in einer Rechtsschleife um die Crête des Têtes herum und über einen kaum bemerkbaren Pass, den **Col la Barre** (⇧ 1.373 m) ❷. Von diesem kleinen Pass aus sind die zahlreichen Serpentinen der M30 und der M130 zu erkennen, die das Tinée-Tal mit den diversen pittoresken Bergdörfern am Südrand des Parc National du Mercantour verbinden.

Hier endet der Wald und der GR 5 führt weiter nach Süden in das Tal hinab, vorbei am **Arboretum Marcel Kroenlein**, einer Sammlung gefährdeter Bergpflanzen. An der ersten Linkskehre der Straße zweigen Sie rechts auf einen Weg am Scheitelpunkt der Kehre ab, der direkt hinunter nach Roure führt.

Sie gelangen kurz vor dem Ort auf die Straße Saint-Sébastien, die an der gleichnamigen Kapelle vorbeiführt und im Verlauf zur M130 wird. Nach etwa 250 m kürzen Sie einige Kehren über den Chemin du Cimetière ab und gelangen bei der Kirche Saint-Laurent in den Ort **Roure** ❸.

Roure

Hôtel-Restaurant Auberge Lo robur, 38 Rue centrale, 50 m vom Weg entfernt, ☏ +33/(0)6 45 76 60 73, reservationrobur@gmail.com, www.aubergelorobur.com, EZ € 77, DZ € 104, inkl. F, Abendmenü € 38, @

Gîte d'étape communal de Roure, vom Rathaus verwaltet, direkt am Weg, ☏ +33/(0)4 93/02 00 70, mairie.roure@wanadoo.fr, www.roure.fr/hebergements, ganzjährig, 14 Plätze in Zwei- bis Dreibettzimmern, Ü € 15, unbewirtschaftet, Gemeinschaftsküche,

Roure ist ein idyllisches Bergdorf mit Wanderherberge und einem Hotel-Restaurant. Auf der Mauer der kleinen Festungsanlage hinter der Kirche Saint-Laurent gibt es einen tollen Aussichtspunkt.

Sie gehen auf der M130 links an der **Chapelle de Saint-Laurent** vorbei. Hinter der Kapelle zweigt der Chemin des Vignes nach Südosten von der Straße ab. In unzähligen kleinen Serpentinen geleitet dieser Pfad 500 Hm steil in das Tal hinunter. Es wird noch einige Male die M130 gekreuzt, die der Pfad abkürzt.

Hier haben Sie ein tolles Panorama über das tief eingeschnittene Tinée-Tal mit seinen schroffen Felsformationen, in deren Furchen sich Baum- und Buschwerk allen Widrigkeiten zum Trotz wacker hält. Auf diversen Felsvorsprüngen sind winzige Dörfchen errichtet worden.

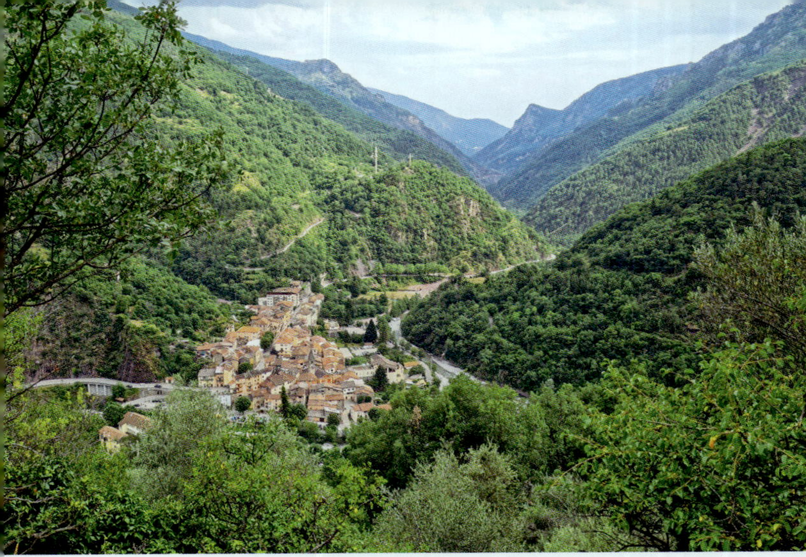

Weitblick über das Tinée-Tal und Saint-Sauveur-sur-Tinée

Der GR 5 führt an der rechts liegenden **Kirche Sainte-Blaise** vorbei nach **Saint-Sauveur-sur-Tinée** ❹, das etwa 3,5 km hinter Roure erreicht wird. Nach Überquerung der Tinée gelangen Sie in den Ortskern.

Saint-Sauveur-sur-Tinée

Hôtel-Restaurant Au Relais d'Auron, 18 Avenue des Blavets, direkt am Weg, +33/(0)4 93/02 00 03, au-relais-dauron.leprovence-hotel.com, ganzjährig ganztägig, Restaurant mit Abendessen, Ü ab € 50, F € 10, , @

Gîte d'étape communal, 11 Avenue des Blavets, direkt am Weg, +33/(0)4 93/02 00 22, ganzjährig geöffnet, 18 Plätze, Ü € 10, unbewirtschaftet, Gemeinschaftsküche,

Proxi Épierie chez SEB, kleiner Supermarkt an der Hauptstraße, direkt am Weg, Di-Sa 7:45-12:30 und 16:30-19:00, So 8:00-12:30

Linie 91 mehrmals täglich nach Auron und Nizza (1 Std. 30 Min.), www.lignesdazur.com

Das Bergdorf gehört bereits zum Arrondissement Nizza. Es gibt einen kleinen Supermarkt, einige Einkehrmöglichkeiten, eine Wanderherberge und ein einfaches Hotel-Restaurant.

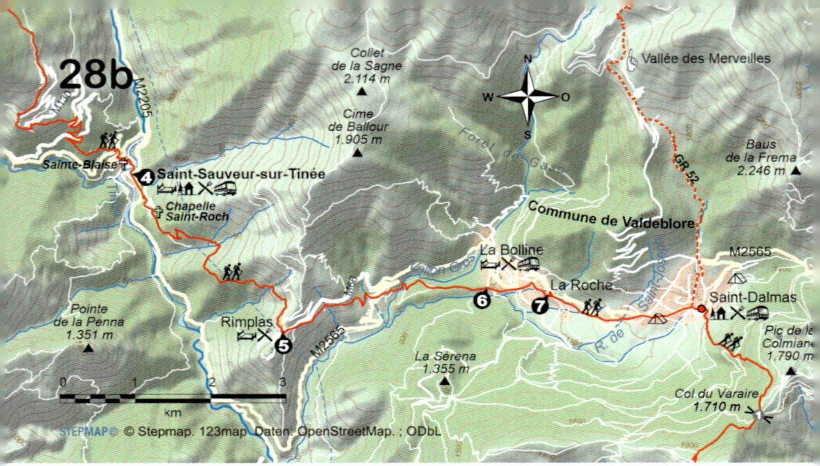

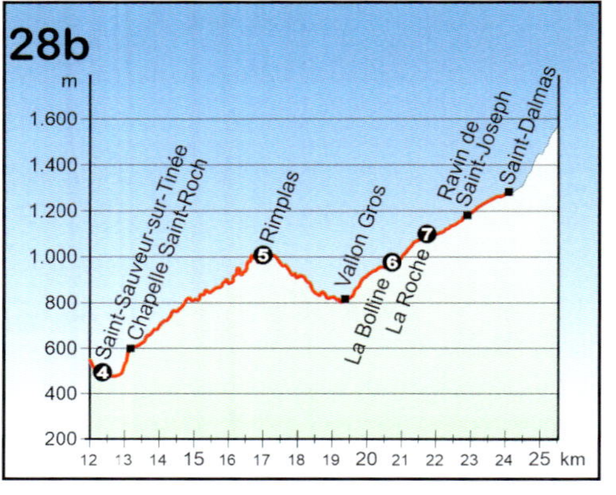

Nach Südosten führt der GR 5 auf der M2205 linksseitig der Tinée aus Saint-Sauveur-sur-Tinée heraus. Nach ungefähr 400 m biegt er links von der Bundesstraße auf eine asphaltierte Straße ab. Im Scheitelpunkt der ersten Linkskehre zweigt er direkt wieder nach rechts auf einen Pfad ab. Dieser Pfad kürzt mehrere Kehren der Straße ab und geleitet direkt zur **Chapelle Saint-Roch** hinauf.

500 m hinter der Kapelle beginnt ein alter Verbindungsweg, der Saint-Sauveur-sur-Tinée mit den Bergdörfern der Kommune von Valdeblore verbindet. Der Weg führt steil in die Berge hinauf. Nach drei kurvenreichen Kilometern knickt der Pfad nach Süden ab und führt nach **Rimplas** (⇧ 1.000 m) ❺. Das winzige, hübsche Dorf liegt exponiert auf einem Felsplateau mit fantastischem Ausblick. Ein Hotel-Restaurant lädt zum Verweilen ein.

Rimplas

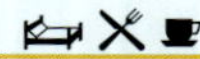

Hostellerie du Randonneur, 1 Chemin des Canebiers, direkt am Weg, +33/(0)4 93/02 01 45, contact@hostellerie-rimplas.fr, www.hostellerie-rimplas.fr, ganzjährig geöffnet, Zimmer ab € 69, Abendessen € 23,50, F € 9,50, HP + € 29, @, Kartenzahlung möglich

Vom Ortskern aus verläuft der GR 5 nach Nordwesten ein kurzes Stück auf der M66, der Straße, die Rimplas mit La Bolline verbindet. Direkt hinter der **Chapelle Saint-Roch** zweigt allerdings schon ein Weg rechts von der Straße ab. Sie gehen weiter auf diesem Weg, der parallel zur M66 nach Nordosten führt. Nach kurzer Zeit trifft der GR 5 dann auf eine befestigte Straße, die von der M66 rechts abzweigt und zu einer Alm führt.

Der GR 5 verläuft einige Meter bis zur Alm auf diesem befestigten Weg. Dahinter beginnt ein Fußpfad, der in Serpentinen, weiterhin in östlicher Richtung, hinunter zu der aus dem Tinée-Tal kommenden M2565 führt. Die Bundesstraße wird in einer Kehre betreten und der GR 5 verläuft ungefähr 200 Meter auf der Straße nach Osten bis zur nächsten Kehre.

Im Scheitelpunkt dieser Kehre verlässt er die M2565 wieder und führt auf einer alten Straße weiter.

Sie überqueren den Bach Gros und steigen anschließend aus dem Gros-Tal auf eine Hochebene hinauf. Auf dieser Hochebene geht es Richtung Osten bis nach **La Bolline ❻**.

Dort trifft der GR 5, nahe der Kirche Saint-Jacques, erneut in einer scharfen Linkskurve auf die M2565.

La Bolline (Gemeinde Valdeblore)

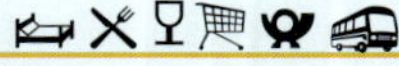

L'Hôtel de Valdeblore, Rue centrale, 350 m vom Weg entfernt, +33/(0)493/03 28 53, hoteldevaldeblore@wanadoo.fr, www.hotel-valdeblore.fr, EZ ab € 62, DZ ab € 73, ganzjährig ganztägig, Restaurant abends,

Linie 91 mehrmals täglich nach Auron und Nizza (1 Std. 30 Min.), www.lignesdazur.com

Der Weiler gehört mit den nachfolgenden Weilern Saint-Dalmas, La Roche, Mollières und La Colmiane zur **Gemeinde Valdeblore**. La Bolline ist der Hauptweiler mit Supermarkt und einigen Gaststätten, während sich aber in Saint-Dalmas ein größeres touristisches Angebot findet.

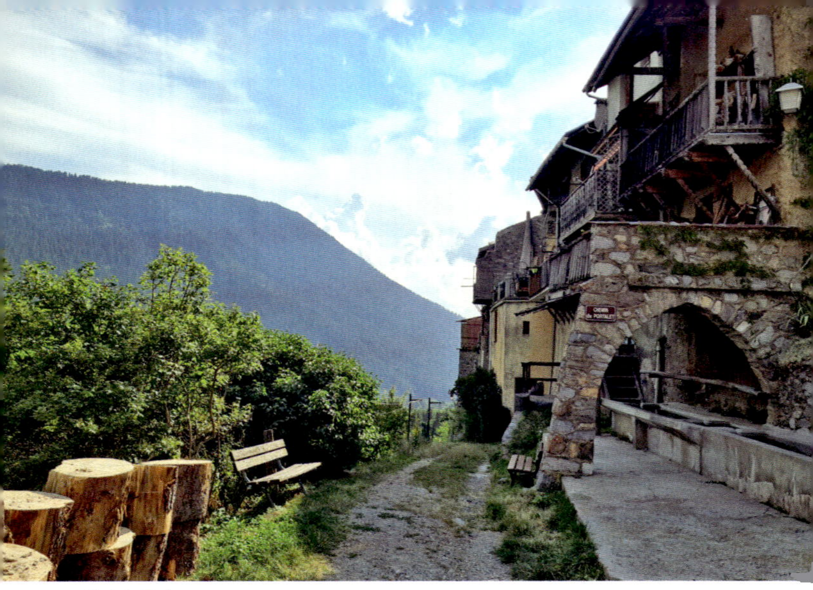

Saint-Dalmas

Der GR 5 verlässt die M2565 direkt wieder und führt auf einer kleinen, ansteigenden Straße weiter (nicht den Abzweig ins Val Bolline nehmen). Es geht ein kurzes Stück weiter nach Osten in das direkt danebengelegene Bergdorf **La Roche ❼**. Am Ortsausgang trifft der GR 5 erneut auf die M2565, verläuft einige wenige Meter auf dieser Bundesstraße, um dann wieder rechts auf einen alten Weg abzubiegen, der die Bundesstraße abkürzend leicht ansteigend nach Osten führt. Sie kreuzen im Folgenden zweimal die Bundesstraße.

Der GR 5 führt durch eine kleine Senke hindurch, die vom Bach Saint-Joseph geformt wurde, und kurz danach trifft er auf ungefähr 1.230 m Höhe wiederum auf die M2565. Den letzten Kilometer nach Saint-Dalmas verläuft der GR 5 in östlicher Richtung auf dieser Bundesstraße.

Saint-Dalmas (Gemeinde Valdeblore)

Gîte d'étape Les Marmottes, am südlichen Ortsende direkt am GR 5, ☏ +33/(0)4 93/02 89 04, +33/(0)6 85/32 70 70, info@gite-marmottes.fr, www.gite-marmottes.fr, Juni bis September, 25 Plätze in Zwei- bis Vierbettzimmern, HP ab € 49, € 9,50, , @

Camping de la ferme, Bernard und Myriam Le Duff, einfacher Platz am westlichen Ortseingang direkt am GR 5, ☏ +33/(0)4 93/02 83 30, bernard.leduff@wanadoo.fr, www.camping-ferme.com, Mai bis Oktober, Stellplatz für zwei Personen € 18, F € 7, kleiner Lebensmittelladen, Gemeinschaftsküche, @

♦ **Camping caravaning municipal**, einfacher Platz am östlichen Ortsende, 500 m vom GR 5 entfernt, dem Weg rechts neben der M2565 folgen, ☏ +33/(0)4 93/02 78 85, camping.valdeblore@orange.fr, ganzjährig geöffnet, Stellplatz für zwei Personen € 13, @

Pizzeria Le Millefonds, an der Route principale, direkt am Weg, ☏ +33/(0)4 93/02 88 94, Di 17:30-22:00, Mi-Sa 9:30-15:00 und 17:30-22:00

Proxi, kleiner Supermarkt an der Route principale, direkt am Weg, ☏ +33/(0)4 93/02 80 40, www.facebook.com/Valdebloreproxi, Mo, Di, Do, Fr, Sa 8:00-12:30 und 15:30-19:00, So 08:00-12:30

Linie 91 mehrmals täglich nach Auron und Nizza (1 Std. 50 Min.), www.lignesdazur.com

Das kleine Dorf ist ein beliebter Ferienort mit mehreren Unterkünften und zwei Campingplätzen. Es gibt auch einige Einkehrmöglichkeiten und ein paar Geschäfte.

29. Etappe: Saint-Dalmas – Utelle

25,5 km, 9 Std. 25 Min., ↑ 1.094 m, ↓ 1.577 m, ⇧ 806-2.014 m

0,0 km	⇧ 1.286 m	Saint-Dalmas
2,4 km	⇧ 1.710 m	Col du Varaire
3,8 km	⇧ 1.903 m	Col des Deux Caïres
7,1 km	⇧ 1.910 m	Baisse de la Combe
8,8 km	⇧ 1.982 m	Collet des Trous
13,6 km	⇧ 1.684 m	Col d'Andrion
15,5 km	⇧ 1.350 m	Col des Fournés
17,9 km	⇧ 1.412 m	Col de Gratteloup
19,8 km	⇧ 1.492 m	Petit Brec
23,0 km	⇧ 1.211 m	Col du Castel Ginesté
25,5 km	⇧ 806 m	Utelle

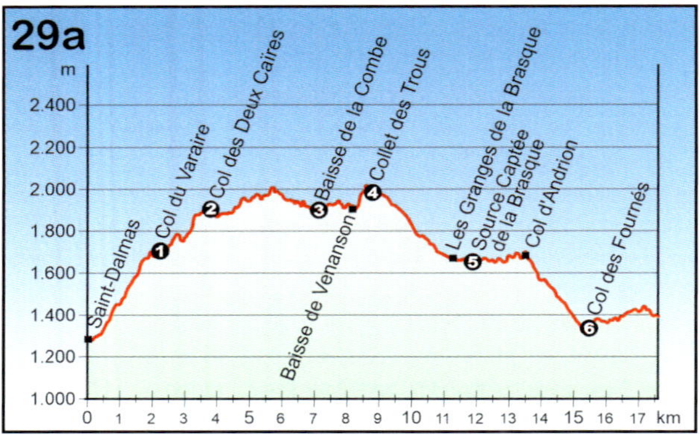

Heute geht es über zahlreiche kleine Pässe und Sie können zum ersten Mal das Mittelmeer sehen. Die Etappe ist das längste Teilstück des GR 5. Sie sollten entweder morgens in aller Frühe aufbrechen oder eine Übernachtung im Zelt/Biwak einplanen. Erschwert wird die Etappe dadurch, dass die Wasserversorgung äußerst kritisch ist. Es gibt nur eine Quelle nach knapp der Hälfte der Strecke. Die komplette Vermeidungsstrategie wäre, von Saint-Dalmas mit dem Linienbus nach Cros d'Utelle zu fahren. Sehr empfehlenswert ist auch die Variante, bei der Sie ab Saint-Dalmas nicht mehr dem GR 5, sondern dem GR 52 folgen, der durch das fantastische Vallée des Merveilles führt und in Menton direkt an der italienischen Grenze ans Mittelmeer gelangt.

➯ „Machst du auch Menton?" Diese Frage hört man des Öfteren unter GTA-Wanderinnen und Wanderern. Die beliebte Variante als alternativer Abschluss der GTA folgt von Saint-Dalmas in fünf Tagesetappen (ca. 100 km) dem GR 52. Dieser führt nach Osten aus Saint-Dalmas hinaus wieder in den Nationalpark Mercantour hinein. Später geht es durch das **Vallée des Merveilles** und nach dem Nationalpark weiter entlang der französisch-italienischen Grenze. Der GR 52 endet im ausgesprochen hübschen Menton, dem letzten Ort vor der italienischen Grenze am Mittelmeer. Die Variante dauert zwei Tage länger als die Originalroute der GTA. Etwas abkürzen lässt sie sich über den GR 52A, der von Saint-Dalmas nicht wieder in den Nationalpark, sondern auf direktem Weg nach Sospel führt, allerdings die meiste Zeit parallel zu Landstraßen.

GPS-Routen mit Informationen zu Unterkünften können auf der Homepage der GTA heruntergeladen werden.

www.grande-traversee-alpes.com

Wenn Sie die lange Etappe mit kritischer Wasserversorgung komplett vermeiden wollen, können Sie mit der Linie 90 (Haltestelle direkt am Weg, beim Proxi Supermarkt) in Richtung Grand Arénas bis zur Station „Cros d'Utelle" fahren. Diese Station liegt auf der 30. Etappe vor dem Aufstieg nach Levens (☞ S. 205). Abfahrten 10:36 und 15:36, Fahrtzeit 73 Minuten.

www.lignesdazur.com

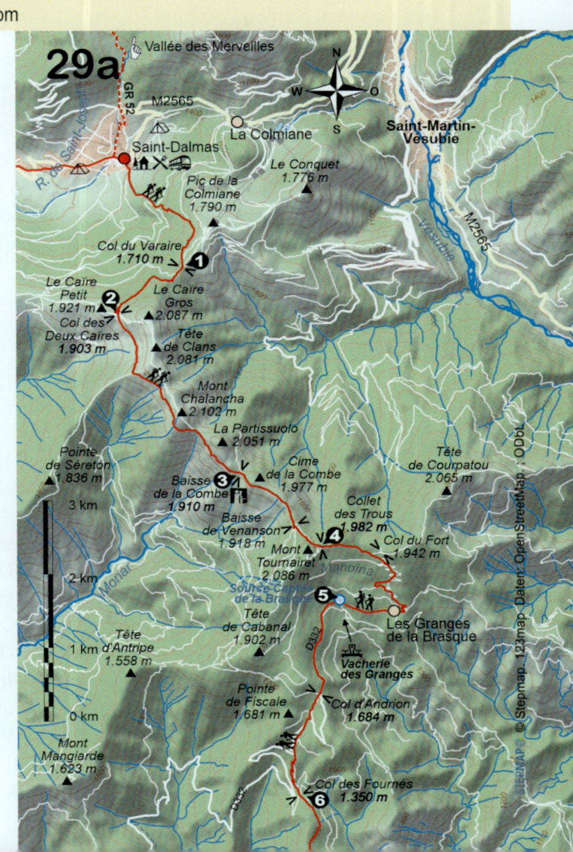

In Saint-Dalmas biegen Sie gegenüber der Kirche, dort, wo die Bundesstraße links in das Oberdorf abzweigt, rechts ab. Die kleine Straße führt einige Höhenmeter hinauf. Richtung Südost geleitet der GR 5 aus Saint-Dalmas hinaus und in die Berge hinein. Sie passieren ein Wasserreservoir und gehen dann in einem Wald weiter in südöstlicher Richtung.

Nach einiger Zeit trifft der GR 5 auf einen Schotterweg. Während der Schotterweg nach links führt, verläuft der GR 5 geradeaus auf einem Pfad im Wald steil nach oben.

Etwas unterhalb der Cime de Colmiane knickt der GR 5 nach Südwesten ab und führt auf der Bergflanke entlang zum **Col du Varaire** (⇧ 1.710 m) hinauf, den Sie nach 2,4 km erreichen ❶.

Der GR 5 verläuft einige Meter direkt unter dem Kamm entlang nach Südwesten und biegt dann in westlicher Richtung in die bewaldete Bergflanke unterhalb der Caïre Gros nach rechts ab. Weiter ansteigend wird der Gipfel in einem Linksbogen umgangen. Die letzten Höhenmeter zum südlich gelegenen **Col des Deux Caïres** (⇧ 1.903 m) ❷ steigen Sie in Serpentinen steil hinauf.

Hier verlassen Sie den Wald und können die Ausläufer der Seealpen schön überblicken.

Das folgende Teilstück war zum Zeitpunkt meiner Wanderung (Sommer 2021) wegen eines Erdrutschs nicht begehbar. Sollte dies auch bei Ihrer Wanderung der Fall sein, wählen Sie am Pass den Weg hinauf zur Caïre Gros. Kurz vor dem Gipfel zweigt ein rot-weiß markierter Pfad nach rechts ab und führt über den Grat nach Süden. Schließlich geht es teilweise weglos, aber mit Holzpflöcken markiert über die Flanke abwärts, bis Sie wieder auf den GR 5 stoßen.

Auf der südwestlich ausgerichteten Flanke geht es nahezu eben nach Südosten in eine Senke zwischen dem La Partissuolo und der Cime de la Combe, die **Baisse de la Combe** (⇧ 1.910 m) ❸.

Hier ist bei klarem Wetter erstmals das Mittelmeer zu sehen und es bietet sich ein toller Blick über die Seealpen.

Der GR 5 führt dann unterhalb der Cime de la Combe weiter auf der Flanke entlang, gewinnt leicht an Höhe und tritt nördlich des Mont Tournairet in den Wald von Manoïnas ein. Er führt über die **Baisse de Venanson** (⇧ 1.918 m) etwas steil und über Geröll auf den **Collet des Trous** (⇧ 1.982 m) ❹, der nördöstlich des Mont Tournairet gelegen ist. Auf diesem Pass knickt der GR 5 links ab und verläuft leicht an Höhe verlierend nach Osten.

Unterhalb des Col du Fort trifft er auf eine alte Militärstraße, die in Serpentinen steil nach Süden in das Tal führt. Der GR 5 folgt dieser Straße nach Süden, kürzt allerdings zahlreiche Serpentinen in direkter Falllinie ab. Auf etwa 1.700 m Höhe trifft der GR 5 auf die Ruine einer alten Kirche. Hier wird die Militärstraße zu einer geteerten Fahrstraße. Auf dieser Straße verläuft der GR 5 nach Westen, vorbei an der Feriensiedlung **Les Granges de la Brasque**.

💧 800 m nach den alten Kasernengebäuden ist rechts der Straße die **Quelle der Brasque** ❺ in Stein gefasst. Diese Möglichkeit sollte unbedingt zum Auffüllen des Wasservorrats genutzt werden!

Vacherie des Granges de la Brasque, Rinderzucht mit kleinem Hofladen, dem Wegweiser folgen, +33/(0)4 93/03 05 40, aktuelle Öffnungszeiten erfragen

Die Source Captée de la Brasque ist die einzige Möglichkeit zur Wasserversorgung auf dieser Etappe

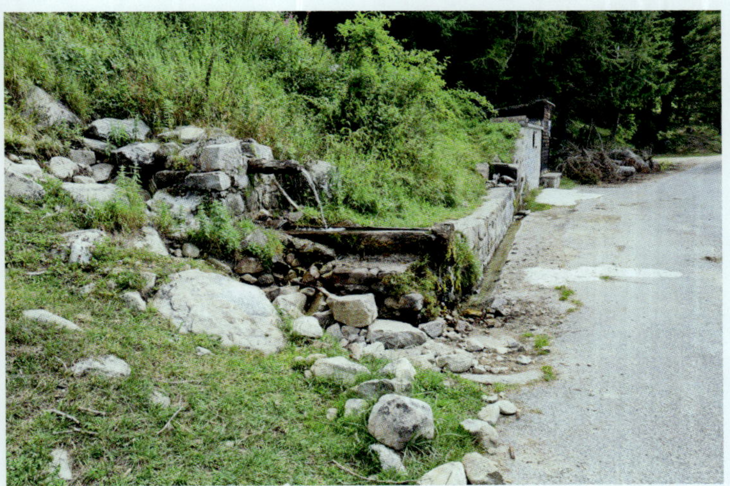

Nun folgt ein recht langer und etwas eintöniger Abschnitt durch den Wald. Ein kleines Stück hinter der Wasserstelle biegt die D332 nach Süden ab. Ungefähr 1,3 km verläuft der GR 5 auf dieser Straße, bis dann am **Col d'Andrion** auf 1.684 m Höhe rechts ein Fußpfad von der Straße abzweigt, der eine lang gezogene Schleife der Straße abkürzt.

In Serpentinen führt der GR 5 rund 100 Hm hinunter. Nach diesen 100 Hm wird die D332 gekreuzt. Links der Straße führt der Pfad weiter nach unten und trifft dabei mehrfach auf die D332. Schließlich verläuft die Straße rechts in das Tal, während der GR 5 auf einem Weg weiter nach Süden zum **Col des Fournés** ❻ auf 1.350 m hinunterführt.

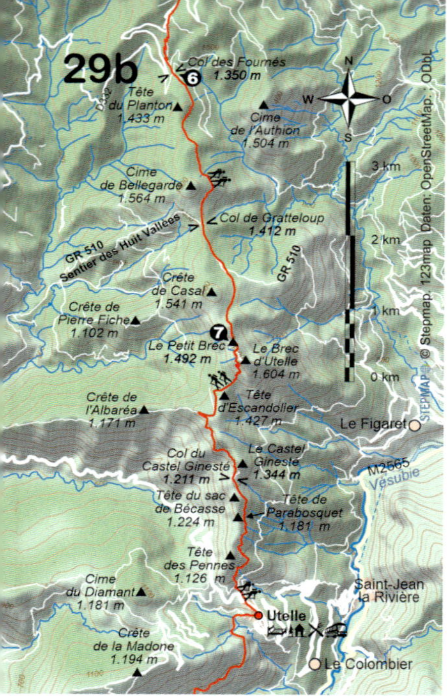

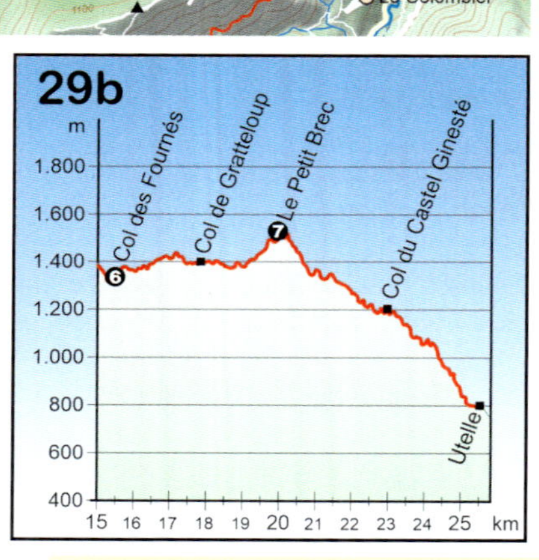

Hier treffen mehrere Wege aufeinander. Der GR 5 führt im Wald weiter in südsüdöstlicher Richtung an der Tête du Planton in einem Rechtsbogen vorbei. Hinter der Erhöhung trifft der Weg nochmals auf den Grat, bevor der GR 5 weiter in südsüdöstlicher Richtung zum Cime de Bellegarde führt. Diese 1.564 m hohe Erhebung wird ebenfalls in einem Rechtsbogen umgangen. Ein kleines Wegstück hinter der Cime de Bellegarde wird der **Col de Gratteloup** auf 1.412 m Höhe erreicht.

An diesem Pass trifft von rechts kommend der GR 510 „Sentier des Huit Vallèes" auf den GR 5. Gemeinsam führen beide Fernwanderwege weiter nach Südsüdosten. Nun haben Sie etwas Sicht auf einem waldarmen Abschnitt.

In einem leichten Rechtsbogen wird die Crête de Casal umgangen. Auf halber Strecke zweigt der GR 510 links ab und führt hinunter in das Vésubie-Tal. Der GR 5 verläuft hingegen in südsüdöstlicher Richtung, nahezu eben im Wald zum **Petit Brec** (⇧ 1.492 m) ❼.

⇘ Kurz darauf kann an einem Abzweig links innerhalb von ca. 450 m Entfernung und 80 Hm der **Brec d'Utelle** (1.604 m) bestiegen werden, von dem sich ein Blick hinunter nach Nizza und auf das Mittelmeer bietet.

Nun wird es endlich etwas interessanter. Es geht es über Schotter durch den Fels und ein kurzes Stück nach oben über den kleinen Grat, von wo Sie den Weitblick in beide Seitentäler haben. Dann führt ein steiniger Pfad in Serpentinen steil hinunter nach Südwesten. Hinter der Tête d'Escandolier macht er eine scharfe Rechts-Links-Kurve und führt auf einem Band durch den Fels aussichtsreich weiter. Zwei Abbruchkanten sind mit Brücken gesichert. Sie passieren den **Col du Castel Ginesté** (⇧ 1.211 m).

Felsband beim Castel Ginesté

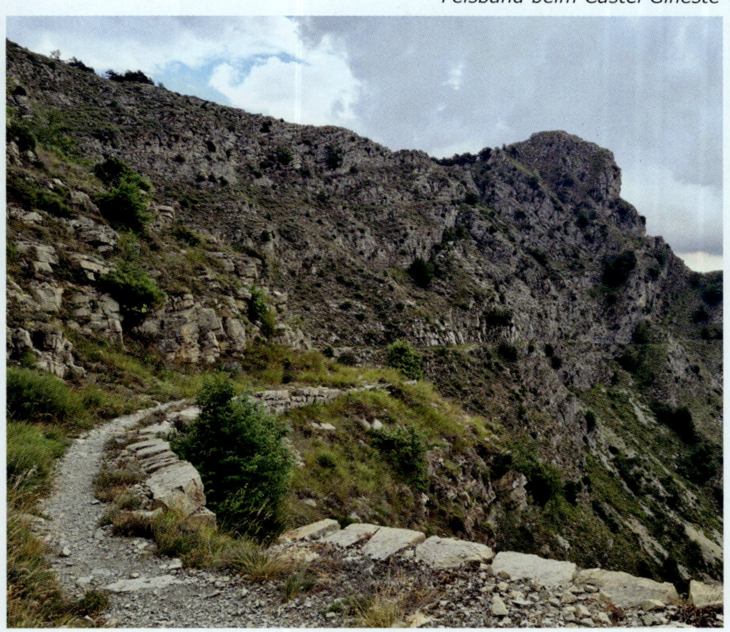

Zwei weitere Berge flankierend führt der GR 5 schließlich in zahlreichen Serpentinen steil hinab in Richtung des südlich und 600 Hm tiefer gelegenen Orts **Utelle**. Kurz vor Utelle trifft er auf eine Asphaltstraße, auf der er in den Ort hineinführt.

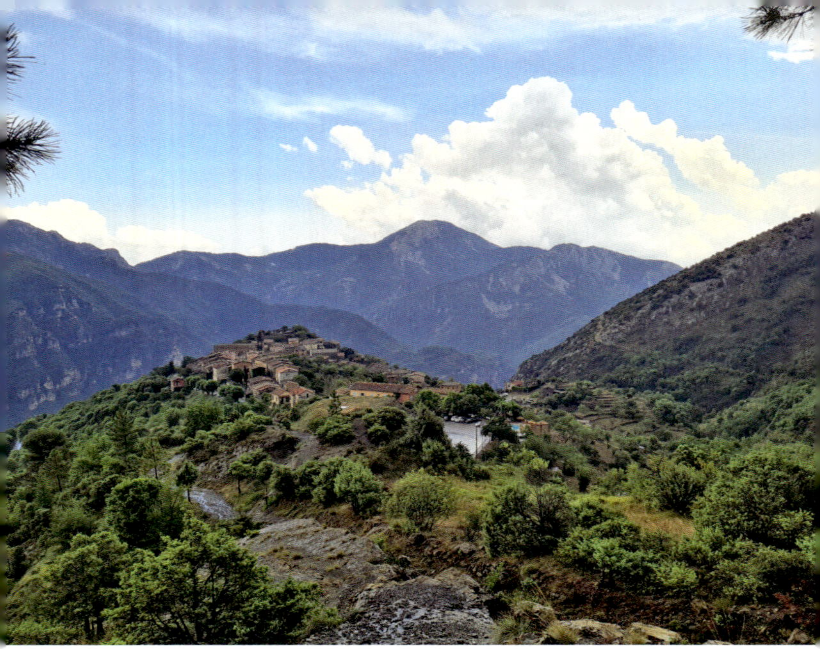

Utelle

Utelle

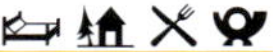

Restaurant & Résidence Le Bellevue Martinon, 5 Rue René Millo, direkt am Weg, +33/(0)4 93/03 17 19, chmartinon@wanadoo.fr, www.lebellevue-martinon.com, ganzjährig ganztägig, aktuelle Preise auf Anfrage

Gîte communal d'étape Utelle, vom Rathaus verwaltet, direkt am GR 5 gegenüber der Kirche Saint-Véran, +33/(0)6 31/67 01 27, www.gites-de-france.com; ganzjährig geöffnet, 12 Plätze, unbewirtschaftet, Gemeinschaftsküche, Ü € 20,

Restaurant Auberge Utelloise, Place de la République, direkt am Weg, +33/(0)4 93/02 58 40, aktuelle Öffnungszeiten erfragen

Zum schönen mittelalterlichen Dörfchen Utelle gehören weitere Weiler, sind für Wanderinnen und Wanderer aber etwas weit weg gelegen. Ein Hotel-Restaurant, ein weiteres Restaurant, eine Wanderherberge und die Post sorgen für eine Basisinfrastruktur.

30. Etappe: Utelle – Aspremont

23,5 km, 8 Std. 05 Min., 870 m, 1.179 m, 179-818 m

0,0 km	⇧	806 m	Utelle
11,9 km	⇧	518 m	Levens
18,7 km	⇧	564 m	Colla Partida
23,5 km	⇧	497 m	Aspremont

Heute geht es durch die Ausläufer der Seealpen und mehrere schöne mittelalterliche Ortschaften bis vor die Tore Nizzas. Die GTA kann guten Gewissens in Aspremont beendet werden – wer sich die letzte Etappe durch die Agglomeration sparen möchte, nimmt abschließend einfach den Bus.

Kleiner Hain kurz vor der Stadtgrenze von Nizza am heutigen Etappenende

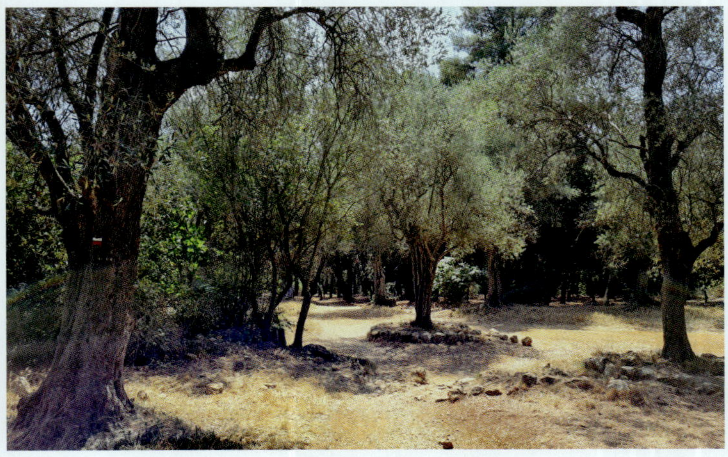

Im Ortskern von Utelle, von Norden auf den Marktplatz kommend, biegen Sie rechts in die Rue Emile Passeroni ab. Durch diese Gasse und über kleine Fußpfade führt der GR 5 nach Westen aus dem Ort heraus und in das Tal des Baches Rio hinunter, überquert diesen und knickt dann nach Süden ab.

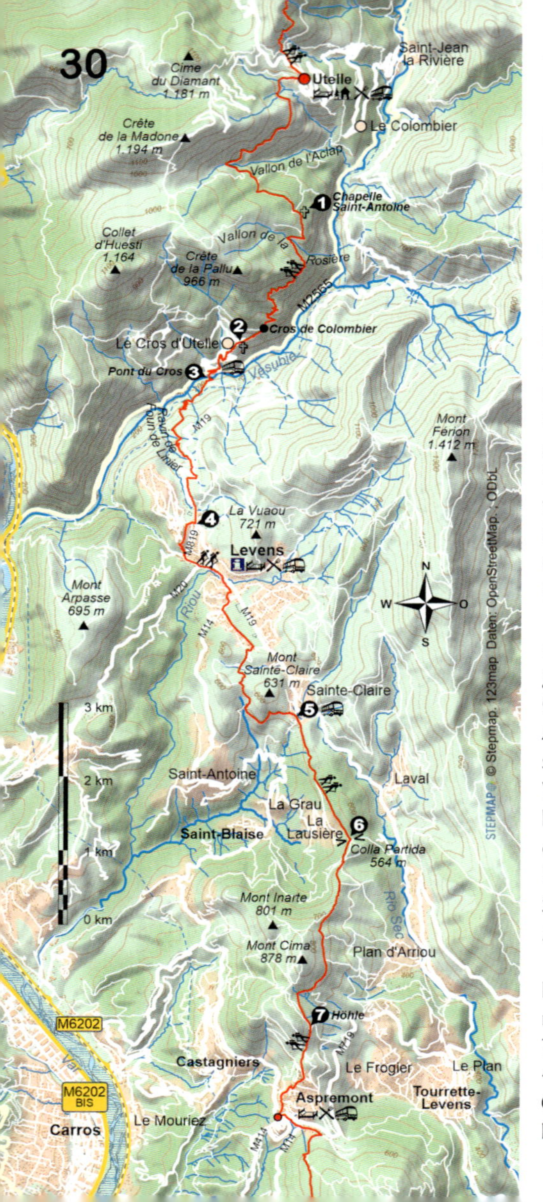

In einem lang gezogenen Linksbogen wandern Sie auf einer Flanke entlang in das Tal des Baches Cros hinein. Nach Überquerung dieses Baches knickt der GR 5 scharf links ab und führt in einem lang gezogenen Rechtsbogen aus dem Tal heraus. 3,9 km hinter Utelle erreichen Sie die schöne **Chapelle Saint-Antoine ❶** auf 676 m Höhe. Der GR 5 führt rechts an der Kapelle vorbei und verläuft dann ein kleines Wegstück nahezu eben, bis er rechts in das Rosière-Tal hineinführt.

Sie überqueren den Bach und umgehen in einem lang gezogenen Rechtsbogen die Crête de la Pallu. Dieser Abschnitt verläuft auf einem schönen, aussichtsreichen Weg hoch über dem Vésubie-Tal auf einer Steinmauer, die zum Passieren der Flanke angelegt wurde. An einer Stelle hilft Ihnen eine Metalltreppe.

Danach beginnt ein steiler Abstieg, der in Serpentinen hinunter in das Vésubie-Tal führt. Sie passieren auf 403 m Höhe das **Kreuz von Colombier** und danach die **Kirche Cros d'Utelle ❷**.

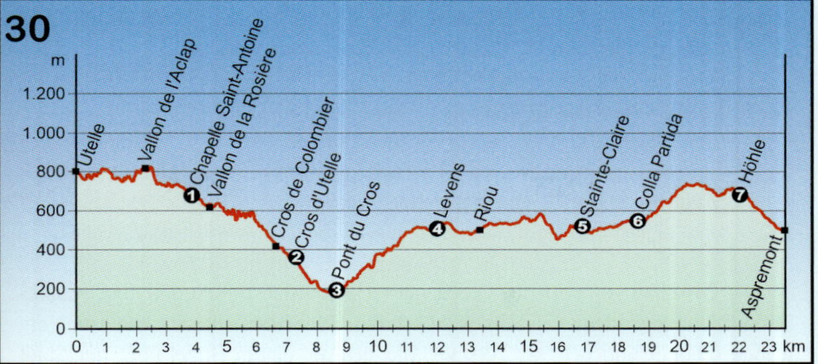

Hinter der Kirche wählen Sie nicht die Asphaltstraße, die das Bergdorf Le Cros d'Utelle mit dem Tal verbindet, sondern biegen gleich wieder links ab. Vorbei an diversen Gärten und alten Häusern kürzt der GR 5 zahlreiche Kehren der Asphaltstraße ab. Die Straße wird noch einige Male gekreuzt, bis Sie schließlich auf 195 m Höhe die im Tal verlaufende M2565 erreichen. Dies ist mit 179 m der zweittiefste Punkt der GTA.

Auf der Bundesstraße ist eine Haltestelle der Linie 90 La Bolline – Nizza.

Die Bundesstraße wird gekreuzt und auf der gegenüberliegenden Straßenseite geleitet ein Weg nach rechts hinunter zum Fluss. Über die alte **Pont du Cros** ❸ überqueren Sie die Vésubie.

☺ Hinter der Brücke können Sie zur Vésubie hinuntersteigen. Der kalte Gebirgsfluss bietet nach der langen, oftmals schattenlosen Strecke aus den Bergen heraus eine gute Gelegenheit zur Erfrischung.

Nach Überquerung des Flusses führt ein Weg in zahlreichen Serpentinen steil erst nach Südwesten und später nach Süden in das Tal Fond de Linier hinauf. In diesem Tal trifft der Weg auf ungefähr 510 m Höhe auf die M19, die vom Vésubie-Tal in die Berge hinaufführt. Sie kreuzen die Bundesstraße und wandern dann auf einer alten Betonstraße, die parallel zur Bundesstraße an diversen Gärten entlangführt, in Richtung **Levens**. Kurz vor der Ortschaft trifft der GR 5 erneut auf die Bundesstraße und verläuft auf ihr in den Ort hinein ❹.

Levens

Office de Tourisme, ☏ +33/(0)9 62/66 85 84, www.levens.fr, Mo-Sa 9:00-13:00 und 14:00-17:00

Hôtel La Vigneraie, 82 Route de St Blaise, direkt am GR 5, ☏ +33/(0)4 93/79 77 60, la-vigneraie@hotmail.com, www.lavigneraielevens.com, ganzjährig ganztägig, Zimmer ab € 70, F € 8, HP, Bar, Restaurant, @, Kartenzahlung möglich

Linie 19 mehrmals täglich nach Nizza (ca. 50 Min.), www.lignesdazur.com

Die Ortschaft ist relativ zersiedelt mit vielen Ausfallstraßen und eher belanglosen Wohngegenden. Das Highlight ist das mittelalterliche Stadtzentrum mit wunderschöner und belebter Altstadt, die sich auf einem Hügel über der Stadt erhebt. Geschäfte, Restaurants und ein paar Unterkünfte vor allem in der Altstadt sorgen für ausreichend touristisches Angebot.

Der GR 5 führt nicht in den eigentlichen Ortskern von Levens hinein, sondern verläuft östlich des Berges, auf dem der Ortskern liegt, auf der Avenue Mal Foch. Am Ende der Straße geht es einen kurvenreichen Weg hinab. Dann halten Sie sich links und biegen direkt wieder rechts ab auf die M819. An deren Ende folgen Sie links der M20, bis Sie die Hauptstraße M19 wieder erreichen.

Sogleich gehen Sie nach rechts auf einen Pfad, der über den Bach Riou führt. Der Pfad führt Sie zum Chemin du Vignal, dem Sie bis zum Ende folgen. Dann treffen Sie auf die M14 (Route de Saint-Blaise), der Sie nach rechts folgen. Bei der ersten Gelegenheit biegen Sie links in die Promenade des Prés ab. Sie gehen an einer großen Parkanlage entlang. Fast am Ende zweigt rechts ein steiniger Pfad nach oben ab und führt Sie durch einen kleinen Wald. Nun geht es rechter Hand um den kleinen Mont Sainte-Claire herum und Sie gelangen in den Weiler **Sainte-Claire ❺**, der zu Levens gehört.

Panorama über das Mittelmeer und Nizza

Hier gibt es eine Haltestelle der Linie 19, die ins Zentrum von Nizza fährt.

Sie gehen ein kurzes Stück auf der Route de la Grau. Dann zweigt links hinauf eine kleine Straße ab, die nach Süden und nach La Lausière führt. Auf dieser Straße verläuft der GR 5. Nach 1 km zweigt ein kleiner Pfad links ab und führt in südöstlicher Richtung auf die **Colla Partida** (⇧ 564 m) **❻**.

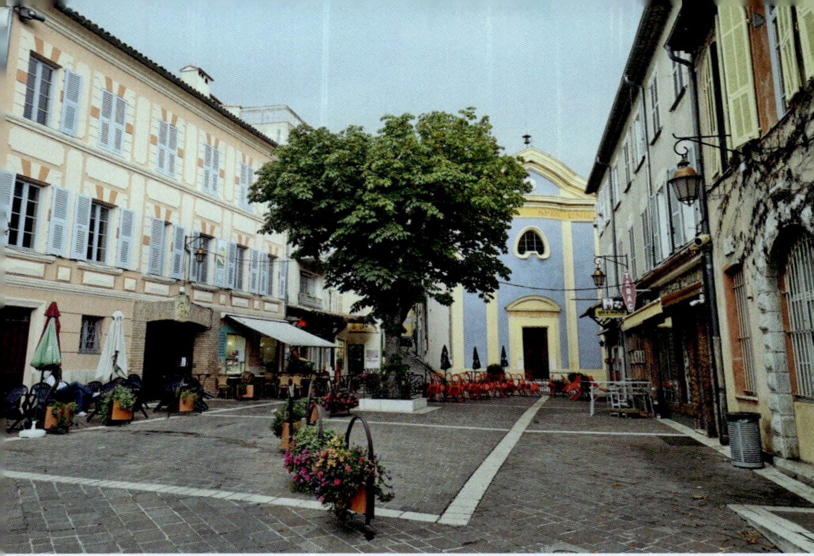

Altstadt von Levens

Kurz darauf gehen Sie rechts in den Wald hinein und an einer steilen Felswand entlang. An der folgenden Weggabelung wandern Sie rechts den Bergrücken des Mont Cima hinauf.

Am nächsten Abzweig gehen Sie allerdings nicht auf den Gipfel, sondern links die Flanke entlang. In einer lang gezogenen Rechtsschleife wird der Mont Cima östlich umgangen. Dabei bietet sich auch wieder ein schönes Panorama über die Seealpen.

Der GR 5 trifft auf eine befestigte Straße. Auf dieser gehen Sie weiter nach Süden und kommen an einer Höhle ❼ vorbei. Danach wählen Sie in einer Kurve den linken Fahrweg, verlassen ihn allerdings sofort wieder, gehen rechts auf einen Trampelpfad und rechts vorbei an einem Hundesportplatz.

Der Weg führt Sie auf die Route de la Cima in **Aspremont**, der Sie weiter abwärts folgen.

☺ schöne Aussichtsterrasse Place des Salettes

Nun folgen Sie rechts der kleinen Straße Montée du Commandant Gérome weiter hinunter. Sie gelangen an den Fuß des Hügels, auf dem der alte Ortskern liegt.

Aspremont

Hostellerie d'Aspremont, 1 Place B. Garino, direkt am GR 5 nördlich des Altstadthügels, +33/(0)4 93/08 00 05, www.hostellerie-aspremont.com, EZ ab € 55, DZ ab € 65, HP ab + € 60, F € 10, Bar, Pool, @

Le Petit Marché, 5 Avenue Gaspard Clérissi, neben der Post, 100 m vom Weg entfernt, +33/(0)4 93/29 72 03, aktuelle Öffnungszeiten erfragen

Linie 62 mehrmals täglich in die Innenstadt von Nizza (Endhalt „Magnan", 50 Min.) und Linie 76 zum nördlichen Stadtrand (Endhalt „Place Fontaine du Temple", 30 Min.), www.lignesdazur.com

Die Gemeinde mit schönem mittelalterlichem Stadtkern liegt hoch über dem Var-Tal vor den Toren Nizzas mit Weitblick aufs Mittelmeer. Wie in Levens zuvor thront auch hier die Altstadt auf einem Hügel über der Stadt. Es gibt ein paar Unterkünfte und Geschäfte. Die GTA kann hier gut beendet werden, da Aspremont mehr oder weniger das Ende der Bergwelt markiert.

31. Etappe: Aspremont – Nizza

12,9 km, 3 Std. 45 Min., ↑ 197 m, ↓ 708 m, ⇧ 4-688 m

0,0 km	⇧ 497 m	Aspremont
2,8 km	⇧ 637 m	Crête de Graus
5,9 km	⇧ 362 m	Stadtgrenze von Nizza BANK
12,3 km	⇧ 8 m	Jardin Alsace Lorraine, Nizza
12,9 km	⇧ 4 m	Côte d'Azur, Nizza

La finale! Nach drei langen Etappen liegt heute die kürzeste von allen GTA-Etappen vor Ihnen. Sie steigen auf Meereshöhe hinab an den Stadtstrand von Nizza und es lockt ein Sprung ins azurblaue Meer der Côte d'Azur als krönender Abschluss der GTA. Erst müssen Sie aber noch durch die Vororte von Nizza und einmal quer durch die Stadt.

Ohne durch den alten Ortskern von Aspremont auf dem Hügel zu führen, verläuft der GR 5 nördlich davon auf der M14. Sie überqueren sie nach knapp 400 m und folgen dem Chemin de Campoun.

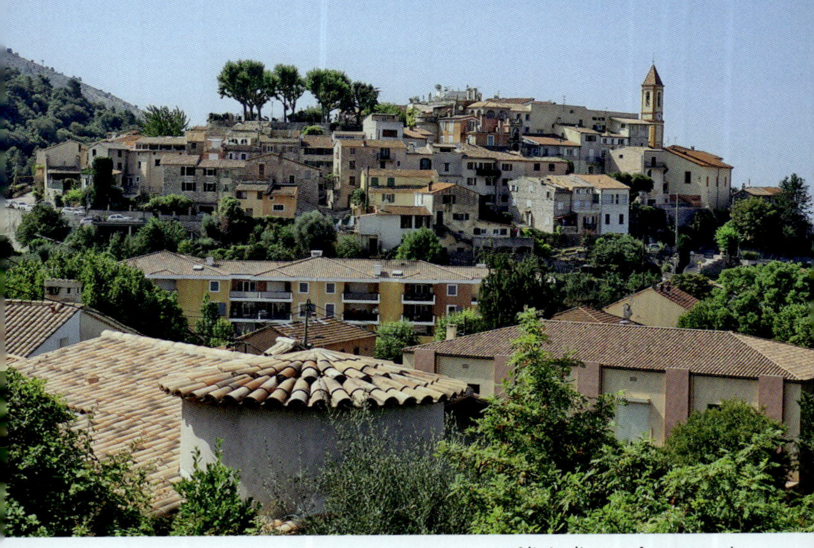

Altstadt von Aspremont

Nach weiteren 300 m folgen Sie scharf nach rechts einem Pfad. Auf der linken Seite eines kleinen Baches geht es steil hinauf.

Nach knapp 2 km zweigt ein Weg nach links ab, der in Richtung Mont Chauve d'Aspremont führt.

↬ Der kurze Abstecher zum **Mont Chauve d'Aspremont** (853 m) mit dem gleichnamigen Fort ist sehr lohnenswert. Von diesem Gipfel aus bietet sich ein toller Rundumblick über die Seealpen.

Der GR 5 führt hingegen westlich des Mont Chauve d'Aspremont vorbei weiter nach Süden und bleibt dabei einige Höhenmeter unterhalb der **Crête de Graus** ❶ auf der sehr langen westlichen Flanke des Grats. Am Ende geht es ein kurzes Stück über Schotter etwas steil hinab.

Schließlich durchschreiten Sie einen schönen Hain und erreichen nach einem Wasserhahn und einer Schranke eine Privatstraße (Chemin de Châteaurenard) ❷, auf der Sie nach links gehen. Sie liegt mehr oder weniger auf der **Stadtgrenze von Nizza**.

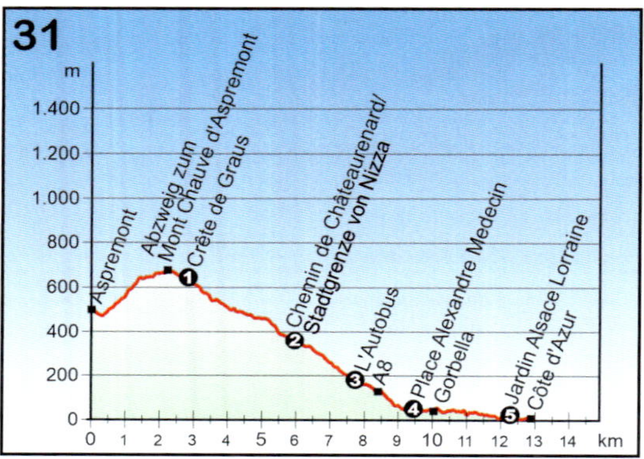

Wer sich den Weg durch die Stadt sparen möchte, kann am Ende der Privatstraße die Buslinie 35 bis zur Station „Henri Sappia" nehmen. Dort müssen Sie umsteigen in die Tramlinie L1, die zum Hauptbahnhof Nice-Ville und zur Altstadt hinunter (Station „Opéra-Vieille Ville") fährt.

Sie kommen an einen Kreisverkehr. An der Auberge de l'Aire Saint Michel beginnend, führt eine Straße, der Vieux Chemin de Gairaut, hinunter nach Gairaut, einem Stadtteil von Nizza. Es geht vorbei an zahlreichen Villen, Residenzen und einem rechts liegenden Wohnviertel. Unten an einer Ampel angekommen biegen Sie links auf die M14 ab.

Nach einer engen Rechtskurve, die Sie auf einem Fußweg abkürzen, führt bei der Bar L'Autobus ❸ ein Weg geradeaus hinunter nach Nizza – die Fortsetzung des Vieux Chemin de Gairaut. Es folgen eine Autobahnbrücke und danach eine Kreuzung. Der Vieux Chemin de Gairaut führt geradeaus weiter. Rechts liegt der **Parc Chambrun** mit seinem berühmten Pavillon.

An den folgenden Kreuzungen gehen Sie weiterhin geradeaus weiter bis zum **Place Alexandre Medecin** ❹. Hinter dem kleinen Park auf diesem Platz biegen Sie rechts ab und folgen nach der Überquerung der Avenue Alfred Borriglione der Rue Paul Bounin.

Am Boulevard de Gorbella stoßen Sie auf die Tramlinie L1 (Station „Gorbella"), die zum Hauptbahnhof Nice-Ville und zur Altstadt hinunter (Station „Opéra-Vieille Ville") fährt, und können hier ggf. die Tour beenden.

Nun gehen Sie links ein kurzes Stück den Boulevard de Gorbella hinab und nach 300 m rechts in die Avenue de Castellane hinein, eine ruhige Wohnstraße. Hier gibt es eine leichte Steigung.

☺ Nach einer Doppelkurve lotsen Sie die Markierungen in den **Jardin des Hoirs de Cessole**, aber nicht mehr hinaus. Also gehen Sie am besten gar nicht erst in den Park, sondern schlagen sich ohne Markierungen noch das allerletzte Stück bis zum Strand durch, so wie es zumindest in den amtlichen Topo-Karten eingetragen ist.

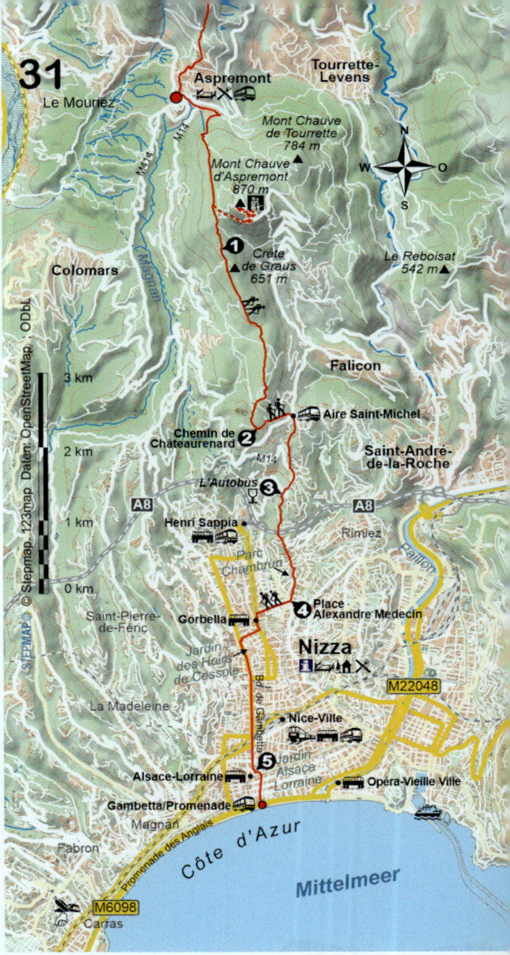

Es folgt das am weitesten vom Bergwandern entfernte Wegstück, die Autostraße Boulevard de Cessole/Boulevard de Gambetta, der Sie 1,5 km hinab (den offiziellen Schlenker beim Bahnhof Gambetta können Sie sich sparen) bis zum **Hauptbahnhof Nice-Ville** folgen. Sie gehen noch 500 m weiter geradeaus bis zum linksseitig liegenden **Jardin Alsace Lorraine ❺**, den Sie queren.

🚋 Von hier gibt es eine Direktverbindung mit der unterirdischen Straßenbahn L2 zum Flughafen.

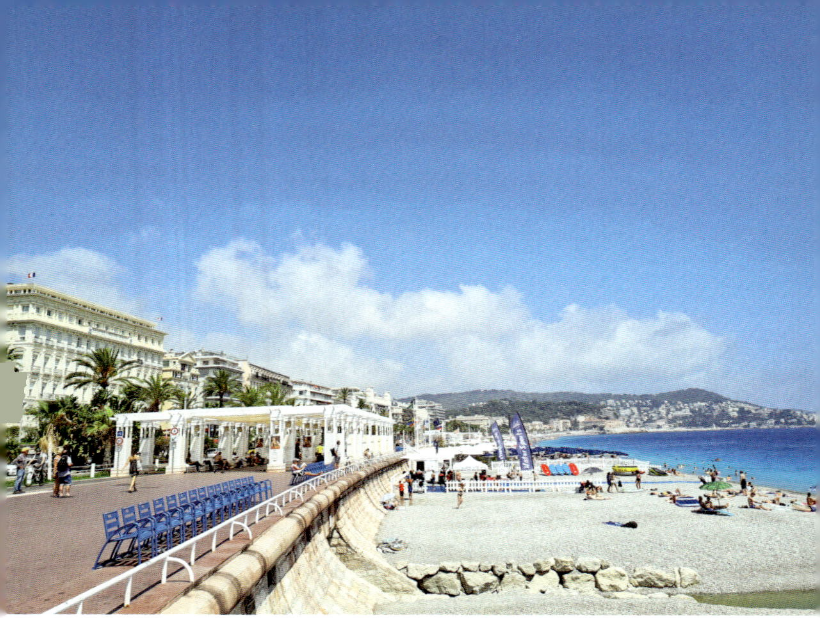

Stadtstrand von Nizza, Endpunkt der GTA

Nun folgt das allerletzte Stück: Sie gehen die mondäne Rue Cronstadt 500 m hinab ans Mittelmeer, von dem Sie schließlich nur noch die Promenade des Anglais trennt. Der Endpunkt der GTA ist der **Stadtstrand von Nizza**. Im Gegensatz zum Startpunkt findet sich darauf aber keinerlei Hinweis.

Das Ende fast auf Höhe des Meeresspiegels ist entsprechend der tiefste Punkt der GTA. Ein Sprung ins azurblaue Meer der Côte d'Azur nach absolvierter GTA ist Pflicht! Mit den öffentlichen Duschen können Sie sich danach wieder vom Salzwasser befreien.

Die unweit gelegene Bushaltestelle „Gambetta/Promenade" bietet diverse Anschlüsse.

Nizza

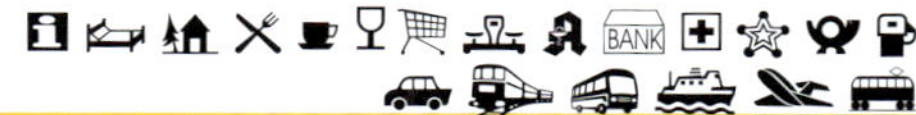

Office de Tourisme Métropolitain Nice Côte d'Azur, 5 Promenade des Anglais, +33/(0)4 92/14 46 14, www.nicetourisme.com, Mo-Sa 9:00-18:00

🛏 **Hôtel West End Nice**, relativ (!) günstiges Hotel, 150 m vom Endpunkt der GTA, 31 Promenade des Anglais, ☏ +33/(0)492/14 44 00, ✉ westend@3ahotels.com, 💻 www.hotel-westend.com, ✕ Restaurant, 🍷 Bar, ÜF im DZ in der Hochsaison ab € 270, Kartenzahlung möglich

☺ zahlreiche weitere Unterkünfte aller Preisklassen im Ort

✕ **Restaurant Waynakh**, 65 Rue de la Buffa, 50 m vom Weg entfernt, 300 m vom Endpunkt der GTA, etwas versteckt und günstig, ☏ +33/(0)6 14/26 47 03, 💻 www.waynakh.fr, 🚪 Di-So 11:00-21:00

☹ ⛺ Die Campingsituation ist in Nizza suboptimal. Direkt in Nizza gibt es gar keine Campingplätze. Einige sind im Hinterland nordwestlich der Stadt ein paar Kilometer vom Meer entfernt gelegen und mit öffentlichen Verkehrsmitteln nicht gut zu erreichen. Die nächsten mit dem Zug erreichbaren Campingmöglichkeiten sind in **Villeneuve-Loubet** und **Biot** (fünf bzw. sechs Stationen von Nice-Ville), hier gibt es mehrere Campingplätze – allerdings zwischen der Autobahn und einer stark befahrenen Straße nebst Bahntrasse. Der nächstgelegene **Campingplatz an der Côte d'Azur** direkt am Strand befindet sich in **Le Dramont**, eine gute Zugstunde entfernt mit Umstieg in Cannes.

♦ **Camping La Plage du Dramont**, ☏ +33/(0)494/82 07 68, ✉ info@laplagedudramont.com, 💻 www.laplagedudramont.com, 🚪 Mai bis September, Stellplatz mit 🔌 Stromanschluss ab € 24, ✕ ☕ 🍷 Snackbar, 🛒 Laden, 🏊 Pool und Strandzugang, 🧺, 🚿, @ € 15/Woche

Die mondäne, sonnenverwöhnte Großstadt Nizza ist das kulturelle Zentrum der Côte d'Azur und direkt am Meer gelegen. Die traumhafte Altstadt mit ihrem architektonischen Erbe aus Barock, Belle Époque und Art déco haben Nizza in Kombination mit der verschwenderisch schönen Lage zwischen Alpen und Mittelmeer und dem herrlichen Wetter zu einem der begehrtesten und damit auch einem der teuersten Reiseziele Frankreichs gemacht. Auf jeden Fall finden Sie hier eine urbane und touristische Infrastruktur, die keine Wünsche offenlässt (Verkehrsverbindungen siehe ☞ Anreise).

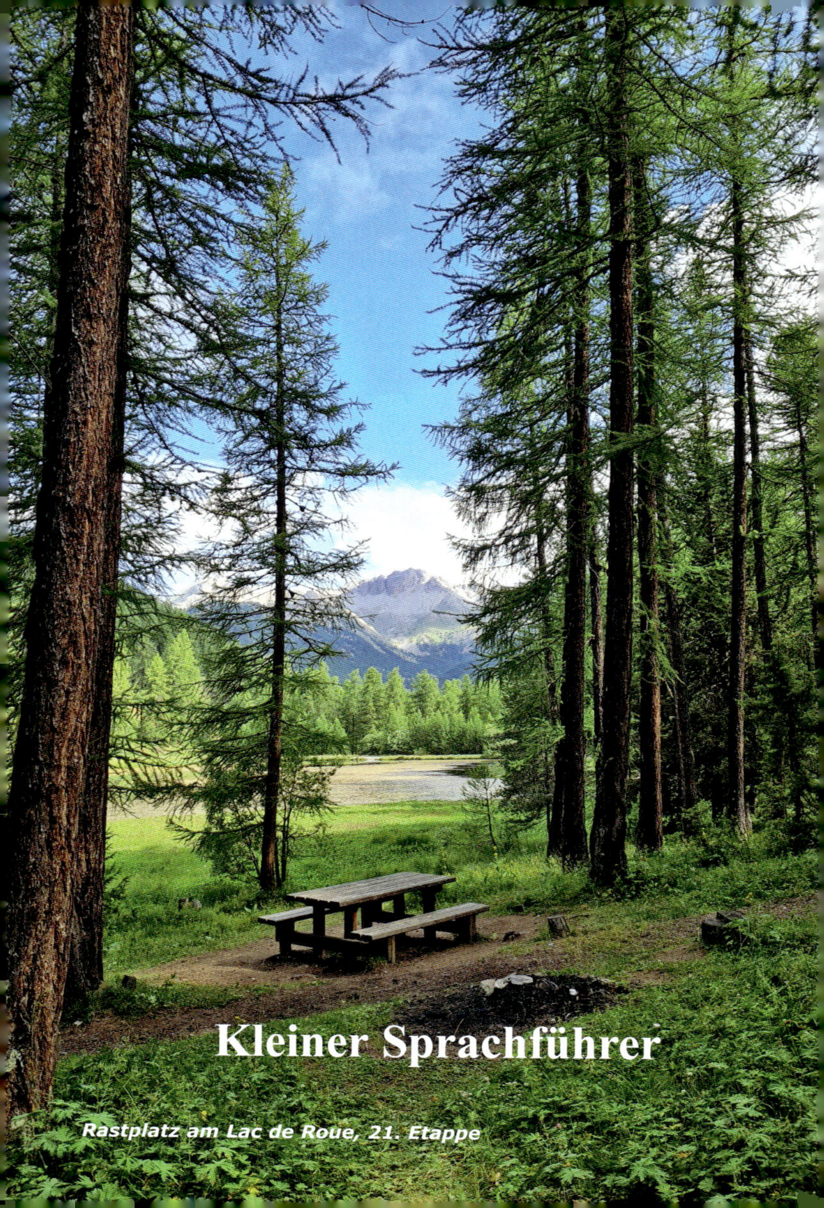

Rastplatz am Lac de Roue, 21. Etappe

Allgemein

guten Tag/guten Abend	bonjour/bonsoir
auf Wiedersehen	au revoir
Frau/Herr	Madame/Monsieur
bis bald/bis gleich	à bientôt/à toute à l'heure
ja/nein	oui/non
bitte …	s'il vous plaît …
danke/bitte sehr	merci beaucoup/de rien
Entschuldigung	pardon
Sprechen Sie Deutsch/Englisch/Spanisch?	Parlez-vous allemand/anglais/espagnol?
Ich habe nicht verstanden.	Je n'ai pas compris.
Gibt es hier ein/eine/einen … ?	Il y a un/une … ici?
Ich brauche …	J'ai besoin de …
Haben Sie … ?	Avez-vous … ?
Mobiltelefon	le portable
Rucksack	le sac-à-dos

Apotheke/Arzt

Apotheke	la pharmacie
Arzt	le médecin
Krankenhaus	l'hôpital
Kopf	la tête
Brust	la poitrine
Rücken	le dos
Bauch	le ventre
Arm	le bras
Bein	la jambe
Knie	le genou
Fuß	le pied
Durchfall	la diarrhée
Kopfschmerzen	le mal de tête
Muskelzerrung	la tension musculaire
Prellung	la contusion
Schmerzen	la douleur
Sonnenbrand	le coup de soleil

Sonnenstich	l'insolation
Heftpflaster	le sparadrap

Bezahlen

Wie viel kostet das?	Ça coute combien?
Die Rechnung, bitte.	L'addition s'il vous plaît.
Kreditkarte	la carte bleue/carte bancaire
EC-Karte/Bankkarte	la carte de débit
bar (Bezahlung)	en espèces (paiement)
Anzahlung	l'arrhes
Geldautomat	le banque-distributeur automatique

Einkaufen/Verpflegung

Bäckerei	la boulangerie
Lebensmittelladen	l'épicerie/l'alimentation
Metzgerei	la boucherie
geöffnet/geschlossen	ouvert/fermé
essen/trinken	manger/boire
Frühstück	le petit-déjeuner
Mittagessen	le repas du midi, le déjeuner (weniger gebräuchlich)
Abendessen	le repas du soir
Lunchpaket	la pique-nique/le panier repas
Ich bin Vegetarier.	Je suis végétarien.
Was ist das?	Qu'est-ce que c'est?
Können Sie mir bitte … geben?	Pouvez-vous me donner ... s'il vous plaît?
... eine Scheibe …	… une tranche …
... ein Stück …	… un morceau …
... eine Tasse …	… une tasse …
... ein Glas …	… un verre …
... Brot	… du pain
... Fisch	… du poisson
... Früchte	… des fruits
... Gemüse	… des légumes
... Hartkäse	… du fromage à pâte dure
... Hartwurst	… de la saucisson

... Nudeln	… des pâtes
... Reis	… du riz
... Salz	… du sel
... Studentenfutter	… des fruits secs mixtes
... Zucker	… du sucre
... (löslicher) Kaffee	… du café (instantanné)
... Wasser	… de l'eau
... schwarzer/grüner Tee	… du thé/thé vert
... Kräuter-/Früchtetee	… de l'infusion

Übernachten

Hotel	l'hôtel
Pension	la chambre d'hôtes
Campingplatz	le camping
Ich möchte eine Nacht bleiben.	Je veux rester une nuit.
Ich habe eine Reservierung.	J'ai une réservation.
Ich heiße …	Je m'appelle …
Haben Sie noch etwas frei?	Avez-vous encore quelque chose de libre?
Darf ich auf Ihrem Grundstück zelten?	Peux-je camper sur votre terrain/propriété?
Wir sind ausgebucht.	Nous sommes complets.
Haben Sie WLAN?	Avez-vous du Wifi?
Übernachtung	la nuitée
Doppelzimmer	la chambre double
Stellplatz (für ein Zelt)	l'emplacement (pour une tente)
Halbpension	la demi-pension
Selbstversorgerküche	la coin cuisine/la cuisine à gestion libre
Dusche	la douche
Steckdose	la prise
Waschmaschine	le lave-linge
Waschmittel	la lessive
Schlafsack	le sac-à-viande/le sac de couchage
Gegenrecht	la réciprocité

Unterwegs

Wo ist/sind …?	Où est/sont …?
Ich suche/Ich möchte nach …	Je cherche/Je voudrais aller à …

Ist das die richtige Richtung?	Est-ce que c'est la propre direction?
Ist es weit von hier?	Est-il loin d'ici?
Wann fährt der nächste Bus/Zug nach …?	A quelle heure est-ce que le prochain bus/ train depart à …?
Fahren Sie mich bitte nach …	Amenez-moi à … s'il vous plaît.
Können Sie mich abholen?	Pouvez-vous venir me chercher?
Könnten Sie mich nach/zum … mitnehmen?	Pourriez-vous me prendre à …?
per Anhalter fahren	faire de l'auto-stop/faire du stop
Taxi	le taxi
Flughafen	l'aéroport
Zug	le train
Bahnhof	la gare/station
Bus	le bus/car/navette
Busbahnhof	la gare routière
Bushaltestelle	l'arrêt de l'autobus
Endstation	le terminus
Abfahrt/Ankunft	le départ/l'arrivée
Fahrkarte	le ticket/billet
Fahrplan	l'horaire
Innenstadt/Stadtzentrum	le centre ville
Straße	la rue/la route
Weg/Wanderweg	le chemin
Kreuzung	le carrefour/le croisement
Weggabelung	la bifurcation
Wegmarkierung	la balise
Bach/Fluss	le ruisseau/la rivière/le gave
See	le lac/l'étang
Brunnen	la fontaine
Bergkamm	le crête
Bergsattel/Pass	l'hourquette/le col
Bergspitze	le pic
Tal	la vallée
Schlucht	la combe
Brücke	le pont
Bär	l'ours

Richtung	la direction
geradeaus	tout droite
(nach) links/rechts	(à) gauche/droite
vor	avant/devant
hinter	après/au derrière/en arrière
aufsteigen/Aufstieg	monter/la montée
absteigen/Abstieg	descendre/la descente

Wetter

Wird das Wetter gut/schlecht?	Est-ce qu'il fera beau/mauvais temps?
Es ist kalt/warm.	Il fait froid/chaud.
feucht/trocken	humide/sec
Gewitter/Sturm	l'orage/la tempête
Nebel/neblig	le brouillard/brumeux
Regen/regnerisch	la pluie/pluvieux
Sonne/sonnig	le soleil/ensoleillé
Wolken/bewölkt	des nuages/nuageux
Wind	le vent

Mont-Blanc-Blick vom Brévent, 5. Etappe

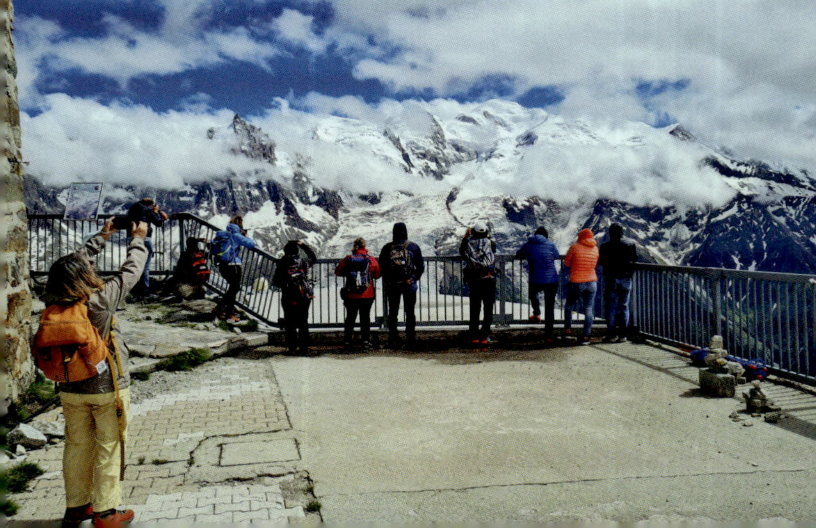

Zahlen/Zeit/Kalender

0	zéro	1	un
2	deux	3	trois
4	quatre	5	cinq
6	six	7	sept
8	huit	9	neuf
10	dix	11	onze
12	douze	13	treize
14	quatorze	15	quinze
16	seize	17	dix-sept
18	dix-huit	19	dix-neuf
20	vingt	21	vingt et un
22	vingt-deux	23	vingt-trois
30	trente	40	quarante
50	cinquante	60	soixante
70	soixante-dix	80	quatre-vingt
90	quatre-vingt-dix	100	cent

Index

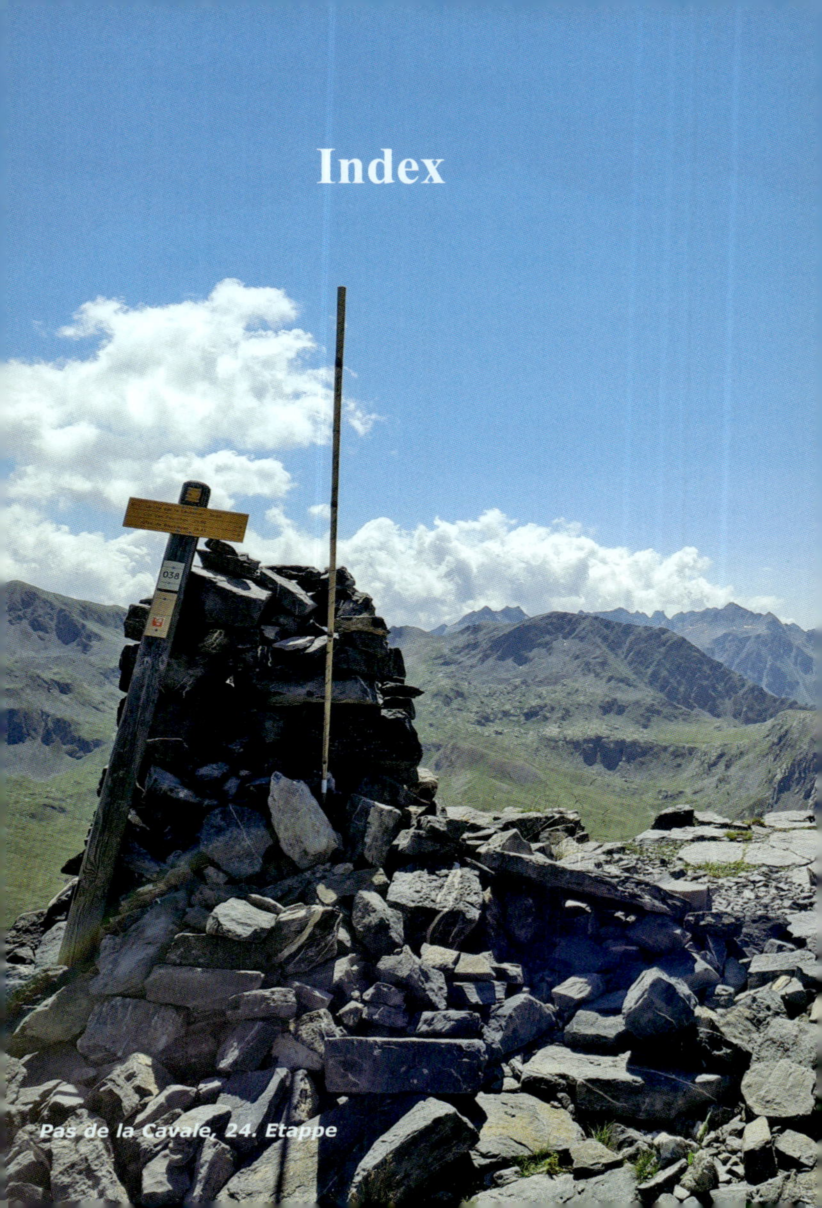

Pas de la Cavale, 24. Etappe